Antonio Teti

Il futuro dell'Information
& Communication Technology

Tecnologie, timori e scenari futuri
della "global network revolution"

 Springer

ANTONIO TETI
Responsabile del supporto tecnico informatico
I.C.T.S. - Information Communication and Technology Service
Università degli Studi "G. D'Annunzio" di Chieti - Pescara

ISBN 978-88-470-1387-2 ISBN 978-88-470-1388-9 (eBook)
DOI 10.1007/978-88-470-1388-9

© Springer-Verlag Italia 2009

Foto di copertina: Tips Image
Foto di Antonio Teti: Studio fotografico Roberto Colacioppo – Lanciano (CH)
Layout copertina: Ikona S.r.l.

Impaginazione: Ikona S.r.l.
Stampa: Grafiche Porpora, Segrate, MI - www.graficheporpora.it

Springer-Verlag Italia S.r.l., Via Decembrio 28, I-20137 Milano
Springer fa parte di Springer Science+Business Media (www.springer.com)

Prefazione e recensioni

Il libro di Antonio Teti è rivolto a tutti coloro che avvertono l'esigenza di comprendere gli orientamenti nel prossimo futuro, degli sviluppi del singolare mondo delle tecnologie informatiche e delle più innovative metodologie di comunicazione e influenza che l'Information Technology avrà sulla società mondiale nei prossimi decenni.

È un percorso di lettura che intende illustrare al lettore "comune" una panoramica generale sull'utilizzo delle tecnologie ICT senza particolari complessità di linguaggio o tecnicismi eccessivi. La maggiore peculiarità dell'opera, risiede nella sua capacità di illustrare concetti e tecnologie evitando al lettore lo stato di confusione che potrebbe generare un testo, come spesso accade, denso di abbondanti tecnicismi e concetti complessi che potrebbero complicare la comprensione dell'opera.

Antonio Teti, nella realizzazione dell'opera, ha svolto un lavoro particolarmente complesso nel rendere chiari ed esaustivi gli argomenti trattati soprattutto in funzione della difficoltà di rendere semplici materie così tecniche.

Gli va attribuito il merito di aver realizzato un'opera incentrata sull'attuale stato della diffusione e dell'utilizzo dell'Information Technology, sulle prospettive future e sullo sviluppo delle tecnologie che reciteranno un ruolo decisivo, a livello planetario, nella vita dell'uomo. Il tutto attraverso dieci capitoli che identificano le aree di maggiore strategicità in cui si concentrerà lo ricerca e lo sviluppo nei prossimi anni. Ma è soprattutto l'ultimo capitolo, in cui l'autore conduce una profonda quanto poliedrica e lungimirante disamina delle possibili conseguenze che esse avranno in futuro, a generare particolar interesse nel lettore.

Durante la lettura del testo, se da una parte abbiamo una descrizione dell'evoluzione del *software* e delle sue architetture e metodologie, dall'altra l'autore ci aiuta a comprendere come possano essere correttamente impiegate indicando uno scenario futuristico particolarmente raffinato. Vengono accuratamente descritte le recenti innovazioni condotte nel settore *hardware* e *software*, con passaggi riconducibili all'elettronica tradizionale e allo sviluppo ottenuto nel corso degli anni, sino ad approdare alle recentissime scoperte che indirizzano lo sviluppo delle piattaforme *hardware* su innovativi sistemi di trasmissione che si basano sulla luce, i fotoni e la chimica.

Siamo in presenza di un cambiamento epocale che determinerà un passaggio culturale abissale nel modo di concepire, progettare e utilizzare i sistemi di calcolo del futuro. I computer, per come li concepiamo attualmente, saranno solo un ricordo…

Lo sviluppo di Internet e del web assume un ruolo di primaria importanza, nel testo di

Teti, e come egli stesso asserisce "la rete ha subito, soprattutto nel corso degli ultimi anni, degli sviluppi e delle mutazioni imprevedibili".

Per ogni capitolo del testo, vi è un paragrafo conclusivo con delle considerazioni sull'impatto che la tecnologia esaminata avrà nella società e sulle abitudini delle persone. Ma è ancora nell'ultimo capitolo che l'autore ci introduce in spazio di riflessione sulle conseguenze e i possibili rischi derivanti dall'utilizzo delle tecnologie esaminate. È un momento conclusivo ma di grande impatto per il lettore, in cui rischi e timori si intrecciano con speranze e aspettative di grande positività sulle conseguenze che l'ICT potrà avere, a livello planetario, sulle generazioni future.

Particolarmente attraente il primo capitolo sull'analisi del Green IT considerato da alcuni un mito ma da molti altri, e a ragion veduta, una preoccupante realtà. Argomento di grande attualità, quello dell'ecologia rappresenta, anche per l'informatica, uno dei punti cardine su cui investire per ridurre i consumi energetici e l'immissione di gas nocivi nell'atmosfera. Dopo il crollo del muro di Berlino (e con esso le dottrine e le ideologie politiche che avevano catalizzato l'attenzione mondiale), l'ecologia ha assunto un ruolo fondamentale in tutti i paesi del globo, innescando un processo di riflessione sui destini del mondo e sulla abitabilità del pineta per i prossimi decenni. Dopo un esame attento ed esaustivo su studi relativi ai consumi energetici dei Data Center, i dispositivi tecnologici e i computer funzionanti sulla terra, si evince che il problema del *"fabbisogno energetico"* dei sistemi informatici sta innescando una complicazione rilevante in termini di risorse, costi e inquinamento ambientale. I governi mondiali, ancora poco attenti a questo problema, stentano ancora a comprendere l'importanza dell'ottimizzazione della gestione dei Data Center e degli innumerevoli personal computer che vengono quotidianamente utilizzati senza indicare alle popolazioni più industrializzate alcuna metodologia di miglioramento del loro effettivo utilizzo. La "gestione verde" dei sistemi informatici, aiuta a spendere meno e a migliorare la vita stessa delle pianeta.

Nel secondo capitolo vengono esaminati i moderni sistemi di comunicazione dati e fonia introducendo il concetto di *comunicazione unificata*. Anche se ricco di termini tecnici, l'autore ci consente di effettuare una lettura semplice e lineare non tanto sulle differenze tecniche delle varie metodologie utilizzate, ma soprattutto su come si stiano integrando, offrendo agli utilizzatori un sistema di comunicazione globale, permanente e integrato. Una *società interconnessa* quindi che modificherà le nostre abitudini fino a trasformare il cittadino in un *individuo digitale* stabilmente interconnesso e in grado di elaborare informazioni ininterrottamente. Wi-Fi, WiMAX, VoIP, sono solo sigle che si confondono all'interno di uno *spazio individuale* di collegamento che ci porterà a essere non più semplici fruitori di informazioni ma veri e propri componenti del mondo della conoscenza.

Nel capitolo successivo si analizzano i nuovi modelli per la gestione dei processi all'interno delle organizzazioni. Noto con il termine di Business Process Management, questa nuova forma di gestione globale del business aziendale, focalizza la sua attenzione soprattutto sui processi che rappresentano la struttura di riferimento per l'ottimizzazione delle attività aziendali e per il miglioramento della qualità espressa. Da sottolineare le relazioni indicate dall'autore tra il BPM e i nuovi paradigmi espressi dalla Business Intelligence.

La gestione dei dati e dei metadati sono esaminati nel quarto capitolo con particolare attenzione, soprattutto per quanto concerne l'importanza che assumono nella gestione della conoscenza o di come viene definita dagli anglosassoni, del *system knowledge*. I dati non sono più semplici dei frame di byte contenenti singole informazioni da analizzare individualmente, ma costituiscono l'elemento di partenza per giungere alla strutturazione di metadati in grado di integrarsi all'interno di efficientissimi database multifunzionali interfacciabili in Internet. Proprio su quest'ultimo concetto, Teti si sofferma nel porre la massima attenzione sull'importanza del processo di trasformazione dei semplici database in sistemi polimorfi integrati in rete, capaci di raffinare le interrogazioni fino a massimizzare in concetto di personalizzazione dell'informazione richiesta. I metadati quindi possono consentire una gestione intelligente dei dati definendo la nascita di una metodologia avanzata per l'analisi integrata delle informazioni.

Nel quinto capitolo si analizza in concetto di virtualizzazione. Anche se molto pubblicizzata in questi ultimi tempi, non e un concetto nuovo e le sue origini sono piuttosto datate. Infatti è riconducibile ai primi anni '60 quando le prime macchine elettroniche di calcolo apparivano sui mercati internazionali. Mi riferisco in particolare a un sistema, a me particolarmente caro, che adottava questo concetto di gestione delle risorse di calcolo, il modello IBM 360/65 che ebbi modo di utilizzare negli Stati Uniti e probabilmente fu utilizzato solo all'interno del paese di origine. Anche in questo capitolo sono fondamentali le considerazioni sulle ragioni che portano a considerare la virtualizzazione come una metodologia di ottimizzazione delle risorse e soprattutto di contenimento di costi. L'idea del disallineamento tra dispositivi *hardware/software* e dei relativi servizi offerti costituisce l'elemento nevralgico su cui si basa il concetto e che viene descritto nelle sue diverse forme di applicazione e utilizzo.

Il sesto capitolo è forse quello in cui troviamo la descrizione delle più interessanti innovazioni nel settore ICT. Mashups e composite applications, cloud computing e grid computing, vengono descritte in maniera esaustiva sottolineando gli aspetti di integrazione di queste metodologie con la rete Internet e con le metodologie di virtualizzazione dei sistemi informativi. Sono tecnologie nuove e ancora non molto diffuse, ma possono rappresentare i nuovi veicoli su cui basare lo sviluppo e l'ampliamento dei servizi fruibili in rete.

Nel capitolo successivo si parla dell'evoluzione del web e dell'attuale livello di fruizione ma soprattutto del concetto di ricerca "stressante" di informazioni attraverso questo formidabile strumento di comunicazione. Il web 3.0 è il nuovo paradigma della società della conoscenza e si sviluppa nel concetto di SOA e di web services dettagliatamente descritti nel capitolo.

Nel capitolo ottavo, l'esplosione tecnologica, descritta dall'autore, raggiunge il suo culmine attraverso la descrizione della nuova frontiera dell'*hardware*. Come saranno i microprocessori del futuro? Magnetici, ottici, chimici o quantistici? O addirittura organici? Senza escludere le possibili implementazioni dell'atomo nei processi di realizzazione dei futuri microchip, Antonio Teti descrive un nuovo e inquietante scenario, in cui i maggiori IT vendor saranno concentrati a sviluppare i nuovi sistemi di elaborazione del terzo millennio: i computer quantici. L'attenzione, che sarà riposta su questi sistemi, sarà enorme e proprio nei giorni in cui ho scritto questa prefazione, è stata diffusa la notizia che i cinesi hanno annunciato la piena operatività di una rete di trasmissione dati che si basa sulla crittografia quantica. L'elaboratore quantico è forse già una realtà...

Il nono capitolo è completamente incentrato sui *software* che saranno sviluppati per il web del futuro. Come asserisce l'autore

... la partecipazione degli utenti alla crescita delle informazioni... l'utente non è più un semplice fruitore delle informazioni disponibili in rete, ma contribuisce in maniera crescente e continua alla produzione delle informazioni stesse.

Con queste chiare parole Antonio Teti fissa un concetto cha va ben oltre la disamina dei diversi servizi e sistemi di gestione delle informazioni che Internet e soprattutto il web attualmente ci offrono. Enciclopedie, blog, wiki, social *software*, feed reader, termini apparentemente poco chiari, ma che identificano comportamenti e metodologie di gestione dei rapporti interpersonali che tutti o la maggior parte di noi utilizza quotidianamente attraverso il World Wide web. Sono *software* che ci consentono anche di costruirci della nuove identità, virtuali ma allo stesso tempo reali per sensazioni, contenuti e capacità di comunicazione. È forse la massima espressione del concetto di cyber-società...

La lettura dell'ultimo capitolo rappresenta forse il momento di maggiore intensità dell'opera. È un invito alla riflessione che l'autore fa al lettore, sull'influenza che l'ICT avrà nella società del futuro e sui rischi e timori dello sviluppo delle tecnologie informatiche nei prossimi decenni, Antonio Teti fa un'analisi approfondita, senza fare sconti o tralasciare la tragicità degli utilizzi scellerati di tali tecnologie, per finalità criminose come quello del terrorismo internazionale, della criminalità organizzata e delle attività illecite a scopo di lucro. È indubbio che il mondo del crimine abbia a disposizione, forse mai come oggi, una panoplia di strumenti e sistemi in grado di garantire un elevato livello di riservatezza e mascheramento delle azioni delittuose. Malgrado la grande attenzione rivolta dalla Comunità Europea sull'innalzamento delle misure di sicurezza e delle tutela della legalità ratificate, a livello internazionale, attraverso la Convenzione del Consiglio de Europa sul Cybercrimine siglata a Budapest nel 2001, a oggi, sono ancora pochi i paesi che lo hanno ratificato.

Problema di enorme importanza e anche quello della protezione e tutela della privacy, e lo spettro dell'impotenza dei paesi maggiormente impegnati in questa battaglia, è sempre più visibile. Non possiamo dimenticare che la tutela della privacy, e dei dati personali, soprattutto in funzione del fenomeno della globalizzazione, rappresenta una delle maggiori preoccupazioni per l'intera comunità internazionale.

Se stiamo completando il passaggio da una Società dell'Informazione verso quella della Conoscenza, non possiamo giungere impreparati alla società che ci attende per il prossimo futuro, la Cyber-Società. È questa la conclusione che ho tratto da questo utilissimo, e unico nel suo genere, libro di Antonio Teti.

Madrid, maggio 2009

Fernando Piera Gómez
Vice Presidente ATI

Fernando Piera Gómez

Si è laureato in Legge nel 1962 presso l'Universidad Complutense of Madrid e nel 1972 ha conseguito la laurea in Informatica presso la Polytechnical University di Madrid.

È stato rappresentante per la Spagna dell'American Field Service International Scholarships e funzionario pubblico del Cuerpo Superior de Técnicos de la Administración Civil del Estado, lavorando per il Ministero dell'Educazione e creando nel 1969 il Data Processing Centre, di cui è stato nominato Executive Director.

È stato l'autore della norma che ha creato l'Instituto de Informática, la prima scuola ufficiale di informatica. Nel 1974 è stato nominato Assistente del Direttore Generale dell'Intergovermental Bureau for Informatics (IBI), struttura internazionale e intergovernativa dedicata all'informatica con base a Roma.

Dal 1986 al 2005, rientrato in Spagna, ha collaborato con la Indra System's per progetti di Ricerca e Sviluppo nel settore IT. Attualmente è First Vicepresident dell'Asociación de Técnicos de Informática (ATI) e Presidente della Spanish Foundation of EUCIP. Autore di numerosi articoli sulla gestione, le politiche e le normative del settore informatico, ha ricevuto l'onorificenza "Encomienda con Placa de la Orden de Alfonso X el Sabio" ed è stato insignito della "Encomienda de número de la Orden de Isabel la Católica".

Recensioni

"In molti, esperti e non, ci si interroga da tempo su quale sarà il futuro dell'Information & Communication Technology. Oramai molte tecnologie, un tempo di frontiera, stanno andando incontro, a ritmi sempre più sostenuti alle esigenze tipiche del mondo consumer.

Nuove tecnologie oggi stanno prendendo il sopravvento, altre, in fase sperimentale, diventeranno mature a breve. In questo contesto c'è una esigenza forte, a cui il libro di Antonio Teti risponde in modo inappuntabile: fare ordine su tutto quello che e' stato fatto, facendo evolvere i sistemi e le applicazioni verso le tecnologie più moderne in modo strutturato. Quello di Teti e' un testo che ha il pregio di fare una carrellata completa di quello che è lo stato dell'arte, oggi, nel campo dell'ICT; per poi focalizzarsi su alcune direttrici che costituiscono il futuro più o meno imminente dell'informatica. Coniugare lo sviluppo delle architetture hardware con le esigenze ambientali dettate dal green IT, focalizzare la gestione dei processi di business coniugandola con le nuove tecniche di scrittura delle applicazioni e' il modo giusto per rappresentare la continua evoluzione del nostro mondo.

Conoscendo personalmente Antonio Teti, di cui ho apprezzato la professionalità e l'estrema concretezza, sono più che mai convinto che il quadro nitidamente rappresentato nel libro sia il modo migliore per descrivere un mondo in cosi veloce evoluzione."

Gianfranco Previtera
Vice President Strategic Initiatives, IBM Italia SPA

"Il titolo, *Il futuro dell'Information & Communication Technology*, non deve spaventare per ampiezza di trattazione. Con la consueta metodicità e precisione tipica, oltre che dell'esperto anche di chi è appassionato dell'argomento, Antonio Teti ci conduce nell'esplorazione – storica, presente e futura - di alcuni tra i principali segmenti di cui si compone l'ICT. Indagando anche argomenti dal forte impatto organizzativo. Ricco di dati e arricchito da un corollario di note di precisazione e di descrizione terminologica, il lavoro di Teti guida il lettore in un percorso di approfondimento e sistematizzazione della complessa galassia delle tecnologie ICT, non dimenticando di inoltrarsi verso nuove frontiere – Web 3.0, gli sviluppi dell'hardware, dal web ranking al social software – sempre con la chirurgica precisione di chi, studiando l'argomento, non vuole lasciare nulla alla genericità."

Stefano Uberti Foppa
Direttore della rivista ZeroUno, Next Editore

"Con questo libro, Antonio Teti ha realizzato un'opera di straordinario interesse, delineando con grandissima lucidità, uno scenario chiaro ed inequivocabile delle tendenze dell'Information Technology per il prossimo futuro, senza tuttavia tralasciare le possibili implicazioni che le stesse potrebbero generare nella società moderna. Il libro illustra con ineguagliabile lungimiranza, gli sviluppi della *new wave* dell'ICT, che sta determinando la nascita del nuovo protagonista dell'era moderna, meglio noto come "individuo digitale". L'Information Technology, in futuro, focalizzerà la sua attenzione su tre aree di interesse: la Società, le Imprese, le Persone, che saranno quelle che risentiranno maggiormente, nei prossimi decenni, dell'impatto delle tecnologie informatiche. Tutti i capitoli dell'opera, particolarmente singolari per la ricchezza delle indicazioni fornite, costituiscono una preziosa fonte informativa per chiunque desideri comprendere la portata dell'evoluzione dell'ICT negli anni a venire. Da sottolineare i diversi spunti di riflessione dell'autore sulle conseguenze che queste tecnologie produrranno a livello sociale, elemento a cui i governanti dei diversi paesi del mondo, dovrebbero prestare particolare attenzione."

Manuel Rodenes Adam
Professore, Università Politecnica di Valencia

Indice

Introduzione

Il vero viaggio di scoperta
non consiste nel cercare nuove terre
ma nel vedere con occhi nuovi
Marcel Proust

La decisione di scrivere un libro in cui descrivere i possibili scenari derivanti dall'evoluzione delle tecnologie, i rischi e i pericoli insiti in questo processo di crescita, nonché i dubbi e le perplessità su alcune possibili conseguenze (positive e negative), covava nella mia mente già da diverso tempo. Nonostante gli oltre venticinque anni trascorsi nel settore dell'Information Technology, permaneva in me la consapevolezza (e soprattutto il timore) di non poter effettuare previsioni, neanche a breve termine, sugli sviluppi, ma soprattutto sulle possibili conseguenze che l'evoluzione delle tecnologie informatiche avrebbe potuto generare a livello planetario. Soprattutto dopo aver vissuto i momenti pionieristici dell'informatica moderna.

Di tanto in tanto, la mia mente si addentra in quella parte della memoria, dove sono gelosamente contenute immagini e filmati di un tempo passato, e quasi per incanto riaffiorano sensazioni e considerazioni legate a ricordi, che al giorno d'oggi hanno dell'incredibile. Provo ancora una forte emozione quando ripercorro visivamente i miei primi anni di attività professionale. Il primo sistema di elaborazione in cui mi imbattei, avvenne nei primi anni '80, e l'epoca in cui vivevo costituiva ancora quella che fu definita anche in seguito "era primordiale dell'informatica moderna". Ciò nonostante, in molte case non era insolito vedere i primi *home computer* come il Commodore Vic 20 (un computer contenuto in un'unica tastiera che si interfacciava con un comune televisore e che veniva utilizzato quasi esclusivamente per i videogiochi) e successivamente il Commodore 64, che ebbe un notevole successo di vendite.

Non bisogna dimenticare che negli anni '80 non era insolito vedere ancora in uso sistemi di elaborazione "a schede perforate", che con il rumore incessante e monotono prodotto dai congegni elettromeccanici dei sistemi dell'epoca conservavano ancora il sapore dell'ingegno e dell'innovazione. Il mio processo di iniziazione con il mondo dell'informatica lo vissi con un sistema di elaborazione (per l'epoca) di tutto rispetto: si trattava di un minicomputer Olivetti BCS 2035 munito di due floppy drive da 8 pollici (doppia faccia, da 1 Mb) che in quel periodo rappresentava un vero e proprio *must* di tecnologia. Sono passati decenni e l'informatica di quegli anni, se paragonata a quella attuale, ha il sapore della preistoria... Ma il trascorrere del tempo non ha prodotto solo una inarrestabile e per certi versi sconvolgente metamorfosi dell'informatica: ha prodotto qualcosa di diverso, di impensabile, di imprevedibile, ma soprattutto, ancora oggi, di incomprensibile per l'uomo.

Siamo passati, nel corso di questi pochi anni, da una *Società dell'Informazione* (che ha basato il proprio sviluppo sulla produzione di servizi verticalizzati e sulla gestione delle informazioni, intese come risorsa strategica e quindi di valore) a una *Società della Conoscenza* (concetto che si è fortemente sviluppato grazie alla diffusione della rete) che è il prodotto di quella che è stata definita, da alcuni, la maggiore scoperta scientifica del secolo: Internet.

Oggi stiamo vivendo una fase particolare, sempre caratterizzata da innovazioni ed evoluzioni tecnologiche *hardware* e *software*, ma indubbiamente influenzata dall'inarrestabile processo di evoluzione del fenomeno della "globalizzazione", che investe tutti i settori, da quello sociale, a quello culturale ed economico. E la rete Internet è lo strumento che ha dato maggiore impulso allo sviluppo di questo fenomeno. Contrariamente a quanto avveniva nei decenni precedenti, l'evoluzione dell'IT non è più solo assimilabile allo sviluppo di microprocessori più potenti o a sistemi operativi dalle potenzialità inesprimibili: il suo sviluppo è misurato soprattutto in funzione della dipendenza dell'uomo verso di essa.

La nostra vita è quotidianamente e indissolubilmente condizionata dalle moderne tecnologie di comunicazione e trasmissione. Il cellulare, il notebook, il palmare, il navigatore satellitare, le memorie di massa tascabili, i dispositivi audio/video collegabili, sono gli oggetti che utilizziamo sistematicamente e che giudichiamo indispensabili per qualsiasi utilizzo. Non è solo consumismo tecnologico, c'è qualcosa di più, che oltrepassa la nostra immaginazione e consapevolezza. È un'insicurezza che ci accompagna ormai da un po' di tempo. È il timore di rimanere *isolati* o *non collegati*, di subire il distacco, seppur momentaneo o temporale, da un mondo che ci impone un'esistenza *on-line*, in continuo contatto con la *rete dell'informazione*. E vi sono comportamenti che testimoniano l'esistenza di quest'*ansia da collegamento*.

Di esempi non ne mancano. Oggigiorno, per molte persone, non è più accettabile soggiornare in un hotel che non abbia servizi di accesso wireless a Internet, così come sarebbe impensabile vivere in un luogo (magari in campagna) ove non vi sia la garanzia della copertura di un gestore di comunicazioni. Ho personalmente assistito a scene di panico vedendo alcuni manager transitare in aeroporti che non offrivano servizi di connettività. Perfino le compagnie aeree iniziano a offrire servizi di connettività in volo, addirittura autorizzando l'utilizzo dei telefoni cellulari. Ho visto vere e proprie scene di isterismo, da parte di persone che avevano smarrito il proprio telefonino. Non immagino, un domani, quale potrà essere il livello di nervosismo generato dalla perdita di questo prezioso strumento, se consideriamo che entro breve tempo questi dispositivi di comunicazione mobile si trasformeranno anche in meccanismi di pagamento elettronico, mandando definitivamente in pensione le carte di credito che attualmente utilizziamo (e che sono sempre meno sicure e esposte al rischio di clonazione).

Abbiamo fatto il nostro ingresso nella *Cyber-Società*. Benvenuti! Non è solo innovazione tecnologica, è qualcosa di diverso, è un nuovo modo di vivere e di interagire con il resto del mondo. E un mondo che ci vede tutti indirizzati alla massimizzazione della ricerca, della fruizione delle informazioni e della presenza on-line. Dalle attività lavorative a quelle ludiche, dalle previsioni meteo ai giornali, dai notiziari ai programmi televisivi, dai video-blog ai sistemi di realtà virtuale, tutto è informazione, e tutto è fruibile in rete, in questo magnifico, onnipotente e onnipresente strumento che produce e divora informazioni di ogni genere.

Per certi versi è quasi uno strumento perfetto. Possiamo utilizzarlo ovunque e comunque e in qualsiasi istante della giornata, per soddisfare le nostre più particolari esigenze e forse, nel contempo, per sentirci meno soli. E come se non bastasse, lo alimentiamo, in maniera più o meno inconsapevole, con informazioni personali, spesso riservate.

Già, perché durante le ore che trascorriamo navigando sul web, quasi tutti i browser di navigazione che utilizziamo trasmettono (senza che noi ce accorgiamo) informazioni di tipo diverso (cookie) sulla rete. A ciò si aggiunge l'enorme quantità di dati che forniamo (questa volta consapevolmente) ogni volta che dobbiamo riempire un *form*, anche se stiamo richiedendo una semplice informazione, magari di carattere pubblicitario. Certo, vengono visualizzate tutte le indicazioni sulle modalità di trattamento dei dati personali, ma sono lunghissime e sempre contenute all'interno di una ridotta finestra a scorrimento che quasi nessuno ha il tempo di leggere. E così continuiamo a disseminare in Internet i nostri dati, che apparentemente sono poco rilevanti, ma che possono dare tante informazioni di grande interesse su di noi. Per esempio, i dati sull'età, possono consentire al gestore del sito web i cui ci troviamo di fornirci "consigli" o "indicazioni" proprio in funzione della fascia anagrafica di appartenenza (per i più giovani potrebbero essere abiti di tendenza, giochi elettronici o perfino bevande alcoliche, per i più anziani indicazioni su beauty center, club di incontri e perfino prodotti farmaceutici in grado di rinvigorire la prestanza fisica di un tempo...). È solo un piccolo e banalissimo esempio, che tuttavia può darci un'indicazione sul valore delle informazioni che forniamo. Tutte le tipologie di dati, quindi, possono valere tanto o poco in funzione dell'interesse che suscitano sul mercato delle informazioni. Facciamo un esempio: quanto può valere un database contenente dati completi sull'intera popolazione di ipertesi di una nazione? Per una casa farmaceutica abbastanza spregiudicata, un valore enorme. E per un hacker, in grado di penetrare il sistema che lo contiene, una somma sufficiente per sistemarsi per la sua intera esistenza. Un ricercatore di un centro di ricerche e studi del settore farebbe carte false per avere questi dati per poter effettuare studi e ricerche specifiche. Per non parlare di tutte le aziende produttrici di prodotti realizzati e venduti proprio per coloro che soffrono di problemi di ipertensione (cibi dietetici, prodotti senza sale, alimenti senza conservanti ecc.), oppure dei centri di dimagrimento o le palestre che potrebbero predisporre operazioni di marketing diretto facendo leva sui timori delle persone affette da questa patologia. Potrei continuare a lungo, citando migliaia di esempi o addirittura di casi concreti di *spam* pubblicitario verificatisi nel corso di questi anni. Perfino le testate giornalistiche e scandalistiche sono disposte a sborsare somme consistenti per la registrazione di una telefonata privata tra due personaggi noti o per un banale sms estrapolato da un cellulare il cui contenuto possa comunque generare uno scoop.

L'idea che sta alla base della realizzazione di questo testo è quella di condurre il lettore in un percorso di conoscenza dei nuovi orizzonti entro cui si svilupperanno le tecnologie informatiche nei prossimi anni. I primi nove capitoli, utilizzando un linguaggio semplice e diretto, consentono di comprendere quali siano le nuove tecnologie e tendenze nel settore ICT per i prossimi anni. Sono le nuove aree in cui le aziende del settore, anche in virtù di fattori economici, ambientali e sociologici, stanno effettuando notevoli investimenti, e che rappresentano, soprattutto in alcuni casi, i nuovi elementi nevralgici su cui si svilupperanno nuove tendenze e metodologie di gestione della rete Internet. Il decimo capitolo, incentrato sulla descrizione di fatti ed eventi recenti riconducibili ai diversi utilizzi della rete Internet, ha l'obiettivo di indurre il lettore a riflettere sul ruolo delle tecnologie e della rete nella vita delle persone e nella società nel prossimo futuro.

Internet assumerà nel giro di pochi anni, e ormai tutti i maggiori esperti del settore lo ammettono in maniera più o meno esplicita, il ruolo di *primo sistema operativo del pianeta*. Non a caso i maggiori player di mercato stanno effettuando massici investimenti sui browser di navigazione e soprattutto sui motori di ricerca (Google in testa). Nel giro di pochi anni utilizzeremo, in maniera crescente, Internet come unico strumento di lavoro, intrattenimento e socializzazione, fino a integrarla completamente in ogni azione o momento della nostra vita quotidiana.

Ma non è l'evoluzione delle tecnologie che deve spaventarci, e neppure il sopravvento che avrà la rete nel futuro: ciò a cui dobbiamo porre la massima attenzione è ben altro.

Ogni anno, in tutto il mondo vengono spesi miliardi di dollari per raccogliere informazioni commerciali e personali, documenti riservati, immagini classificate, dati anagrafici e tutto ciò che è in grado di produrre interessi economici. Sono in troppi a considerare Internet come la prima e l'ultima fermata nel loro viaggio alla ricerca di informazioni di valore. Ma la tecnologia informatica non è parte del problema e non costituisce neanche la soluzione.

Per troppi anni l'uomo ha commesso l'errore di enfatizzare troppo l'apporto delle tecnologie nella società moderna, senza riflettere sul fatto che si stava delineando uno scenario che potrebbe rivelarsi incontrollabile e particolarmente pericoloso se non si dedicherà maggiore attenzione agli sviluppi dell'ICT e di Internet e soprattutto alle enormi potenzialità di quest'ultimo strumento di comunicazione.

Questo è il secolo in cui vedrà la luce quella che da alcuni viene definita la *guerra della conoscenza,* che si concentrerà sull'accesso, la raccolta, il filtraggio e l'analisi delle informazioni, lo sviluppo della competitività in funzione delle informazioni a disposizione, l'accrescimento dei sistemi di sicurezza e protezione dei dati posseduti, la propaganda e l'informazione mirata a settori e classi sociali, l'implementazione di sistemi di trasmissione di messaggi multilingue.

Alcuni mesi fa, Madhu Sudan del Massachusetts Institute of Technology (MIT), intervistato a Roma, ha annunciato:

> In un futuro ormai prossimo vivremo in una grande società di computer che imparano a capirsi come faremmo noi umani se dovessimo comunicare con una civiltà aliena. Siamo all'inizio di una nuova *computer science*.

E ha aggiunto:

> Sarà la matematica a rispondere sul modo in cui potranno comunicare macchine che parlano linguaggi diversi e lo farà con strumenti nuovi, non soltanto matematici.

Personalmente ritengo che non sia particolarmente determinante la quantità o la tipologia della tecnologia che si utilizzerà nei prossimi decenni: ciò che farà la differenza sarà ben altro. La riflessione deve essere indirizzata sul fatto che l'Information Technology può rappresentare il momento topico per riflettere sul modo di concepire e quindi di governare il mondo. Le tecnologie ICT, proprio in virtù delle loro potenzialità, possono consentirci di comprendere come esse possono essere impiegate per ottimizzare la vita dell'essere umano, e di farne quindi uno strumento di miglioramento della vita sull'intero pianeta.

Le minacce del terzo millennio, che mettono in pericolo la stabilità dei paesi e l'esistenza stessa dell'uomo, hanno diversi volti: terrorismo, criminalità organizzata transnazionale, produzione di armi chimiche e batteriologiche, spionaggio militare ed economico, terrorismo informatico, fanatismo religioso e culturale, contestazione globale, globalizzazione degli scambi, lotte ambientali, genocidi e atrocità di massa, commercio di minori e di organi, traffico di rifiuti tossici. E anch'esse fanno uso delle moderne tecnologie per alimentarsi e progredire in un mondo che sembra aver dimenticano le origini della sua esistenza.

Ma le tecnologie informatiche e Internet possono anche consentirci di combattere queste attività criminose proprio attraverso le loro maggiori peculiarità: la possibilità di informare e formare le popolazioni senza limiti temporali, geografici o culturali. L'uomo ha a sua disposizione il più potente strumento di erogazione di contenuti informativi e culturali, e se avrà la forza e la voglia di utilizzarlo sapientemente, potrà realmente trasformare il pianeta in cui vive in un posto migliore di quello attuale. L'unica arma in grado di sconfiggere buona parte dei mali che affliggono le società moderne è quella dell'istruzione e della corretta informazione. Il progresso di una nazione è sempre riconducibile al livello di istruzione della sua cittadinanza. Il passaggio cruciale è rappresentato da un'intuizione che l'uomo deve avere in questo particolare momento storico: utilizzare l'Information Technology per innalzare il livello culturale delle popolazioni (soprattutto quelle appartenenti ai paesi più poveri), adottare norme internazionali che stronchino l'utilizzo di Internet per attività criminose di ogni tipo, formare le nuove generazioni su un uso corretto delle tecnologie informatiche e della rete per impedire che questi strumenti si trasformino in mondi virtuali in cui l'uomo finisca per consumare il proprio isolamento. Come ha asserito Alvin Toffler, "la conoscenza è l'elemento cruciale della lotta mondiale per il potere nel futuro". È questa vera sfida del terzo millennio che l'uomo dovrà raccogliere e vincere per fare del pianeta in cui vive un luogo degno da consegnare alle prossime generazioni.

Antonio Teti

1. Green IT: mito o realtà?

Un falso mito o un problema reale?

È da un po' di tempo ormai che il termine *Green IT* imperversa sulle riviste specializzate e in rete tramite i blog, i forum, le community, e si pone come argomento di riferimento per seminari, convegni e meeting internazionali a cui partecipano rappresentanti dei più moderni paesi industrializzati. Innanzitutto cerchiamo di comprendere il significato del termine: quando si parla di Green IT si fa riferimento a un nuovo filone di studio e di realizzazione di tecnologie ecologiche o "verdi" rivolte al rispetto dell'ambiente. In prima battuta ci si potrebbe chiedere quali siano le reali motivazioni che possono portare allo studio di tecnologie *green* nel settore dell'Information Technology; sono poi così inquinanti i computer? Non sono le automobili, le industrie, gli aerei, le discariche varie a rendere sempre più improbabile il futuro dell'uomo su questa Terra? Certamente sì, ma certamente non sono solo loro a rendere problematico l'effetto serra… A quanto pare anche l'Information Technology dà il suo contributo… Secondo una recente indagine condotta da Gartner[1] nel 2007, i sistemi IT sono tra le maggiori fonti di emissioni di CO_2 e di altri gas a effetto serra[2] con una percentuale che si aggira sul 2% del totale delle emissioni globali, pari al totale delle emissioni nocive prodotte dagli aeromobili. Le decine di milioni di computer disseminati in tutto il pianeta assorbono enormi quantità di corrente elettrica e le centrali che li alimentano emettono tonnellate di anidride carbonica che inquinano l'atmosfera.

Anche per questo motivo, la stessa Comunità Europea sembra voglia seriamente focalizzare la propria attenzione sulle *tecnologie pulite*. All'interno dei suoi programmi di ricerca e sviluppo, lo scorso anno, ha cambiato l'esistente unità *For Environmental Risk Management* nella *ICT for Sustainable Growth Unit*, che si occupa di finanziare la ricerca in questo campo e che organizza eventi e conferenze sul tema. Recentemente lo stesso José Manuel Durão Barroso, Presidente della Commissione Europea, ha dichiarato:

---

1. Gartner Inc. è una nota azienda americana specializzata in ricerche e consulenza nel settore dell'Information Technology.

2. L'effetto serra permette alla Terra di avere una temperatura media superiore al punto di congelamento dell'acqua e dunque consente la vita come noi la conosciamo. Nel caso dell'inquinamento atmosferico del nostro pianeta, ciò che non è naturale consiste in un eccesso di gas serra che costituiscono parte dell'atmosfera: tali gas sono principalmente vapore acqueo, anidride carbonica (CO_2), metano, biossido di azoto (N_2O) e ozono.

Questa è la nostra visione dell'Europa: una società prospera e sostenibile che ha come sfida il controllo dei cambi climatici e della globalizzazione [...] Per realizzare questi obiettivi, noi abbiamo una strategia coerente e ambiziosa che garantisce la sostenibilità, la sicurezza degli approvvigionamenti e la competitività. Il successo di questa strategia è legata all'impegno lavorativo dei settori pubblici e privati e che dovranno essere indirizzati alla ricerca e allo sviluppo tecnologico.

Lo scorso anno, sulla scia delle varie indagini svolte a livello mondiale, gli Stati membri dell'Unione Europea hanno approvato una bozza di regolamento mirante alla riduzione del consumo di energia elettrica da parte delle apparecchiature domestiche e da ufficio in posizione *standby*[3]. Il regolamento sullo *standby* fissa delle regole per conseguire livelli di efficienza energetica per tutti i prodotti commercializzati in Europa, che si tradurranno in una riduzione del consumo di energia elettrica delle apparecchiature, a livello comunitario, di quasi il 75% entro il 2020. Il regolamento sullo *standby* riguarda tutte le apparecchiature elettriche (apparecchi televisivi, computer, forni a microonde ecc.) utilizzate nelle abitazioni e negli uffici, e a seconda della funzionalità del prodotto fissa un consumo massimo di energia consentito per lo *standby* di 1 o 2 Watt per il 2010. A partire dal 2013 il livello di consumo energetico ammesso sarà ridotto a 0,5 Watt o a 1 Watt, livelli più prossimi a quelli che è possibile raggiungere con la migliore tecnologia disponibile. In questo modo, secondo i calcoli dell'Unione Europea, l'attuale consumo di energia elettrica da parte delle apparecchiature in *standby* (circa 50 TWh all'anno) dovrebbe diminuire almeno del 73% entro il 2020. Un risparmio equivalente al consumo annuale di energia elettrica della Danimarca, che porterebbe a una riduzione delle emissioni di CO_2 pari a 14 milioni di tonnellate all'anno.

Sono misure importanti che evidenziato la serietà del problema. Da una ricerca condotta da IDC (Figure 1 e 2) negli USA nel 2007, si evidenzia quanto segue:

- per ogni server che viene rimosso dal Data Center, sono ridotti di circa 11,4 tonnellate le emissioni di CO_2 nell'aria;
- in tutto il mondo, per la gestione dei server si stima una spesa annua di circa 55 miliardi di dollari. In aggiunta, per "raffreddare" questi sistemi si spendono ulteriori 30 miliardi di dollari (un numero che è salito in maniera esponenziale negli ultimi cinque anni);
- nel corso degli ultimi 24 mesi i costi riconducibili al consumo energetico dei Data Center sono diventati preoccupanti per tutte le aziende. In base a sondaggi recenti, il 22% degli IT Manager intervistati ha affermato che l'alimentazione e il raffreddamento dei loro sistemi rappresentano il principale problema per i prossimi anni;
- in tutto il mondo esistono 50 milioni di "sistemi esterni" (utilizzati per servizi IT) che consumano in media 13 Watt per unità per ora. È prevedibile che solo negli Stati Uniti ci si possa aspettare di pagare una media di 35 dollari l'anno per ogni sistema alimentato.

---

3. Lo *standby* è una modalità automatica che attiva il risparmio energetico quando non si usa il computer o ci si allontana da esso per un breve periodo.

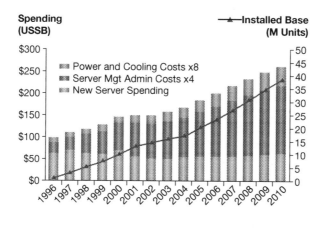

(IDC, "Worldwide Server Power and Cooling Expense 2006-2010,
Document #203598, Sept. 2006)

Fig. 1. Spesa IT mondiale relativa a sistemi, energia per alimentarli e raffreddarli e loro costi di gestione
(fonte IDC)

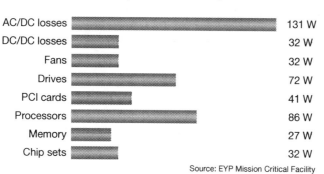

Fig. 2. Consumi energetici di alcuni componenti *hardware* (fonte IDC)

- oltre ai Data Center, il 90% dei personal computer desktop non hanno il sistema di "Energy saving" attivo, secondo l'EPA[4]. Sebbene tutti i PC vengano ormai da anni venduti con questa utility, entro i primi 90 giorni dalla data di acquisizione, la funzione viene disattivata in una percentuale pari al 10% dei computer venduti. Lasciare la funzione attiva consentirebbe un risparmio di circa 30 dollari l'anno (pari a circa 200 W).

---

4. EPA (Environmental Protection Agency), Agenzia statunitense per la protezione dell'ambiente.

- i costi riconducibili alla gestione dei Data Center sono aumentati di circa il 10% solo nel 2009;
- in 10 anni la spesa per l'alimentazione e il raffreddamento dei Data Center è più che raddoppiata e il tasso di crescita previsto per i prossimi anni è pari a 4 volte il tasso di crescita della spesa per nuovi server;
- nei prossimi anni per ogni dollaro speso in *hardware* quasi 75 centesimi saranno spesi in energia.

Secondo un'indagine condotta nel 2008 e riconducibile alla Sustainable IT Survey 2008, commissionata da Bea a Vanson Bourne, le aziende europee sono più attente al problema Green IT, ma c'è una scarsa informazione in merito alle tecnologie ambientali disponibili. Circa due terzi delle aziende coinvolte nell'indagine (intervistando 480 manager nei settori Finance, Pubblica Amministrazione e Telecomunicazioni di Belgio, Danimarca, Finlandia, Francia, Germania, Italia, Paesi Bassi, Norvegia, Portogallo, Spagna, Svezia e Gran Bretagna) hanno sviluppato o stanno sviluppando piani per ridurre l'energia utilizzata e le emissioni causate dall'uso della tecnologia IT.

La ricerca dimostra che le aziende europee hanno livelli di consapevolezza molto diversi per quanto riguarda l'IT "verde". Il 27% ha già un piano per ridurre lo spreco energetico e le emissioni, il 10% ha un piano pronto che non è stato ancora implementato, il 22% sta lavorando a un progetto e il 33% non ha nessun progetto.

Il più alto livello di sensibilità si riscontra nei Paesi Bassi, dove il 47% delle aziende ha attuato, o è in procinto di farlo, un progetto Green IT. Le aziende nordiche sono attive sul tema nella misura del 29% e in Germania un'azienda su tre ha un progetto in corso. Le aziende che hanno realizzato i progetti sono state motivate principalmente dai seguenti fattori stimolanti:

- aumento dei costi energetici (55%);
- responsabilità sociale (45%);
- adeguamento normativo (41%);
- capacità di *storage* (15%).

Per le aziende europee la riduzione dello spreco di energia e il riciclaggio occupano il primo posto nella scala delle priorità. Al secondo posto, per il 49% degli intervistati, troviamo la gestione efficiente delle utility energetiche (ottimizzazione del riscaldamento e dell'illuminazione dei Data Center). Secondo il 46% degli intervistati, la riduzione dello spreco di energia è la terza priorità. Per gli intervistati, tuttavia, è difficile comprendere quali possano essere le soluzioni attualmente disponibili (23%), quali siano i prodotti più adatti (16%) e come si possa realizzare l'interazione tra il Board e il Senior Management (16%).

L'indagine, inoltre, ha affrontato anche il tema della *virtualizzazione*[5], chiedendo

---

5. Per "virtualizzazione" si intende la creazione di una versione virtuale di una risorsa normalmente fornita fisicamente. Qualunque risorsa *hardware* o *software* può essere trasformata in "virtuale" (sistemi operativi, server, memoria, spazio disco ecc). Meccanismi più avanzati di virtualizzazione permettono la ridefinizione dinamica tanto delle caratteristiche della risorsa virtuale, quanto della sua mappatura su risorse reali.

agli intervistati di valutare su una scala da uno a cinque la propria conoscenza in materia: il 39% ha dichiarato di "non essere molto informato" e solo il 7% è "informato". Il principale vantaggio percepito della virtualizzazione è, per il 41% degli intervistati, la riduzione dei costi. Il secondo è la maggiore efficienza dei server (34%). Il terzo è l'aumento della flessibilità e la capacità di rispondere alla crescita della domanda (22%).

Inquinamento atmosferico e aumento dei costi: un problema planetario

La responsabilità del rispetto dell'ambiente è un problema mondiale, comune a tutte le nazioni e su cui si rende necessaria una profonda e concreta riflessione.

Le azioni per ridurre la spreco di risorse energetiche e l'inquinamento del pianeta possono essere molteplici e applicabili a diversi settori. Basterebbe, per esempio, utilizzare imballaggi riciclabili nelle fabbriche e nella logistica, oppure definire politiche aziendali come quella di incentivare i dipendenti a usare automobili *bifuel* che solo in Italia hanno permesso di ridurre del 25-30% in un anno le emissioni di gas inquinanti da auto.

Per esempio, nella filiale italiana di una nota multinazionale si impiega energia completamente rinnovabile, che insieme a un sistema di illuminazione a sensori negli uffici ha permesso di ridurre di 11.000 euro all'anno i costi per l'elettricità. Altri 13.000 euro sono stati risparmiati grazie alle misure per il riciclaggio della carta.

La questione della crisi energetica ha ormai assunto, a livello mondiale, più che la connotazione di problema serio da affrontare con la massima urgenza, le sembianze di un autentico *spettro* del terzo millennio. Certo non è semplice, soprattutto per i paesi occidentali, contenere il timore della perdita degli approvvigionamenti energetici, in un'epoca in cui le *tigri asiatiche* (Cina e India) aumentano le richieste di petrolio, gas e combustibili di ogni tipo per alimentare le aziende e le loro industrie che crescono a ritmi vertiginosi. Il fatto poi che il tenore di vita di cinesi e indiani sia enormemente cresciuto, rispetto a solo pochi anni fa, non aiuta certamente a formulare rosee previsioni per il prossimo futuro.

Su Internet e sui media in genere, l'allarme si diffonde ogni giorno alimentando la preoccupazione delle aziende, sempre più assetate di energia elettrica per garantire la sopravvivenza dei sistemi informatici da cui dipendono.

Si moltiplicano, pertanto, gli studi sull'impatto ambientale dell'IT e cresce il timore per i costi sempre più inarrestabili dei Data Center, ma non restano escluse da questo problema neanche le famiglie, che vedono lievitare costantemente le bollette dell'energia elettrica. Di conseguenza anche tra i *vendor* cresce l'impegno a sviluppare tecnologie e sistemi sempre più efficienti, soprattutto dal punto vista energetico. Le maggiori aziende informatiche, da tempo hanno focalizzato l'attenzione sulla progettazione e realizzazione di strumenti e servizi capaci di ridurre i consumi energetici di tutti i prodotti tecnologici di uso comune come il palmare, il cellulare e i dispositivi portatili e musicali.

Solo vent'anni fa, le economie mondiali marciavano a ritmi serrati e il petrolio sembrava ancora abbondante. In quell'epoca un personal computer richiedeva meno di 100 W, monitor incluso, molto meno del kWh di cui necessitano gli attuali PC.

Forse mai come oggi le aziende hanno a disposizione tecnologie avanzatissime per ridurre i consumi e i costi energetici. In funzione di ciò si rende necessaria la collaborazione delle aziende ICT nel raggiungimento di tale obiettivo. Per esempio nel settore della produzione dei microprocessori, le nuove architetture *multi-core*, installate su personal computer, server e sistemi *hardware* in genere, hanno permesso di migliorare di 7-8 volte il rapporto tra watt e performance raggiungibili. Ma quale significato può assumere questa evoluzione tecnologica in termini di risparmio energetico? Solo per citare un esempio, sostituendo tutti gli 8000 server di tipo IA (*Intel Architecture*) installati in Italia con i sistemi dotati di questa tecnologia e adottando la virtualizzazione si arriverebbe a risparmiare un miliardo di euro, ossia una quantità di elettricità pari a quella generata in un anno da un centrale nucleare. Particolarmente rivoluzionaria, in termini di consumi, è l'innovativa architettura dei transistor High-K annunciata nel 2007 sempre da Intel, che aumenta del 20% le prestazioni e riduce del 30% il consumo di corrente (il remote management permette di accendere e spegnere le macchine per fare le patch in assenza dell'utente, senza doverle lasciare sempre accese).

Anche nel settore del *software* si stanno registrando notevoli successi. Microsoft ha dichiarato che i nuovi *software* rilasciati con Windows Server 2008 riducono il consumo di energia tra il 12 e il 20%.

In una recente indagine condotta da Forrester per misurare la sensibilità e i progressi nell'adozione di soluzioni di Green IT e che ha coinvolto oltre 700 aziende in più di 12 paesi nel mondo, è stata rilevata una grande sensibilità verso l'impatto che le soluzioni IT possono avere sull'ambiente. Dall'indagine si evince che:

- il 45% dei partecipanti all'indagine ha dichiarato di essere in procinto di implementare o di creare un piano d'azione per la riduzione dei consumi energetici dei propri Data Center;
- la metà delle aziende intervistate utilizza attualmente "criteri *green*" nell'adozione di soluzioni IT;
- ben 4 aziende su 5 hanno implementato programmi di riciclo delle apparecchiature IT;
- le società europee sono maggiormente motivate dalle iniziative ambientali strategiche; le società americane sono invece motivate da spinte *bottom-up*, come per esempio la riduzione dei costi.

L'Information Technology deve quindi assumere un nuovo ruolo: quello di fattore abilitante non solo di innovazione, ma anche di efficienza ed economicità dell'azienda. Allo stesso tempo deve trasformarsi in artefice dello sviluppo sostenibile della globalizzazione, grazie alla riduzione di consumi ed emissioni di gas nocivi e sviluppando, nel contempo, tecnologie di monitoraggio e di correzione dinamica degli stati di funzionamento e di utilizzo dei sistemi informatici. Non a caso, per esempio, molte aziende IT dedicano particolare attenzione alle funzioni automatiche di risparmio energetico dei computer.

Anche i Data Center, di conseguenza, devono essere "ripensati" per permettere la riduzione dei costi di gestione e, soprattutto, per ridurre le emissioni di CO_2 nell'atmosfera. Devono essere flessibili, dinamici, non ridondanti, e ottimizzati in funzione dell'effettivo utilizzo delle risorse disponibili, evitando l'attivazione o il sostenimento di server scarsamente utilizzati e di memorie di massa inutilmente ridondanti. Di tutte le risorse esistenti, solo quelle effettivamente utilizzate possono continuare a esistere; esse devono inoltre essere gestite seguendo logiche di IT Management e valutazioni economico-finanziarie atte a permettere la corretta gestione dell'intera infrastruttura IT.

L'Information Technology *verde* deve basarsi su di un insieme di scienze tecnologiche, di *best practices* e strumenti IT, in grado di consentirne l'utilizzo come elemento di punta per la riduzione dei consumi energetici, mantenendo sempre ben alto il controllo dell'effettiva utilità degli strumenti informatici. Il ricorso incontrollato alle nuove tecnologie, infatti, può trasformarsi in un pericoloso elemento di "dipendenza" per l'uomo. Il rischio che tali strumenti si rivelino un acceleratore dei consumi che può innescare un perverso ciclo di *consumismo tecnologico*, è reale.

Questa nuova forma di consumismo, che soprattutto negli ultimi anni si è diffusa rapidamente, rappresenta una delle cause del *consumismo energetico*.

Cito solo un esempio: nel 2008, dopo appena pochi mesi dall'immissione sul mercato dell'*iPhone*, il gioiello di Steve Jobs aveva raggiunto già una quota di 6 milioni di pezzi venduti, generando, in appena un mese, un fatturato di oltre 30 milioni di dollari. Qualche settimana dopo si scoprì che sull'elegantissimo palmare di Apple era installato un *software Kill Switch* che consentiva di controllare ed esaminare a distanza tutti gli *iPhone* e disabilitare, qualora la casa madre di Cupertino lo avesse ritenuto opportuno, applicazioni e *software* proibiti sui terminali degli utenti. E così il più bel "gadget tecnologico" del momento diventa uno strumento in grado di "monitorizzare" costantemente l'utilizzo e i dati contenuti dai legittimi (e incauti!) possessori. Forse gli acquisti sarebbero stati meno frenetici se i clienti avessero saputo che stavano per mettersi in tasca una microspia!

Questo è solo un esempio di che cosa può produrre il *consumismo tecnologico*, così in voga nelle attuali generazioni. La corsa all'acquisizione dell'ultimo prodotto della tecnologia, oltre a generare un dispendio di risorse finanziarie spesso inutile, non solo accresce un consumo incontrollato di energia, ma alimenta il mercato dello smaltimento dei rifiuti tecnologici.

Non intendo uscire fuori tema, ma ritengo opportuno sottolineare un aspetto inquietante che riguarda proprio lo smaltimento di rifiuti speciali. Ogni anno, milioni di tonnellate di dispositivi tecnologici, il più delle volte non del tutto obsoleti, vengono dirottati in paesi poveri che assolvono la funzione di *pattumiere del pianeta*. Senza voler generalizzare e quindi banalizzare il lavoro delle tante organizzazioni umanitarie che svolgono attività esclusivamente rivolte all'acculturamento delle popolazioni più disagiate, alle volte questi rifiuti informatici vengono trasferiti nei paesi più poveri del pianeta sotto forma di "aiuti umanitari tecnologici", mascherando una ignobile attività di smaltimento, non controllato e non autorizzato, di rifiuti tossici e nocivi per l'uomo.

Ciò determina, molto spesso, la proliferazione di traffici illegali di materiali pericolosi e contaminanti che finiscano in *discariche a cielo aperto*, spesso ubicate in paesi africani. Come se non bastasse, in molti di questi paesi si utilizza indiscriminatamente lo sfruttamento minorile per la raccolta e la selezione di materiali riciclabili presenti nei vecchi computer e che possono essere riutilizzati per l'assemblaggio di nuovi sistemi informatici. Ma questa è un'altra storia...

Consumismo tecnologico: un problema reale

Nelle moderne civiltà occidentali (e ora anche orientali), come abbiamo visto, la corsa all'acquisto dell'ultimo computer munito dell'ultima versione del più moderno microprocessore o della stampante laser a colori di tipo *all in one* in grado di assolvere anche alle funzioni di scanner, fotocopiatrice e modem, rappresenta per molti uno *status* o una consuetudine acquisita.

Il costo di acquisto (che il più delle volte risulta molto vantaggioso) induce orde di giovani e meno giovani a fare incetta dell'ultimo gadget tecnologico. Tale costo rappresenta, il più delle volte, l'unico elemento su cui basare la decisione dell'accaparramento del prodotto *high tech*. Ma ci siamo mai chiesti quanto "consuma" il nostro computer?

Internet, anche in questo caso, sembra darci una mano. Grazie al portale del programma *Energy Star*[6] della Comunità Europea[7], dedicato proprio all'efficienza energetica delle apparecchiature per ufficio, è possibile calcolare, con un buon livello di approssimazione, il consumo di qualsiasi computer fruibile sul mercato.

Sul portale è possibile configurare il proprio sistema informatico in funzione di una serie di parametri (tipologia di computer, utilizzo, accessori aggiuntivi ecc.). Tuttavia per rendere più agevole la comprensione del lettore, ci limiteremo ad analizzare una configurazione standard[8] (personal computer multimediale, munito di stampante laser

---

6. L'Energy Star è un sistema volontario internazionale di etichettatura per l'efficienza energetica introdotto dall'Agenzia statunitense per la protezione dell'ambiente (EPA) nel 1992. Attraverso un accordo con il governo degli Stati Uniti, la Comunità europea partecipa al sistema Energy Star per quanto riguarda le apparecchiature per ufficio.

7. Fonte http://www.eu-energystar.org/it/it_007c.shtml

8. Le specifiche standard mostrate di seguito si riferiscono al febbraio 2006.
   - Server piccolo: server comune di bassa qualità per l'ufficio o la casa (Celeron o P4 / 2.8 GHz / 256 MB RAM).
   - PC economico: PC economico fisso (per esempio Celeron (2 GHz), Sempron (3000+) o simili / 512 MB RAM / 250 GB). Prezzo stimato del sistema (incluso monitor 17"CRT) meno di 100, - euro.
   - PC multimedia: desktop multimedia, per esempio Athlon X2, Core 2 Duo o simili / 2.4 GHz / 1024 MB RAM / 320 GB e grafica più potente.
   - Workstation: PC con desktop a uso professionale per CAD/computer grafico/ricerca scientifica. Per esempio unità di elaborazione doppia (Opteron, Xeon, Core 2 Quad o simili / 3 GHz / 8 GB RAM / 500 GB / 64 bit OS).
   - PC portatile: ottimizzato per durata della batteria e trasportabilità (estremamente piatto e leggero). In genere Core Duo / Turion X2, schermo 15.4" XGA LCD-TFT. Migliori specifiche per il consumo di energia, ma non economico.
   - PC portatile economico: Mobile Sempron o Celeron M, schermo 15 "XGA LCD-TFT.
   - PC portatile grande: come sopra ma con schermo largo LCD a 16-17" a carta grafica migliore. Eccellente sostituto per un PC fisso. Consumo energetico alto per un PC portatile, ma sempre 50% in meno rispetto a un PC fisso paragonabile come prestazioni.

a colori e modem, utilizzato quotidianamente) che corrisponde, in linea di massima, a quella più comunemente utilizzata soprattutto nelle famiglie.

Come si evince dalla tabella sottostante, il consumo calcolato su base annuale per un computer munito di stampante laser e collegamento a Internet che viene utilizzato quotidianamente è di 330,7 kWh, pari a un costo di 165,35 euro[9]. In verità l'unico sistema attendibile per ottenere il costo di 1 kWh sarebbe quello di prendere una fattura riconducibile a una base temporale costante (per esempio un trimestre/anno) e dividere il costo per i kWh. In genere il valore varia da 0,5 e 0,25 euro/kWh, ma per i calcoli successivi utilizzeremo il valore più basso.

Specifiche personal computer	Consumo energetico annuo	Costo annuo (euro)
Pc multimediale con stampante laser colore e modem interno, monitor CRT 17" (uso quotidiano)	330,7 kWh	165,35 €

Se al personal computer aggiungiamo una stampante laser a colori, dobbiamo aggiungere un consumo annuo di 113,8 kWh, pari a un costo di 56,9 euro, che sommandosi al costo del sistema multimediale, porta alla ragguardevole cifra di 222,25 euro di energia elettrica assorbita.

Nei Data Center delle aziende la situazione si complica. Un server di ridotte capacità ha un assorbimento annuo di circa 1253,3 kWh. Il consumo elevato è dovuto alle particolari funzioni svolte dal sistema che gli impongono di rimanere acceso 24 ore al giorno. Come per i calcoli visti in precedenza, si può stimare che il costo annuo per alimentare elettricamente il server si aggiri intorno ai 626,65 euro.

Se consideriamo che mediamente anche nelle aziende di ridotte dimensioni i server presenti non sono quasi mai meno di tre o quattro (mail server, web server, file server, antivirus server), il costo energetico di un modestissimo Data Center aziendale grava sulle casse dell'azienda per circa 2506,6 Euro.

Se poi prendiamo come base il costo di un singolo personal computer (165,35 euro) e lo moltiplichiamo per 10 (ipotizzando che questo sia il numero dei PC utilizzati dal personale della piccola azienda) otteniamo una cifra pari a 1635,5 euro che sommata al costo del sistema informativo aziendale raggiunge l'importo complessivo di 4142,1 euro per alimentare l'infrastruttura informatica dell'organizzazione.

A questo punto i calcoli riportati possono facilmente dare un'idea dei costi che sostiene ogni anno una grossa azienda che utilizza centinaia di computer, stampanti, dispositivi attivi di rete, periferiche multimediali ecc.

---

9. Si ipotizza un costo di 0,5 euro/kWh per uso domestico, ma il valore è variabile in funzione del gestore e della tipologia di impianto utilizzato. All'origine i costi di produzione di corrente elettrica dipendono essenzialmente dalla fonte energetica che si utilizza e dai costi di costruzione e gestione dell'impianto, variando da 0,02 a 1,5 euro/kWh.

Le successive analisi effettuate sul sistema di riferimento "standard" (PC multimediale con stampante laser colore e modem interno, monitor CRT 17, per un uso quotidiano) ci rivelano che esso ha un assorbimento quasi pari a quello di un grosso elettrodomestico di casa (figura 2). L'aspetto di maggiore interesse è che i consumi tendono a diminuire drasticamente in funzione dell'utilizzo di un computer "portatile", che arriva a ridurli del 67% (figura 3).

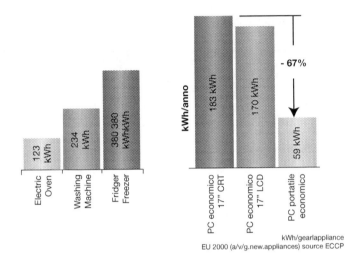

Fig. 3. Confronto tra PC ed elettrodomestici - Consumo energetico (kWh/anno)

Anche per quanto concerne il rapporto tra costo e ciclo di vita del prodotto, il computer portatile risulta sempre vantaggioso (figura 4).

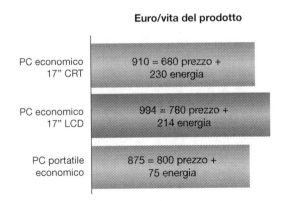

Fig. 4. Costo complessivo di gestione (€)

Il consumo energetico di un sistema multimediale "casalingo" può diminuire di circa l'81% se si utilizza un sistema portatile integrato che consente di utilizzare un'unica "fonte energetica" per alimentare tutti i componenti *software* e *hardware* presenti (figura 5). Il costo relativo, pertanto, risulterà ridotto anche in funzione del ciclo di vita del portatile (figura 6).

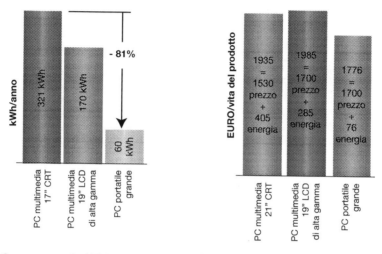

Fig. 5. Consumo energetico kWh/anno   **Fig. 6.** Costo complessivo di gestione in euro

Risulta quindi evidente che la filosofia del risparmio energetico non può prescindere dalla conoscenza dell'evoluzione delle moderne tecnologie e non può non considerare soprattutto quale sia il reale utilizzo del sistema informatico analizzato. Come si evince dalle tabelle riportate nella figura 9, il consumo energetico dei computer può variare molto, soprattutto in funzione dell'utilizzo che se ne fa. I Data Center, di certo, assorbono enormi quantità di energia elettrica, ed è per questo che rappresentano l'elemento di maggiore costo e inquinamento a livello globale. Non di meno, i centinaia di PC utilizzati nelle aziende, ma anche nelle famiglie, contribuiscono notevolmente alla crescita dei costi e dei consumi. È necessario, pertanto, attivare una vera e propria campagna di informazione e di sensibilizzazione all'uso di tutti gli accorgimenti necessari affinché si possa fare un uso corretto degli strumenti informatici, eliminando gli sprechi e soprattutto quelli che gli anglosassoni definiscono *bad behaviours*. Sono proprio i cattivi comportamenti a produrre, in maniera più o meno inconsapevole, la lievitazione dei costi nelle famiglie e nelle organizzazioni. Un esempio ci è dato dalle figure 8 e 9, in cui si evidenziano le differenze tra consumi e relativi costi di differenti tipologie di monitor, a seconda che vengano spenti o meno al termine della giornata lavorativa.

La questione del risparmio energetico, quindi, non interessa solo i vertici delle aziende pubbliche e private: essa deve coinvolgere tutte le popolazioni delle nazioni maggiormente industrializzate. La riduzione dei consumi energetici non può rea-

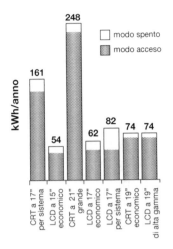

Fig. 7. Monitor (8 ore/giorno modo acceso, consumo energetico kWh/anno)

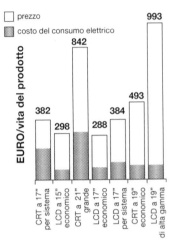

Fig. 8. Monitor (8 ore/giorno modo acceso, costo complessivo di gestione in euro)

Specifiche personal computer	Consumo energetico annuo	Costo annuo (Euro)
Pc multimediale (uso quotidiano)	210,1 kWh	105,05
Pc multimediale con stampante e modem (uso quotidiano)	330,7 kWh	165,35
Pc multimediale con stampante e modem con sistema risparmio energia (uso quotidiano)	268,9 kWh	134,45
Stampante laser colore (uso quotidiano)	113,8 kWh	56,9
Workstation con stampante (uso intensivo)	500,8 kWh	250,4
Piccolo server (sempre acceso)	1253,3 kWh	626,65
Portatile (uso intensivo)	68,8 kWh	34,4

Fig. 9. Consumi energetici di alcuni dispositivi informatici (fonte: www.eu-energystar.org)

lizzarsi se non attraverso un corretto processo educativo a cui sottoporre tutti gli strati sociali dell'intera comunità planetaria. Come si evince dalla figura 11, i benefici dell'IT Green influiscono su tre aree di grande rilevanza per le aziende: quella operativa (in cui si affrontano le problematiche tecniche e operative dell'infrastruttura IT), quella finanziaria (in cui prevale l'aspetto del controllo dei consumi e quindi dei costi del settore IT) e quella ambientale (che focalizza la propria attenzione sulla formazione del personale e sulla comprensione dell'importanza del fattore ecologico).

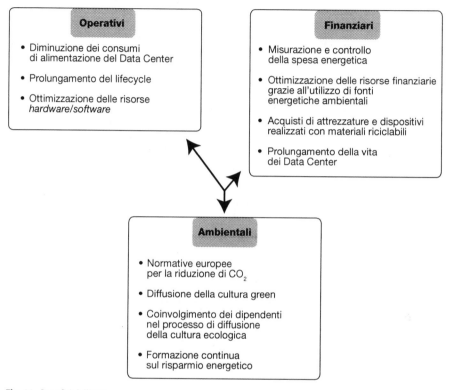

Operativi
- Diminuzione dei consumi di alimentazione del Data Center
- Prolungamento del lifecycle
- Ottimizzazione delle risorse *hardware/software*

Finanziari
- Misurazione e controllo della spesa energetica
- Ottimizzazione delle risorse finanziarie grazie all'utilizzo di fonti energetiche ambientali
- Acquisti di attrezzature e dispositivi realizzati con materiali riciclabili
- Prolungamento della vita dei Data Center

Ambientali
- Normative europee per la riduzione di CO_2
- Diffusione della cultura green
- Coinvolgimento dei dipendenti nel processo di diffusione della cultura ecologica
- Formazione continua sul risparmio energetico

Fig. 11. Benefici dell'IT Green

Si impone quindi la necessità di programmare una formazione mirata alla comprensione dell'importanza della cultura del risparmio energetico, sin dalla scuola elementare per proseguire poi in ambito universitario. È un programma formativo indispensabile che deve coinvolgere il Governo e le aziende per rendere indispensabile il trasferimento della "cultura ecologica" alle nuove generazioni per realizzare le fondamenta di quella "società colta" che rappresenta la base di una nazione civile e preparata al futuro. Solo in questo modo sarà possibile ottenere la consapevolezza che un mondo più pulito lo si può ottenere solo tramite il totale rispetto dell'ambiente.

Naturalmente, in attesa e nella speranza che ciò si compia, ai responsabili delle aziende e a tutti coloro che rivestono la funzione di IT Manager spetta la responsabilità di attivarsi per correggere le modalità di gestione delle infrastrutture informatiche e avviare il processo di risparmio energetico e di ottimizzazione delle risorse tecnologiche.

Alcune *best practices* (pratiche migliori) che possono consentire di raggiungere lo scopo, sono le seguenti:

- *Assunzione, da parte degli IT Manager e dei vertici aziendali, di un nuovo approccio al concetto di "tecnologia verde"*
I responsabili IT devono pensare "in verde". Devono focalizzare l'attenzione sull'importanza del consumo energetico dei server, sui costi derivanti dall'energia assorbita dai sistemi informativi, sulla tipologia dei materiali impiegati nella realizzazione dei dispositivi informatici, sullo smaltimento dei "rifiuti tecnologici", sull'aggiornamento dei dispositivi informatici con modelli a basso consumo ecc. Solo se il responsabile dell'infrastruttura IT avrà chiara l'importanza del risparmio energetico, sarà possibile ridurre i costi ottimizzando le risorse.

- *Monitoraggio continuo delle risorse utilizzate nel Data Center*
Il responsabile dei sistemi informativi deve dedicare una parte del suo tempo al controllo dei consumi di ogni singolo server, al monitoraggio della effettiva utilità delle prestazioni rese da ogni singolo dispositivo informatico, all'utilizzo effettivo delle memorie di massa presenti nel Data Center, alla verifica del consumo energetico dei singoli componenti dei sistemi periferici (workstation, stampanti, dispositivi di rete ecc.) dislocati all'interno dell'organizzazione, alla possibilità di accorpare database e unità di storage ecc.

- *Monitoraggio dell'obsolescenza dei dispositivi IT del Data Center e nell'azienda*
L'obsolescenza dei sistemi informatici costituisce uno delle componenti cruciali della dispersione energetica di un'azienda. Disporre di piattaforme *hardware* e *software* in grado di ottimizzare il risparmio energetico dei sistemi: è questo uno dei punti nevralgici su cui focalizzare l'attenzione, soprattutto dei vertici aziendali. Naturalmente questa attenzione non deve trasformarsi in una rincorsa incontrollata al rinnovamento continuo dei dispositivi informatici. La sostituzione di un personal computer deve essere attentamente valutata, e deve effettuarsi in uno scenario armonico di ottimizzazione globale dell'infrastruttura informatica aziendale.

- *Formazione e aggiornamento interno del personale che utilizza i sistemi informatici*
La formazione rappresenta l'aspetto più importante per raggiungere lo status di *green farm*. È indispensabile diffondere la cultura dell'IT Green mediante corsi di formazione e aggiornamento che mirino alla comprensione, da parte del personale dell'azienda, dell'importanza di comportamenti e "pratiche migliori" che possano consentire una corretta gestione degli strumenti informatici in termini soprattutto di risparmio energetico. Come abbiamo visto, basterebbe attivare la funzione di *standby* del proprio personal computer per ottenere una riduzione del consumo energetico.

- *Interazione continua con il Business Management, il Financial Management e il Change Management per fornire le indicazioni atte a consentire l'ottimizzazione degli acquisti delle risorse tecnologiche per l'azienda*
Una corretta interazione tra il settore *Business*, il settore *Financial* e il settore

Change (struttura che si occupa proprio dell'aggiornamento dei dispositivi *hardware/software* secondo il modello ITIL) permette una pianificazione mirata degli acquisti che consente, oltre che di ottimizzare le risorse finanziarie destinate all'infrastruttura IT, di aggiornare i sistemi informativi in maniera armonica, evitando che si verifichino quelle difformità *hardware* e *software* che spesso esistono nelle aziende e che spesso incidono con disfunzioni e malfunzionamenti sull'efficienza dei servizi informatici.

– Incentivazione del telelavoro
Le aziende specializzate che si occupano della realizzazione di *software* collaborativi che riducono gli spostamenti delle persone sono ormai una realtà diffusa. Fino a qualche anno fa, gli sforzi erano concentrati sul "telelavoro" quale mezzo per migliorare l'accesso al mondo del lavoro per alcune fasce di utenti e l'organizzazione dei costi aziendali, ma oggi il concetto si è allargato all'interna catena del valore. È indubbio che questa metodologia lavorativa presuppone un cambiamento *mentale* nell'organizzazione aziendale e quindi non solo a livello di innovazione tecnologica. Il cambiamento è sostanziale, perché modifica l'abituale approccio alla gestione della conoscenza all'interno di una struttura, coinvolgendo maggiormente tutte le figure professionali nei processi di formazione e distribuzione dell'informazione.

Che cosa ci riserva il futuro?

La disponibilità di strumenti tecnologici innovativi di comunicazione tra persone, inserite in contesti operativi diversi e dislocati in aree geografiche differenti, migliora l'efficienza e abitua gli utilizzatori alla collaborazione, sempre che sia garantito un reale "accesso in sicurezza" all'informazione circolante e che siano consentite, da parte delle organizzazioni che gestiscono i sistemi informativi, diverse modalità di controllo e fruizione dei dati preservati. Le aziende, inoltre, dovrebbero stimolare la libera iniziativa individuale riguardo ai contenuti e ai modi con i quali tali contenuti si diffondono. Solo questa possibilità consentirebbe, per esempio, una riduzione dei trasferimenti per meeting di lavoro riducendo l'inquinamento provocato dal trasporto aereo. In tal senso è interessante rilevare che un viaggio aereo di una persona, per qualche migliaio di chilometri, rappresenta, in termini di contributo individuale, l'equivalente dell'emissione di CO_2 di 10 contadini del Bangladesh in tutta la loro vita.

Il pianeta Terra è in sofferenza: l'inquinamento atmosferico aumenta, i "ghiacci eterni" hanno smesso di esserlo, la crescita della produzione del petrolio sembra inarrestabile e si comincia a parlare di controllo delle "riserve alimentari di prima necessità". Il quadro della situazione mondiale non sembra lasciar presagire nulla di buono, tuttavia, ancora una volta, è l'uomo la chiave di svolta. I governi sono gestiti da uomini che si assumono la responsabilità della garanzia di un futuro migliore per le nuove generazioni. O almeno così dovrebbe essere… Ma una cosa è certa: l'uomo in quanto tale ha una precisa responsabilità individuale: quella di garantire che il proprio operato sia sempre indirizzato nella giusta direzione. La crescita della propria cultura personale, lo svolgere il proprio lavoro in maniera corretta e nel rispetto dell'ambiente che lo circonda, la serietà professionale e sociale, sono gli elementi su cui basarsi per la realizzazione e la crescita di una comunità civile che possa garantire un futuro meno incerto e più vivibile alle nuove generazioni.

Il fattore nevralgico, quindi, è la consapevolezza dell'uomo che anche attraverso normali comportamenti quotidiani egli può determinare il miglioramento o il deterioramento della società in cui vive.

2. *Unified Communication*: la comunicazione globale

Comunicazione e reti di trasmissione

Il concetto di *comunicazione globale* è stato ormai assimilato da tutti ed è sufficiente nominarlo per evocare anche nella mente del cosiddetto "uomo della strada" il problema della copertura del segnale del proprio cellulare, computer o dispositivo di trasmissione e ricezione dati. Il termine *accessibilità* solitamente viene associato agli ambienti, ai fabbricati ai contesti urbani e identifica la possibilità di collegarsi a dispositivi tecnologici interconnessi in rete. Le *sorgenti di informazione* – o, più in generale, gli strumenti informatici – costituiscono la "tecnologia dell'informazione", che raggruppa strumentazione, piattaforme *hardware* e *software*, sistemi operativi e programmi applicativi che consentono la fruizione "mobile" delle informazioni a livello planetario.

Il principio della comunicazione globale nasce dall'esigenza di offrire, alla comunità, connettività a larga banda ottenibile grazie alla progettazione di strumenti informatici flessibili e scalabili in funzione dei fabbisogni dell'utenza.

La necessità di realizzare, a livello mondiale, un sistema di interconnessione in rete universale è accettata a livello politico sia nazionale sia comunitario, e il concetto stesso di informatica distribuita si sta trasformando in un pensiero di più ampio respiro in termini di spazio e informazioni disponibili. Le apparecchiature e i servizi tipici dell'informatica classica, quella cioè basata su calcolatori e terminali fisicamente identificabili quali mediatori di accesso all'informazione e alla comunicazione interpersonale, si sono trasformati in un gigantesco *repository* di informazioni che viene comunemente identificato come *Società dell'Informazione*, nella quale l'intelligenza umana è distribuita e nascosta negli oggetti e nelle strutture virtuali che ci circondano, producendo ambienti intelligenti e diversi in cui si rende possibile l'interazione attraverso forme e metodi ancora in fase di definizione.

Nell'ultimo decennio abbiamo assistito a una rivoluzione tecnologica inimmaginabile che trae le sue origini dalla rivoluzione numerica. Lo sviluppo della tecnologia numerica ha reso possibile la trasformazione di suoni, immagini e video da semplicemente fisici con caratteristiche distinte (per esempio, la banda) in sequenze di numeri.

I numeri (nel sistema binario digitale, rappresentati da 0 e 1) possono essere memorizzati su calcolatori e trasmessi sulla rete Internet, trasformando la multimedialità in una realtà in grado di accorpare e mescolare logicamente componenti diversi che possono fornire rappresentazioni interattive e multimediali. Anche se la tecnologia numerica è disponibile da decenni, le difficoltà di una corretta fruizione delle informazioni multimediali, dovute alla mancanza di reti a larga banda, ancora oggi rappresentano un grosso ostacolo all'evoluzione dei servizi online ipotizzabili per il cittadino. A ciò si aggiunge una persistente scarsa conoscenza dei concetti di connettività in rete e delle possibilità concesse dai servizi interattivi, la difficoltà di combinare media differenti e la mancanza di coesistenza delle funzioni di accesso all'informazione e di comunicazione interpersonale nell'ambito dello stesso servizio.

Tuttavia, grazie all'inarrestabile diffusione della "cultura della rete", di recente molti utenti hanno cominciato a familiarizzare con questi concetti grazie soprattutto allo sviluppo di tecnologie di rete a larga banda, specialmente di tipo "mobile", che hanno allargato il mercato anche ad ambiti "non professionali".

La comunicazione "unificata"

Solitamente il termine "comunicazione unificata" identifica lo sviluppo della tecnologia dell'informazione abbinata a quella delle telecomunicazioni. In effetti, la fusione delle due tecnologie, avvenuta nel corso degli anni grazie allo sviluppo di nuove generazioni di terminali multimediali, ha ridefinito la tipologia dei servizi fruibili in rete, le metodologie di accesso alle informazioni e, soprattutto, le modalità di utilizzo delle stesse. Queste mutazioni hanno determinato, per quanto concerne la comunicazione globale, la definizione di un nuovo scenario sociale in cui si evidenziano le seguenti caratteristiche:

- *la mancanza di servizi predefiniti*: i servizi in rete mutano in funzione delle esigenze degli utenti. Inoltre possono essere ridefiniti e modificati per adattarsi alle esigenze degli utenti e dei contesti di utilizzo;
- *l'assenza di differenziazione tra comunicazione individuale e accesso alle informazioni*: le persone "fisiche" sono sostituite da "entità virtuali" che utilizzano metodologie e tempi differenti per scambiarsi informazioni e servizi in rete. I blog, le Community, SecondLife e YouTube sono solo alcuni dei *new communication tools* utilizzati dalla comunità mondiale non solo per esprimere un proprio modo di comunicare ma per evidenziare il proprio "modo di essere";
- *la differenziazione dei media*: non esistono media standard di riferimento. Le moderne tecnologie ci consentono di esprimerci con strumenti e tecniche che possono differire tra loro. Filmati, documenti, videoconferenze e chat consentono una libera espressione comunicativa che abbatte qualsiasi vincolo tecnologico. Tutti i servizi sono interattivi, multimediali e multimodali nell'interazione, grazie alle proprietà sensoriali e motorie dei moderni sistemi informatici;
- *la cooperazione come strumento di evoluzione*: la collaborazione è la nuova chiave del successo del web. La partecipazione, intesa come contribuzione allo sviluppo e alla crescita delle informazioni, rappresenta un nuovo modo cooperativo per risolvere problemi comuni e per favorire la crescita della conoscenza;
- *la veridicità delle informazioni può essere controllata, e la fruizione delle stesse è libera da ogni censura*: le comunità di utenti comunicano tra loro accordandosi una fiducia di tipo variabile. Le informazioni possono essere controllate e smentite

qualora si rivelassero false. Il controllo delle informazioni non è affidato a una struttura o a un organismo, ma appartiene alla comunità degli utenti che ne usufruiscono. Allo stesso tempo, nessuna informazione può essere censurata in rete.

Tutto ciò influisce sullo sviluppo della rete e sulle modalità di fruizione delle informazioni. Proprio per questo motivo, grazie anche allo sviluppo continuo delle tecnologie, le modalità di accesso impongono nuovi parametri da rispettare quali la necessità di:

- ridurre i tempi di trasmissione attraverso una maggiore larghezza di banda disponibile per il cittadino;
- focalizzare l'attenzione, oltre che sull'interfaccia utente che deve essere pratica ed essenziale, sull'organizzazione e presentazione dell'enorme massa di dati fruibili nelle banche dati;
- ampliare l'offerta dei servizi al cittadino, per quanto concerne sia i servizi di pubblica utilità sia l'ampliamento dell'offerta della banda trasmissiva, per consentire concretamente di ridurre il *digital divide*.

Tecnologie di comunicazione emergenti: WiFi e WiMAX

Essendo la rete un elemento di comunicazione in forte crescita, le tecnologie di comunicazione e collaborazione hanno avuto un'enorme espansione, consentendo la realizzazione di soluzioni *software* che hanno prodotto un miglioramento delle relazioni tra le persone, nonché una maggiore flessibilità ed efficienza dei processi di business aziendali.

Quindi la Unified Communication (UC) si delinea come uno strumento complesso che richiede particolare attenzione, soprattutto per quanto concerne gli impatti organizzativi.

Proprio a causa della sua complessità strutturale, l'UC assume la connotazione di una vera e propria sfida del futuro per quanto concerne la collaborazione in rete. Possiamo definire l'UC come una metodologia che tende a far convergere su di un'architettura unificata, composta da singoli dispositivi informatici e di comunicazione, tutti i canali di interazione utilizzati da singole persone per interagire con colleghi, clienti, fornitori e utenti diversi.

Grazie all'UC, l'utente della rete assume la connotazione dell'*information worker*, un fruitore che utilizza le informazioni e la comunicazione come strumento strategico di lavoro e di elaborazione delle informazioni in genere, senza prestare particolare attenzione alle piattaforme e alle tecnologie utilizzate. L'interazione con le altre persone o gruppi di utenti è immediata, e l'*information worker* affida completamente all'UC l'onere di scegliere, in base al tipo di comunicazione e all'ubicazione della persona con la quale intende interagire, gli strumenti e le metodologie idonee allo scopo. Le tecnologie di *presence* (soluzioni di messaggistica, videoconferenza, VoIP ecc.) attualmente disponibili sul mercato consentono di interagire istantaneamente con l'interlocutore senza doversi preoccupare di individuare, di volta in volta, il mezzo più efficace per il tipo di comunicazione che deve essere attivata, il luogo dove l'interlocutore si trovi e cosa stia facendo in quel momento. Pertanto l'UC rappresenta per le generazioni future un mezzo di comunicazione strategico su cui puntare in maniera decisiva.

Il problema sostanziale da affrontare per consentire lo sviluppo dell'UC è rappresentato dallo sviluppo delle tecnologie "mobili". Il motto *anywhere, anytime* così caro ai sostenitori dell'Unified Communication può essere realizzato solo mediante lo sviluppo delle tecnologie mobili a larga banda. La diffusione della larga banda è uno dei temi più discussi degli ultimi tempi. Il concetto di abbattimento del *digital divide* implica, in maniera automatica, il coinvolgimento delle tecnologie WiFi e WiMAX. A questo punto è opportuno chiarire le differenze tra di esse.

Il termine WiFi (abbreviazione di Wireless Fidelity) identifica i dispositivi che possono collegarsi a reti locali senza fili (WLAN) basate sulle specifiche IEEE 802.11. Le reti WiFi sono infrastrutture di rete relativamente economiche e di veloce attivazione che si basano sull'utilizzo delle frequenze radio e consentono di realizzare sistemi flessibili per la trasmissione di dati estendendo o collegando reti esistenti oppure creandone di nuove.

Il mezzo trasmissivo può basarsi sul classico cavo ADSL o HDSL, oppure su un sistema satellitare. La connessione viene effettuata mediante l'installazione di piccole antenne omnidirezionali e direttive. Le antenne omnidirezionali vengono utilizzate solitamente per garantire la connettività all'interno di edifici e uffici, o comunque in contesti geografici di ridotte dimensioni. Tuttavia, con un sistema del genere è possibile assicurare la copertura di aree più grandi come aeroporti, centri commerciali, quartieri ecc.

Le antenne direttive garantiscono la copertura per distanze maggiori (fino a circa 1 km) e vengono utilizzate per assicurare la banda larga in aree geograficamente "scoperte" dalla rete cablata. Il segnale dell'*Access Point*[1] (AP) può variare enormemente in funzione della tipologia del dispositivo, nonché della qualità e della società produttrice, tuttavia un AP solitamente garantisce una copertura del segnale fino a una distanza di circa 300 m se non vi sono barriere che possano ostacolare il segnale (nel caso in cui siano presenti muri o porte schermate o altri ostacoli particolari, la copertura può scendere a meno di 150 m). Grazie ai costi molto contenuti, la tecnologia WiFi rappresenta la soluzione maggiormente utilizzata per ridurre il *digital divide,* e soprattutto negli Stati Uniti si stanno sperimentando diverse integrazioni con la telefonia mobile per consentire la sostituzione delle tecnologie GSM/GPRS/UMTS con una nuova rete basata sul WiFi in grado di fornire velocità superiori e innovativi servizi di videotelefonia.

In tal senso, molte aziende del settore stanno effettuando corposi investimenti per consentire l'integrazione della fonia fissa e mobile in un unico dispositivo di comunicazione che possa consentire la presenza permanente "in rete" dell'utente. Inoltre molti operatori stanno diffondendo sul mercato dispositivi mobili in grado di collegarsi a Internet tramite schede *wireless* e ricevitori WiFi, per garantire una connessione stabile alla rete. Nel prossimo futuro è facile prevedere che i dispositivi *wireless* potranno contare sulla presenza di una copertura di rete in grado di operare tranquillamente in una pluralità di sistemi basati sulle onde radio.

---

1. *Access Point* è un dispositivo che permette all'utente mobile di collegarsi a una rete *wireless*. L'*Access Point*, collegato fisicamente a una rete cablata (oppure via radio a un altro *Access Point*), riceve e invia un segnale radio all'utente, permettendo così la connessione.

Il WiMAX (*Worldwide Interoperability for Microwave Access*) è una tecnologia che consente l'accesso a reti di telecomunicazione a banda larga e senza fili (BWA, *Broadband Wireless Access*). L'acronimo è stato definito dal WiMAX Forum, un consorzio formato da più di 420 aziende il cui scopo è sviluppare, supervisionare, promuovere e testare l'interoperabilità di sistemi basati sullo standard IEEE 802.16.

Il WiMAX è una tecnologia di trasmissione senza fili a banda larga che può essere implementata su diversi tipi di territorio, dal contesto rurale a quello urbano. In funzione della normativa del Paese di riferimento, le frequenze usate da questa tecnologia sono soggette a concessione in licenza (assegnate in uso esclusivo dalle istituzioni governative) anche se possono interessare bande "non licenziate" (per quelle frequenze che non sono assoggettate ad alcuna licenza di utilizzo ma semplicemente a un'autorizzazione). La velocità di trasmissione del WiMAX può raggiungere i 70 Mbit/s e non richiede necessariamente visibilità ottica, anche se l'assenza di quest'ultima determina lo scadimento delle prestazioni. Anche se è stata annunciata una copertura possibile del WiMAX pari a un raggio di circa 70 km, in realtà sembra che alcuni test di sperimentazione abbiano prodotti risultati deludenti rispetto alle aspettative per quanto concerne le prestazioni del sistema.

Una sperimentazione condotta in Italia tra il 2005 e il 2006 da una struttura che opera in ambito scientifico ha evidenziato che sulla frequenza di 3,5 GHz in condizioni di visibilità ottica anche ostruita, le prestazioni sono accettabili per distanze di qualche chilometro, ma si riducono a poche centinaia di metri in condizioni di assenza totale di visibilità ottica. Va tuttavia notato che la sperimentazione è stata condotta con un limite alla potenza massima di emissione EIRP (*Equivalent Isotropically Radiated Power*) di 36 dBm, ovvero 4 W. A ciò si aggiungono le complicazioni imposte dalle normative internazionali che potrebbero limitare fortemente l'utilizzo del WiMAX.

Tuttavia le aziende del settore sono convinte che questa tecnologia possa raggiungere, entro pochi anni, uno sviluppo tale da consentirle di assumere la connotazione di "standard" mondiale per garantire la connettività ovunque, abbattendo le barriere create dalla conformazione orografica del terreno.

È importante sottolineare che le caratteristiche che rendono il WiMAX una tecnologia su cui riporre corpose speranze sono:

- *la flessibilità*: è in grado di supportare reti punto-multipunto e multipunto-multipunto (reti MESH);
- *la sicurezza*: è in grado di implementare diverse tecniche di crittografia, sicurezza e autenticazione contro intrusioni da parte di terzi;
- *la qualità del servizio*: garantisce il supporto di cinque tipologie di qualità del servizio: *Unsolicited Grant Service* (UGS) per sistemi *real time* di dimensione fissa (per esempio, VoIP[2]), *Real-Time Polling Service* (rtPS) per sistemi *real time* di di-

---

2. Il *Voice over IP* (voce tramite protocollo IP) è una tecnologia che rende possibile effettuare una conversazione telefonica sfruttando una connessione Internet o un'altra rete dedicata che utilizza il protocollo IP, anziché passare attraverso la rete telefonica tradizionale (PSTN). Ciò consente di eliminare le relative centrali di commutazione e di economizzare sulla larghezza di banda occupata. Vengono instradati sulla rete pacchetti di dati contenenti le informazioni vocali, codificati in forma digitale, e ciò solo nel momento in cui è necessario, cioè quando uno degli utenti collegati sta parlando.

mensione variabile (per esempio, applicazioni video), *Non Real-Time Polling Service* (nrtPS) per flussi di dati tolleranti al ritardo (per esempio, applicazioni FTP di file transfer), *Extended Real-Time Polling Service* (ErtPS), simile al rtPS per flussi *real time* a dimensione fissa (per esempio, VoIP con soppressione di silenzio), *Best Effort* (BE) per flussi di dati dove non è richiesto un livello minimo di servizio;

- *lo throughput*: è in grado di trasportare una quantità di traffico rilevante con un alto livello di efficienza dello spettro e di tolleranza ai segnali riflessi.
- *la facilità di installazione*: non richiede equipaggiamenti particolari. Un'antenna può essere sufficiente per l'equipaggiamento base di una stazione di trasmissione;
- *l'interoperabilità*: essendo uno standard, è indipendente dal tipo di apparato o dal provider utilizzato;
- *i costi e la copertura*: lo standard "aperto" della tecnologia e l'economia di scala dovuta alla produzione dei componenti WiMAX dovrebbero consentire una sostanziale riduzione dei costi sia per i fornitori sia per gli utenti;
- *la funzionalità NLOS (Not Line Of Sight)*: corrisponde alla capacità di trasmettere attraverso territori parzialmente ostruiti grazie alla modulazione utilizzata. Questa è una delle peculiarità del WiMAX, anche se, come abbiamo visto, alcune sperimentazioni hanno rilevato in condizioni simili un rapido decadimento della banda;
- *la possibilità di collegamento tra Access Point WiFi e antenne WiMAX*: le due tecnologie possono interagire tra loro, garantendo una connettività globale e continua indipendentemente dai contesti geografici in cui si opera;
- *la totale compatibilità con tutte le interfacce di rete dei moderni dispositivi tecnologici*: i personal computer, i palmari, i cellulari, e tutti i dispositivi tecnologici disponibili sul mercato muniti di una interfaccia di rete (scheda) WiFi che consente la connessione a reti "mobili".

Quindi il WiMAX si pone a un livello superiore rispetto al WiFi per due particolari peculiarità: la velocità di trasmissione e il *range* di copertura delle celle. Inoltre le due tecnologie non operano in conflitto, ma possono integrarsi per consentire all'utilizzatore una copertura di rete continua. Riassumendo:

- WiFi è un sistema a "*range* diffuso" (copertura di diversi chilometri) che usa uno spettro licenziato per connessioni punto-punto alla rete Internet;
- WiFi è un sistema a "*range* ridotto" (copertura di decine di metri) che usa uno spettro non licenziato per offrire accesso a una rete locale. La rete locale può essere connessa a Internet.

Integrazione di tecnologie digitali di trasmissione dati/fonia: una strada percorribile

L'integrazione delle tecnologie di trasmissioni dati su rete è forse il problema maggiore delle aziende che operano nel settore. Anche se molte tecnologie sono ancora in fase di studio o di sperimentazione, risulta opportuno fare alcune precisazioni su quelle maggiormente diffuse sul mercato. Lo standard GSM (*Global System for Mobile Communications*) è sicuramente il più diffuso al mondo per quanto concerne la telefonia. Secondo alcune stime, sarebbero più di tre miliardi le persone che utilizzano, in oltre 200 paesi cellulari GSM. L'enorme diffusione di questo standard ha reso possibile la stipulazione di accordi tra i diversi operatori internazionali di telefonia mobile per realizzare il *roaming* (commutazione automatica tra reti diverse), che consente agli utenti la fruizione continua del servizio di telefonia indipendentemente dalla zona e dall'operatore coinvolto. Lo standard GSM, essendo totalmente digitale, ha consentito l'introduzione di un nuovo modo di comunicare: per la prima volta è stato possibile, con un unico dispositivo, scambiare dati e fonia. Ciò ha reso possibile l'accesso a costi ridotti a una serie di servizi particolarmente innovativi. La funzione di scambio di messaggi testuali (SMS) è solo uno degli esempi.

Tuttavia, nel giro di pochi anni l'inarrestabile evoluzione delle tecnologie ha reso il GSM un sistema obsoleto. Una delle limitazioni più serie del GSM è dovuta all'impiego della tecnologia TDMA[3], meno avanzata ed efficiente rispetto alla tecnologia CDMA[4]. È importante aggiungere che successivamente è stata introdotta una nuova versione migliorata nota come "versione 97", o GPRS a sistema di pacchetti dati. La velocità di trasmissione è stata aumentata previa implementazione di un nuovo tipo di modulazione del segnale (EDGE).

La tecnologia UMTS (Universal Mobile Telecommunications System) è quella che ha assunto il ruolo del successore del GSM. Anch'essa nata per la telefonia mobile di terza generazione (3G), impiega lo standard base W-CDMA come interfaccia di trasmissione, è compatibile con lo standard 3GPP e rappresenta la risposta europea al sistema ITU[5] di telefonia cellulare 3G. L'UMTS è stato diffuso anche con la sigla 3GSM per mettere in evidenza la combinazione fra la tecnologia 3G e lo standard GSM di cui dovrebbe in futuro prendere il posto. HSPA (*High Speed Packet Access*) è una famiglia di protocolli per la telefonia mobile che estendono e migliorano

---

3. *Time Division Multiple Access* (accesso multiplo a ripartizione nel tempo) è una tecnica di multiplazione numerica in cui la condivisione del canale è realizzata mediante ripartizione del tempo di accesso allo stesso da parte degli utenti. Vi sono due tipi di multiplazione a divisione di tempo: *multiplexing a divisione di tempo sincrono* (STDM), noto anche come *multiplexing a divisione di tempo quantizzato*, che prevede che ogni dispositivo abbia a disposizione un'identica porzione di tempo intercettabile attraverso uno schema di tipo *round robin*, e il *multiplexing statistico*, simile a STDM, con la differenza che ai dispositivi che non devono trasmettere dati non viene assegnato il controllo del canale di trasmissione.

4. *Code Division Multiple Access* (accesso multiplo a divisione di codice) è una tecnica di accesso, da parte di più sorgenti di informazione, allo stesso canale di trasmissione, tramite l'impiego della stessa banda di frequenze, che consiste nell'associare all'informazione trasmessa da ciascuna di queste sorgenti un codice che la identifichi univocamente rispetto a tutte le altre e che permetta a un ricevitore di estrarre selettivamente l'informazione associata a ciascuna di esse. È una tecnologia alla base del funzionamento dei telefoni cellulari di terza generazione (3G), che funzionano secondo lo standard UMTS. La tecnologia CDMA presenta numerosi vantaggi rispetto alle antecedenti FDMA e TDMA (accesso a divisione di frequenza e tempo rispettivamente) utilizzate dai cellulari GSM, tra i quali per esempio una maggiore velocità di trasmissione dati.

5. L'Unione Internazionale delle Telecomunicazioni (*International Telecommunication Union*, in francese *Union internationale des télécommunications*) è un'organizzazione internazionale che si occupa di definire gli standard nelle telecomunicazioni e nell'uso delle onde radio.

le prestazioni dell'UMTS. Include l'HSDPA[6] per la trasmissione dati in *downlink* (verso l'utente) e l'HSUPA[7] per la trasmissione dati in *uplink* (verso la rete). I protocolli HSPA sono un'evoluzione dell'UMTS che, in termini di prestazioni, migliora soprattutto la velocità e l'affidabilità del segnale.

Le diverse metodologie di trasmissione dati, pertanto, anche se diverse tra loro, soprattutto in termini di copertura del segnale e velocità di trasmissione, possono convivere per garantire agli utenti la perfetta fruizione del servizio di connessione in rete indipendentemente dalla tipologia e dal livello di obsolescenza del dispositivo tecnologico utilizzato (figura 1). Ciò ha consentito, soprattutto alle aziende, di non vanificare gli investimenti economici e di risorse umane richiesti dal passaggio alle tecnologie del terzo millennio.

Naturalmente questa breve panoramica sulle più diffuse tecnologie di trasmissione dati vuole essere semplicemente una esposizione delle diverse metodologie di connessione in rete e non certo una descrizione di tutte le tipologie di sistemi fruibili sul mercato dell'Information Technology. Ciò nonostante è utile per comprendere che quello delle reti di trasmissione dati/fonia è un mercato in continua fibrillazione e che la ricerca rappresenta il fulcro centrale delle attività delle aziende del settore per i prossimi anni. È opportuno inoltre chiarire il concetto di WLAN (*Wireless Local Area Network*). Il WLAN è un termine utilizzato per identificare una "rete locale senza fili" che sfrutta le tecnologie *wireless*. Le tipologie di rete *wireless* sono tre: le PAN (*Personal Area Network*), denominazione che identifica un utilizzo della rete con dispositivi di portata "ridotta" che soli-

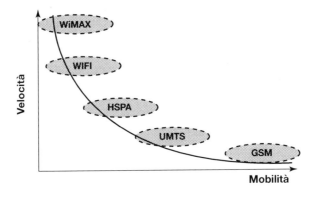

Fig. 1. Differenze tra le diverse tecnologie di trasmissione dati/fonia

---

6. Lo *High Speed Downlink Packet Access* permette di aumentare la velocità di trasmissione raggiungendo la velocità teorica di 14,4 Mbit/s; gli sviluppi attuali hanno raggiunto velocità di 7,2Mbit/s, con un massimo di 384 Kbit/s in *uplink*.

7. Lo *High Speed Uplink Packet Access* consente di migliorare le performance di *uplink* fino a 5,76Mbit/s teorici. Tali dispositivi offrono un collegamento in *uplink* a circa 1,4 Mbps. Recentemente lo HSPA è stato ulteriormente migliorato, introducendo nuove versioni indicate come HSPA Evolution (HSPA+) e in grado di offrire velocità di accesso fino a circa 50 Mbp/s.

tamente vengono "indossati" da una persona (tipicamente palmari, dispositivi Bluetooth, dispositivi presenti nelle automobili come i navigatori satellitari) le LAN (*Local Area Network*) reti locali composte da personal computer, stampanti e altri dispostivi informatici in grado di comunicare tra loro; la WAN (*Wide Area Network*), che identifica la rete Internet.

Per il prossimo futuro, sicuramente continueremo ad assistere alla progettazione e all'introduzione di nuove e più performanti sistemi di connessione in rete, tuttavia è certo che anche l'evoluzione di soluzioni nuove e più promettenti, come il WiMAX, non impedirà alle aziende di concentrare gli sforzi sull'integrazione di quelle esistenti per non vanificare gli enormi investimenti effettuati nel passato, ma soprattutto per garantire la totale compatibilità con tecnologie ormai obsolete, ma ancora molto diffuse.

In Italia si sta facendo molto per l'abbattimento del *digital divide*. Anche se in ritardo, rispetto ad altri paesi, nel "bel Paese" l'attuale normativa prevede l'utilizzo della tecnologia WiMAX unicamente nella banda di frequenze 3,4-3,6 GHz. La ragione del ritardo italiano è riconducibile alla precedente assegnazione delle bande di frequenza al Ministero della Difesa. L'asta per l'attribuzione delle licenze si è conclusa il 27 febbraio 2008 con l'assegnazione di tutte le licenze disponibili e con un incasso per l'erario di poco superiore ai 136 milioni di euro.

Tecnologie e comunicazione integrata: problematiche, scenari e soluzioni

In base a una recente indagine condotta da Forrester, il numero di imprese che utilizzeranno nuove soluzioni video per la videoconferenza, come le webcam installate sui desktop o le sale per le riunioni in telepresenza, salirà dal 10 al 50% entro i prossimi anni. Inoltre una nuova frontiera dell'UC è costituita dalla crescita delle offerte nel settore in modalità *hosted* o *SaaS* (*Software-asa-service*), in cui la stessa Forrester ha previsto sin dal 2009 un aumento del 20%.

Anche se l'UC si prefigge il raggiungimento dell'obiettivo primario costituito dalla realizzazione di una UC *federata e integrata*, i tempi di conseguimento del traguardo sono ancora piuttosto lunghi. Il problema maggiore è costituito proprio dalla "presenza federata", ossia dalla condivisione del livello di raggiungibilità dell'utente indipendentemente dai confini, territoriali e strutturali, in cui opera. Molte aziende si stanno adoperando per realizzare strumenti *hardware/software* in grado di agevolare l'utente mediante l'utilizzo automatico di appositi dispositivi informatici, e dal 2010 alcuni di questi prodotti dovrebbero già essere immessi sul mercato. Le metodologie di implementazione, la formazione del personale e i costi da sostenere sono solo alcuni dei problemi che dovrà affrontare il CIO[8] nei prossimi anni. Proprio per questo motivo, è consigliabile procedere con particolare attenzione nel processo di diffusione delle possibilità offerte dall'*Unified Communication*.

Il presupposto fondamentale, pertanto, è quello di iniziare a implementare l'UC in maniera graduale, anche per permettere di valutare meglio i ritorni sugli investi-

---

8. Il *Chief Information Officer* è il manager responsabile della sezione ICT all'interno dell'azienda. Risponde direttamente al *Chief Executive Officer* (CEO) oppure al *Chief Financial Officer* (CFO).

menti. Il primo passo può essere, senza alcun dubbio, la realizzazione dell'*assessment* delle tecnologie presenti all'interno dell'organizzazione.

Le infrastrutture informatiche disponibili devono essere ben note al responsabile IT dell'azienda, per consentirgli di evitare errori di valutazione durante il processo di integrazione in un'architettura UC. Il passo successivo è quello della valutazione delle risorse umane. Nelle aziende, solitamente, all'interno dell'infrastruttura IT lo staff che si occupa di *internetworking* e telecomunicazioni è separato da quello responsabile della gestione e manutenzione degli applicativi e dei database. Questa divisione delle aree e delle competenze, che spesso assume la connotazione di una separazione infrastrutturale a "compartimenti stagni", il più delle volte determina una forte limitazione della condivisione delle conoscenze. Fortunatamente, soprattutto da qualche anno, la situazione sta cambiando. L'implementazione di tecnologie come il VoIP ha imposto una maggiore interazione tra le diverse aree informatiche e soprattutto tra le diverse figure professionali del settore ICT. Tuttavia ancora molto resta da fare. Il trasferimento di competenze e conoscenze rimane ancora limitato, e la diffusione dell'UC impone un grande sforzo di integrazione di persone e di conoscenze e la creazione di nuovi *skill,* in particolare per quanto concerne la sicurezza e la *mobility.*

In questo senso, la chiave di svolta è rappresentata ancora una volta dalla formazione. L'evoluzione delle tecnologie ICT, attualmente, impone una formazione continua e costante rivolta a tutto il personale che le utilizza, qualunque sia il settore in cui opera l'organizzazione.

Il corretto utilizzo dei sistemi operativi, le possibilità offerte dai moderni browser di navigazione e i criteri di privacy da osservare per garantire la sicurezza del proprio personal computer sono solo alcuni degli argomenti su cui basare percorsi formativi che possano consentire agli allievi di comprendere il significato e il corretto utilizzo delle tecnologie informatiche. Inoltre una formazione continua permette di identificare le metodologie più razionali e affidabili per conseguire un rapporto costi/benefici migliore.

Pertanto per l'*information worker* l'utilizzo di un sistema UC può consentire il risparmio di tempo e di risorse, spesso necessari per esempio, per risolvere i caratteristici problemi che si possono incontrare quando si stabilisce un canale comunicativo con una persona (telefonate eccessive, innumerevoli sms, messaggi in segreterie telefoniche, e-mail, fax ecc.). Il tempo così risparmiato potrebbe essere utilizzato per focalizzare la propria attenzione sulle informazioni gestite e sul miglioramento della collaborazione interattiva e del proprio lavoro. Proprio in funzione della crescita inarrestabile della collaborazione in tempo reale con interlocutori diversi, l'opportunità di avere più tempo a disposizione per ottimizzare la qualità delle informazioni gestite risulta fondamentale.

Produrre prodotti migliori e più appetibili per il mercato mondiale, offrire servizi più efficaci e innovativi, contenere la concorrenza imposta dai mercati globalizzati sono solo alcuni dei "bisogni" che possono essere soddisfatti mediante un nuovo metodo di comunicazione che integri, in maniera trasparente all'utente, tecnologie e risorse ad ampio spettro.

È importante comprendere che l'UC non è una soluzione informatica e di comunicazione che possa essere acquisita sul mercato, bensì il prodotto di una "confluenza di diverse tecnologie, applicazioni e servizi" che in parte possono essere già presenti all'interno dell'organizzazione ma che necessitano di un'integrazione globale e funzionale che porti alla realizzazione di un sistema di "comunicazione unificata". I componenti di un sistema UC sono facilmente reperibili sul mercato e sono riconducibili a tecnologie ICT (personal computer multimediali, server, apparecchi telefonici, centraline, rispositori automatici ecc.) e a *workgroup solution's* (*software* di comunicazione integrata, *client* di posta elettronica, *instant messaging software*, *notebooks management* ecc.).

Tutti questi componenti, come abbiamo chiarito, costituiscono la struttura base di un sistema UC, ma devono rappresentare il punto di partenza per la realizzazione di un sistema di videoconferenza integrato. Questo è il reale obiettivo dell'*Unified Communication*: realizzare un sistema di *Network Information Point* (NIP) che possa offrire informazioni e servizi all'utente. Il NIP può essere inteso come un *punto informativo* rappresentato dall'utente (persona o azienda) che assume la figura di "sorgente informativa" che alimenta la crescita delle informazioni disponibili in rete e che contribuisce allo sviluppo della comunità mondiale di Internet. Il NIP è quindi un'entità logica e le sue informazioni sono a disposizione di tutti, così come anch'egli può usufruire delle informazioni disponibili in rete. L'obiettivo è il raggiungimento di un'offerta omnicomprensiva di informazioni in cui tutti i NIP abbiano raggiunto il massimo livello di completezza funzionale e di innovazione tecnologica.

Molte aziende hanno intrapreso questa strada. Organizzazioni munite di una spiccata cultura ICT hanno avviato, per esempio, un processo di convergenza di voce e dati in un unico strumento di comunicazione, il VoIP. Molti fornitori oggi offrono interfacce di comunicazione video e voce integrabili con nuove tipologie di dispositivi come i cellulari, i palmari e gli *smartphone*. Molti *vendor*, che provengono dal settore della telefonia o dalle reti, offrono soluzioni che tendono a preservare gli investimenti effettuati in passato dalle aziende nelle infrastrutture di telecomunicazioni (per esempio per le centraline telefoniche, gli *switch* di rete ecc.), attraverso soluzioni tecnologiche che consentano, per esempio, la convergenza tra fisso e mobile, o mediante dispositivi *hardware/software* che siano interfacciabili con tecnologie datate. Altre soluzioni possono essere rappresentate da applicativi di produttività utilizzati sui desktop degli utenti, piattaforme di collaborazione, applicativi business ecc. Alcuni produttori stanno offrendo prodotti specificamente concepiti per supportare processi di business abilitati alla comunicazione come i *Communications Enabled Business Processes* (CEPB), in grado di integrare funzioni di comunicazione, strumenti di *workflow* e applicazioni di *Business Intelligence* (BI).

Il sistema della comunicazione unificata in rete ha portato allo sviluppo di nuovi metodi di comunicazione globale che hanno suscitato nel pubblico degli "internauti" un interesse che va ben oltre le attese sperate. Quasi inconsapevolmente, la rete ha prodotto nuovi strumenti per la gestione delle informazioni e della conoscenza come il *Blog* e il *Wiki*. Il termine blog identifica nel gergo informatico una sorta di diario in rete. Nato dalla contrazione di due parole *web* e *log*, il blog ha iniziato la sua diffusione negli USA sin dal lontano 1997 grazie all'idea di un commerciante americano appassionato di caccia, Jorn Barger che attivò una pagina Html sul web in cui si offriva di condividere le sue considerazioni con altre persone che praticavano lo stesso hobby. Nel 2001 questa modalità di condivisione di pareri, informazioni e considerazioni si è estesa anche in Italia, dove ha assunto, soprattutto per una questione di moda, un ruolo di grande rilievo come strumento per la diffusione di messaggi politici e di spettacolo su Internet. Nonostante la proliferazione di centinaia di migliaia di blog di diverso tipo, ben pochi sono quelli frequentati e che raccolgono consensi per la qualità delle informazioni messe a disposizione dei fruitori. Molti di essi non vengono gestiti, aggiornati e, soprattutto, commentati dai visitatori della rete.

Un *Wiki* è un insieme di pagine ipertestuali (pagine web) che tendono ad assumere la forma di un portale web. Può essere modificato dai suoi utilizzatori/fruitori, e i contenuti sono sviluppati liberamente in collaborazione con tutti coloro che hanno accesso al sistema. Lo scopo principale di un *Wiki* è rappresentato dalla condivisione, dalla gestione e dall'aggiornamento delle informazioni, finalizzati allo sviluppo della conoscenza in modo collaborativo. È proprio questa *mission* a fare del *Wiki* lo strumento di conoscenza per le comunità future. Attualmente esistono diversi *software* implementati proprio per realizzare portali web in grado di creare contenuti di specifico interesse. Inoltre stanno crescendo i *Wiki* che hanno come finalità la realizzazione di progetti collaborativi (per esempio, *Planète couleurs* per i festival dei viaggi, *Tela_Insecta* riferito al *Network degli Entomologi Francofoni*, le *Journal International des Quartiers* francese, *Nasgaïa* che identifica una distribuzione Linux, CPDL che rappresenta la Choral Public Domain Library), o anche enciclopedie (generali come *Wikipedia* o settoriali come *Sensei's Library*), oppure *Wiki* comunitarie (in cui persone si riuniscono virtualmente per discutere su un argomento specifico, e per condividere conoscenze, come *Guide de voyages*) o anche come *Wiki* personali (utilizzati come strumento di gestione delle informazioni personali).

Sicuramente la realizzazione di maggiore rilievo, dal punto di vista del coinvolgimento di persone a livello mondiale, è *Wikipedia*.

Nata nel gennaio del 2001 da un progetto sviluppato da Nupedia (progetto che aveva uno scopo simile ma strutturato da gruppi di esperti di settore), si sviluppa con la creazione della Wikimedia Foundation, che successivamente ha portato alla nascita di progetti similari come *Wiktionary*, *Wikibooks*, *Wikisource*, *Wikispecies*, *Wikiquote*, *Wikinotizie* e *Wikiversità*. Pubblicata in oltre 250 lingue, *Wikipedia* è un'enciclopedia online a contenuto libero fruibile in Internet e aggiornata a livello collaborativo da volontari che hanno competenze e cultura in settori diversi. Sostenuta da Wikimedia Foundation, organizzazione senza scopo di lucro, contiene informazioni su argomenti diversi e consente una ricerca per "voci" analoga a quella fruibile su di una tradizionale enciclopedia digitale. La differenza risiede nella tipologia delle informazioni inserite (che spaziano da quelle diffuse sulle moderne enciclopedie a quelle contenute negli almanacchi, fino ai dizionari geografici e di attualità) e nella modalità di aggiornamento delle stesse, a cui provvede liberamente, gratuitamente e senza censura la comunità mondiale degli utilizzatori della rete. *Wikipedia* risulta uno dei dieci portali più visitati al mondo, con circa 60 milioni di accessi al giorno. Ad aprile del 2008, contava più di 10 milioni di voci con 34 milioni di pagine web e con ben 11 milioni di utenti registrati.

La maggiore delle peculiarità di questo *repository enciclopedico* risiede nella *neutralità* assoluta delle informazioni in esso contenute. Chiunque può collaborare all'immissione o alla modifica delle informazioni presenti, e le opinioni vengono citate senza tentare di assumere posizioni o verità oggettive.

Anche se a volte si verificano inserimenti di notizie imprecise o polemiche, la natura *open* ne fa uno strumento informativo di assoluto riferimento. Molto spesso *Wikipedia* è citata dai mass media per la bontà delle informazioni contenute, grazie anche alla disponibilità di *mirrors*[9] multilingue disponibili in rete.

L'evoluzione del *Wiki* è stata recentemente descritta dal libro *Wikinomics: How Mass Collaboration Changes Everything*, scritto da Don Tapscott e Anthony D. Williams (pubblicato in Italia da Rizzoli), in cui vengono descritti alcuni esempi di collaborazione in rete, realizzati da alcune aziende statunitensi, che hanno determinato il successo di azioni di marketing e di investimenti delle organizzazioni stesse. Questa tipologia di collaborazione, nota anche come *mass collaboration* o *peer production*, secondo gli autori, si basa su tre filoni conduttori:

- il *peering* (l'interconnessione in rete di due sistemi autonomi per scambiarsi dati);
- la *condivisione* (la possibilità di condividere dati e informazioni senza barriere geografiche, istituzionali, politiche e governative);
- l'*azione di portata mondiale* (la possibilità di interagire a livello planetario sui contenuti delle informazioni e sulla veridicità delle stesse).

I vantaggi derivanti dalla collaborazione di massa per fini e scopi diversi rappresenta una vera e propria rivoluzione della filosofia sociale contemporanea. Per le aziende e le organizzazioni rappresenta un nuovo elemento di contatto e di collaborazione diretta con l'utenza di riferimento. Non è solo un nuovo metodo per comunicare. Rappresenta qualcosa che va molto oltre. È un modo per coinvolgere il dipendente nelle scelte dell'azienda, per renderlo partecipe delle strategie e delle visioni aziendali e per conoscere, indirettamente, le eventuali modificazioni delle sue tendenze, del suo modo di vivere e di interagire con l'ambiente che lo circonda.

In realtà l'azienda stabilisce una sorta di "outsourcing" verso i propri utenti di riferimento: l'organizzazione affida ai propri "consumatori" l'incarico di svolgere funzioni che venivano un tempo gestite all'interno (indagini di marketing, *customer satisfaction*, progettazione di prodotti e servizi ecc.). L'azienda, pertanto, migliora il proprio rapporto con il proprio "cliente", lo coinvolge in molteplici iniziative, rafforza il processo di fidelizzazione e riduce i costi interni in maniera significativa. Le metodologie di coinvolgimento possono variare enormemente, modellandosi in funzione delle diverse esigenze dell'organizzazione, tuttavia viene preservato il carattere "collaborativo" del rapporto (esempi citati nel libro sono le piattaforme partecipative, la mentalità collaborativa sul posto di lavoro, la condivisione della scienza e la scienza della condivisione ecc.).

I *Blog* e i *Wiki* sono solo alcune delle metodologie di collaborazione in rete. Esistono sistemi e metodiche diverse, disponibili su Internet, che possono garantire una perfetta

---

9. Nel linguaggio informatico il termine *mirror* (specchio) viene utilizzato per indicare una copia esatta di un insieme di dati disponibile su un supporto magnetico diverso. Normalmente il termine identifica un *clone* di server Internet. La motivazione della clonazione del server è riconducibile al sovraccarico del sito originale, che spesso non possiede una banda sufficiente per l'utenza a cui è destinato. Attraverso questo meccanismo (il cui aggiornamento viene svolto automaticamente a intervalli regolari) una stessa risorsa può essere messa a disposizione di un maggior numero di utenti.

interazione a livello di comunità globale. Al di là degli aspetti tecnici, l'elemento determinante su cui riflettere è la potenzialità della rete stessa, che sempre di più sta avendo il sopravvento su tutti i mezzi di comunicazione e trasmissione delle informazioni. Se sia un bene o un male è difficile dirlo: di sicuro è uno strumento "non controllabile" e "non gestibile", e già questo rappresenta un vero e proprio valore ineguagliabile che fa di Internet, come molti sostengono, "la migliore invenzione del ventunesimo secolo".

Che cosa ci riserva il futuro?

La "comunicazione unificata" sarà senza dubbio lo strumento di collaborazione comunicativa in rete dell'uomo del terzo millennio. È una convinzione deriva che dall'analisi di alcuni fatti: *in primis*, l'attenzione dei governi delle maggiori nazioni, che pongono sempre di più l'attenzione sulle modalità di utilizzo delle rete e sull'incontrollabilità della stessa. I mass media che hanno finalmente compreso che Internet rappresenta lo strumento di maggiore diffusione delle informazioni ad ampio spettro, sono in costante aumento, così come lo sono le testate giornalistiche che pubblicano le loro informazioni sia su supporto cartaceo sia sul proprio portale web.

Il settimanale inglese *The economist* commenta:

> Il business di vendere parole ai lettori, e vendere questi lettori agli inserzionisti pubblicitari, sta crollando. Negli ultimi 10 anni la diffusione dei giornali è in forte calo negli Usa come nell'Europa occidentale, in Australia come in Nuova Zelanda e in America latina [...]

E aggiunge:

> In Svizzera e Olanda i quotidiani hanno già perso oltre il 50% della pubblicità. E negli Stati Uniti, secondo la Newspaper Association of America, dal 1990 al 2004 il numero di persone occupate nell'industria del settore è diminuito del 18%. Sempre negli USA, all'alba del 2005, un gruppo di azionisti ha costretto la Knight Ridder (proprietaria di svariati quotidiani) a vendere tutto al miglior offerente, mettendo la parola fine a 114 anni di storia editoriale. Anche il magnate ed editore Rupert Murdoch, che fino a pochi anni fa definiva la carta stampata "un fiume d'oro", adesso ammette che "il fiume si sta prosciugando".

E c'è anche chi ha già preparato il *de profundis* della stampa su carta, identificando una data precisa. Philip Meyer, autore di *The vanishing newspaper*, afferma che in America "il primo trimestre del 2043 sarà il momento in cui l'ultimo, esausto lettore getterà via l'ultimo, raggrinzito quotidiano".

La diagnosi è precisa e condivisa da tutti: la carta stampata è un malato terminale e il suo batterio maligno non è la televisione ma Internet, o meglio l'informazione in rete.

A rafforzare la tendenza, come spiega l'*Economist*, sono stati gli stessi editori della carta stampata, che hanno commesso un'inesauribile raffica di errori. Per esempio, proprio il settimanale britannico accusa molti editori di aver ignorato per anni le ragioni del declino dei giornali, concentrandosi solo sul taglio dei costi e riducendo le spese per i contenuti giornalistici. Adesso cercano di attrarre nuovi lettori puntando sull'*entertainment*, sull'informazione per il tempo libero e altri generi che si suppone interessino alla gente più che gli affari internazionali o la politica.

E anche il mondo politico ha finalmente compreso la reale portata della rete. Un numero sempre maggiore di personaggi politici investe risorse finanziarie e umane per la realizzazione di portali personali e per condurre campagne politiche a ridosso delle elezioni. Un esempio emblematico è fornito dai politici statunitensi, che utilizzano i rispettivi portali web per interagire con gli elettori, per raccogliere donazione e contributi per la campagna elettorale, per attivare contatti e organizzare convegni e seminari ecc. In realtà ciò consente di comunicare con il cittadino, di renderlo più vicino al proprio candidato, di colloquiare con lui in caso di diversità di opinioni. È la rete lo strumento che ci rende idealmente "più vicini" a chiunque, sia per l'azzeramento del problema del contesto geografico di riferimento, sia per la modalità di comunicazione che consente di eliminare quel formalismo e quel distacco inevitabile in caso di contatto personale con un personaggio pubblico.

L'elemento indiscutibile che ci conferma il ruolo centrale delle rete come strumento di comunicazione unificata è la crescita della popolazione "cibernauta". Secondo uno studio condotto nel 2007 da IPLigence, società che si occupa di geolocalizzazione degli IP, la crescita degli accessi a Internet (indirizzi IP attivi) è in costante aumento. La mappa terrestre visibile sul portale dell'organizzazione (http://www.ipligence.com) testimonia graficamente la capillarità della distribuzione, che è riconducibile alle aree abitate del pianeta. Come facilmente prevedibile, Nord America ed Europa dominano incontrastate come diffusione della connettività, tuttavia l'Asia è in rapida crescita e si colloca, numericamente, al terzo posto.

Internet, quindi, si svilupperà al punto tale da sostituire tutti gli attuali strumenti di comunicazione tradizionali (come la televisione e la carta stampata) e assumerà la con-

(http://www.ipligence.com/worldmap/worldmap2.jpg)

Fig. 2. Mappa terrestre della distribuzione degli accessi a Internet

notazione dello strumento di comunicazione integrato che vedrà il fruitore non più come elemento "passivo" a cui indirizzare informazioni e messaggi di tipo diverso, ma come "protagonista" stesso dell'informazione. Il fruitore, come già accade in alcuni casi, è colui che legge, modifica, interpreta e fornisce elementi aggiuntivi all'informazione. Assume, cioè, il ruolo di "gestore" delle notizie, che possono essere veicolate, modificate e integrate in funzione del livello di diffusione delle stesse.

In questo scenario il problema della connettività mobile rappresenta la chiave del successo. Le reti *wireless*, come già accade, ci consentiranno sempre di più di lavorare collegati a Internet da qualsiasi punto del globo, grazie a tecnologie sempre più efficienti e potenti. Ma il *business mobile* implica una serie di rischi derivanti dalla sicurezza dei dati trasmessi in rete. Innanzitutto, la maggior parte delle reti WiFi non prevede alcuna protezione da un uso non autorizzato. A ciò si aggiunge il problema della configurazione standard di questi dispositivi: molti di essi, all'atto dell'acquisto, hanno un'impostazione di base che non impone all'utente alcun criterio di protezione, con conseguenze pericolosissime per quanto concerne la possibilità data a chiunque di collegarsi all'*access point* senza doversi "autenticare". In genere l'utente medio ha una conoscenza informatica di livello medio-basso e non si preoccupa di approfondire le conoscenze nel settore della sicurezza delle reti per superficialità, ignoranza o semplicemente negligenza. Questa situazione ha consentito la proliferazione in zone urbane di un numero considerevole di reti private liberamente accessibili. Alle volte capita di accedere a reti altrui senza neanche accorgersene, solo per il fatto che esse hanno un livello di segnale più forte del proprio. Tutto ciò determina enormi problemi di sicurezza, soprattutto nel caso in cui vengano trasmessi dati sensibili o personali (numeri di carte di credito, numeri telefonici, coordinate bancarie). È chiaro, pertanto, che per garantire l'evoluzione della trasmissione mobile dei dati si impone un processo di sviluppo di nuovi algoritmi di cifratura[10] in grado di operare a un livello superiore della pila ISO/OSI[11] o basati su Radius[12] server o mediante la creazione di VPN[13] crittografate.

---

10. Nell'ambiente informatico, con il termine *algoritmo* si intende un metodo matematico per la soluzione di un problema adatto a essere implementato sotto forma di programma. In crittologia un algoritmo di cifratura è un algoritmo a chiave simmetrica o asimmetrica operante su un gruppo di bit.

11. L'*Open Systems Interconnection* (meglio conosciuto come Modello ISO/OSI) è uno standard stabilito nel 1978 dall'International Organization for Standardization, il principale ente di standardizzazione internazionale, che stabilisce una pila di protocolli in 7 livelli. L'organizzazione sentì la necessità di produrre una serie di standard per le reti di calcolatori e avviò il progetto OSI (*Open Systems Interconnection*), un modello standard di riferimento per l'interconnessione di sistemi aperti. Il modello ISO/OSI è costituito da una pila (o *stack*) di protocolli attraverso i quali viene ridotta la complessità implementativa di un sistema di comunicazione per il *networking*. In particolare ISO/OSI è costituito da strati (o livelli), i cosiddetti *layer*, che racchiudono uno o più aspetti fra loro correlati della comunicazione fra due nodi di una rete. I *layer* sono in totale 7 e vanno dal livello fisico (quello del mezzo fisico, ossia del cavo o delle onde radio) fino al livello delle applicazioni, attraverso cui si realizza la comunicazione di *alto livello*.

12. RADIUS (*Remote Authentication Dial-In User Service*) è un protocollo AAA (*Authentication, Authorization, Accounting*) utilizzato in applicazioni di accesso alle reti o di mobilità IP. RADIUS è attualmente lo standard *de-facto* per l'autenticazione remota, prevalendo sia nei sistemi nuovi che in quelli già esistenti.

13. Una *Virtual Private Network* (VPN) è una rete privata instaurata tra soggetti che utilizzano un sistema di trasmissione pubblico e condiviso come Internet.

Naturalmente esistono altri modi per tentare di ridurre il rischio di accesso non "autenticato" alle reti mobili. Per esempio una consistente diminuzione del rischio la si potrebbe ottenere mediante la riduzione delle propagazione delle onde radio. È una metodologia che si realizza riducendo, attraverso opportune configurazioni *software*, la potenza di trasmissione delle stesse, indirizzandole esclusivamente ai contesti territoriali in cui vi sia una reale esigenza di connettività non realizzabile in altro modo.

Ma la vulnerabilità delle reti *wireless* non è l'unico problema di questi sistemi di trasmissione dati. Proprio negli ultimi mesi, sono stati resi noti i risultati di alcune indagini condotte a livello internazionale da eminenti scienziati. Da essi emerge che lo smog elettromagnetico potrebbe provocare, a lungo termine, danni alla salute. In particolare, è stato rilevato che le frequenze del WiFi sono le medesime (seppur con potenze decisamente inferiori) usate dai forni a microonde per la cottura del cibo. Oltre a questo *effetto termico*, i tecnici evidenziano la possibilità di un ulteriore *effetto biologico* non correlato all'aumento di temperatura ma comunque significativo. Una trasmissione andata in onda su di un canale nazionale lo scorso anno ha inoltre evidenziato che le emissioni elettromagnetiche diffuse dalle antenne WiFi installate nelle scuole o negli asili possono creare notevoli danni a bambini e a persone elettrosensibili. Anche se le indagini non hanno prodotto dati numerici precisi e dettagliati, è stato evidenziato che negli ambienti chiusi le emissioni del WiFi sono molto superiori a quelle della telefonia mobile: va infatti ricordato che le bande radio attualmente utilizzate nel sistema UMTS hanno frequenze molto vicine a quelle del WiFi. Nel 2007 il governo tedesco ha deciso di informare i cittadini tedeschi dei possibili rischi per la salute causati dall'eccessiva esposizione alle radiazioni WiFi. Un portavoce del governo di Berlino, in seguito all'apertura di un'inchiesta della Health Protection Agency (HPA) inglese tesa a valutare gli effettivi pericoli di un utilizzo esteso del WiFi nelle scuole del Regno, ha dichiarato:

Non dimentichiamo che il WiFi è una tecnologia relativamente nuova, ancora da sviluppare. Mentre gli *hot-spot* pubblici hanno livelli ridotti di radiazioni, all'interno di ambienti domestici o di lavoro si può facilmente raggiungere una soglia critica.

Dall'altra parte dell'oceano ci giungono invece notizie rassicuranti per quanto concerne l'utilizzo di queste tecnologie. Negli Stati Uniti l'impresa USTelematics presenta il servizio 4VDO, che tramite il WiMAX trasmetterà i programmi televisivi all'interno delle automobili. Le prime connessioni WiMAX negli USA saranno disponibili entro l'anno 2009 grazie a una joint-venture formata da Spring, Clearwire, Google e Intel. Sempre negli Stati Uniti, anche le compagnie aeree sembrano molto interessate al problema della connettività mobile. Una compagnia *low cost*, specializzata in voli interni, da qualche mese offre un nuovo e innovativo servizio. Si chiama Jet Blue e offre gratuitamente ai clienti la possibilità di collegare in rete i propri *laptop* e *smartphone*, anche durante il volo, mediante connessioni WiFi. Gli aeromobili utilizzati sono Airbus A320 che utilizzano un modernissimo sistema definito *BetaBlue*. Questo sistema, che implementa lo standard 802.11 b/g, si basa proprio sull'architettura *Research In Motion* (RIM), che utilizza connessioni di tipo WiFi e quindi non certo riconducibili alla rete cellulare, che invece potrebbe interferire con le apparecchiature di bordo. L'architettura è la seguente: sull'aeromobile viene installata un'antenna WiFi che si occupa della trasmissione dei segnali ai trasmettitori terrestri posizionati lungo le rotte percorse. Secondo un articolo del *New York Times*, sarebbero già tre le compagnie aeree disposte a offrire lo stesso servizio (American Airlines, Virgin America, Alaska Airlines) a partire dal 2009 a un costo di 10 dollari a volo.

Anche in Europa l'esigenza di connettività in volo si fa sentire. Nel dicembre 2007 la compagnia aerea Lufthansa diffuse la notizia che a partire dal 2008 avrebbe investito 300 milioni di dollari nelle azioni di JetBlue, per accaparrarsi ben il 19% del pacchetto azionario (equivalente a circa 42 milioni di dollari). In Europa l'ottimismo verso questa nuova *connection offer* sembra aver contagiato diversi vettori. La compagnia aerea Austrian Airlines ha reso noto che la nuova Business Class beneficerà di questo servizio aggiuntivo mediante la disponibilità di una presa di corrente e del relativo servizio *wireless lan* a bordo dei propri aerei.

Lo scorso anno, a Milano è stato presentato dal GARR (Gruppo Armonizzazione Reti per la Ricerca) il progetto "GARR-X: il futuro della rete". Il GARR, che gestisce la rete nazionale per la ricerca e l'istruzione, ha presentato il suo progetto per il futuro di fronte a più di 250 addetti ai lavori provenienti dalle maggiori istituzioni scientifiche ed educative del paese. Enzo Valente, direttore del GARR, ha affermato:

> È più di un anno che i nostri esperti lavorano al progetto. Una volta realizzato, GARR-X porterà una vera e propria rivoluzione, a partire dal fatto che sarà la comunità della Ricerca, attraverso GARR, a controllare direttamente la fibra. GARR-X è il progetto per la rete telematica multiservizio di prossima generazione che servirà la comunità italiana della Ricerca e dell'Istruzione.

Diventerà operativa nella seconda metà del 2009 e sostituirà progressivamente l'attuale infrastruttura di rete GARR-G, offrendo, sin dal primo anno di esercizio, capacità 40 volte maggiori dell'attuale.

La tecnologia dei sistemi di comunicazione e trasmissione dati che si sviluppa per migliorare la rete è paragonabile a una cellula vitale che si trasforma continuamente, aumentando in maniera esponenziale le proprie potenzialità e capacità. Possiamo prevedere, a breve termine, le tendenze della scienza e gli sviluppi tecnologici, ma di certo non possiamo ipotizzare con certezza quali possano essere le tipologie di applicazioni e le conseguenze, a livello di comunità, dell'utilizzo delle stesse.

3. *Business Process Management*: una nuova visione del business o un'esigenza reale?

Processi e metodologie di gestione

Attualmente, la gestione dei processi di business è probabilmente uno degli argomenti più discussi a livello di management aziendale. La velocità di mutazione dei mercati e il precoce invecchiamento delle tecnologie richiedono un costante controllo e un conseguente adeguamento dei processi e delle metodologie di gestione in tutte le organizzazioni.

Lo studio dei processi aziendali è sicuramente attribuibile a una figura storica che ha rivoluzionato, con le sue teorie, le metodologie di gestione della produzione nelle aziende. Si deve proprio a Frederick W. Taylor la teoria secondo cui l'incremento della produttività si ottiene focalizzando l'attenzione sull'organizzazione all'interno delle unità produttive. Infatti fu proprio nei primi anni '20 che iniziarono gli studi applicativi sull'implementazione dei processi nelle organizzazioni.

In sintesi, la teoria di Taylor descriveva i processi come parte non automatizzabile, mutabile e indistinguibile dall'esperienza nel lavoro. Quindi era possibile analizzare scientificamente le azioni compiute dai singoli lavoratori per scoprire le procedure più idonee a produrre il massimo *output* con il minimo *input* di energie e risorse. Questo tipo di approccio, tuttavia, richiede:

- l'analisi delle azioni individuali;
- l'analisi e la razionalizzazione del lavoro del singolo lavoratore, che determina un'inevitabile trasformazione dell'intera organizzazione del lavoro.

Le teorie di Taylor di rendere maggiormente efficiente l'atto fisico del lavoro mediante la sua integrazione nella struttura di "processo" portò a un'organizzazione più avanzata di ogni aspetto del ciclo produttivo. Non fu solo la sorte dei lavoratori a essere toccata dall'introduzione della "direzione scientifica"; anche il ruolo della direzione doveva essere trasformato. Celebre è il seguente brano:

> Sotto la direzione scientifica il potere della direzione cessa e ogni singolo tema, piccolo o grande, diventa soggetto dell'indagine scientifica, dalla riduzione in leggi. [...] L'uomo alla testa dell'impresa sotto la direzione scientifica è governato da regole e leggi che sono state sviluppate grazie a centinaia di esperimenti, così come è stato per il lavoratore, e gli standard sviluppati sono imparziali.

Pertanto, le attività di tutti i livelli aziendali (manager, quadri, unità lavorative, lavoratori) dovevano essere razionalizzate, tutte ugualmente assoggettate al regime dello "studio scientifico".

Taylor credeva che l'adozione dei principi della direzione scientifica avrebbe portato a una nuova era di tranquillità e benessere industriale: finalmente gli interessi dei lavoratori e della direzione sarebbero diventati compatibili, integrati e allo stesso tempo interdipendenti:

> La massima prosperità può esistere solo come risultato della massima produttività possibile degli uomini e delle macchine della fabbrica, vale a dire quando ciascun uomo e ciascuna macchina producono al massimo delle loro possibilità, perché solo se i vostri uomini e le vostre macchine producono più lavoro di tutti gli altri intorno a voi, la concorrenza non vi obbligherà a pagare ai vostri lavoratori salari più alti di quelli pagati dal vostro concorrente.

Oggetto di studi continui e sperimentazioni di vario tipo, il *process management*, soprattutto negli ultimi decenni, ha assunto un ruolo chiave in tutte le moderne organizzazioni aziendali grazie anche all'implementazione delle nuove tecnologie che hanno posto il problema della suddivisione dei processi in fasi e dell'impiego efficiente della manodopera. È importante, a questo punto, comprendere le tipologie di modello di strutturazione delle aziende per una migliore comprensione dell'applicazione dei processi nell'organizzazione delle attività aziendali.

Fin dal secondo dopoguerra e ancora per molti anni, il modello aziendale di riferimento è stato quello *gerarchico-piramidale*. In sintesi, in questo modello tutte le attività aziendali, frazionate per compiti di natura strategica, direzionali e operative, vengono gestite mediante rigidi meccanismi di coordinamento gerarchico. Il coordinamento è a sua volta regolamentato da procedure operative e di condotta organizzativa, ufficializzate nei minimi dettagli. L'organizzazione del lavoro si basa su principi di suddivisione e inglobamento del personale in unità organizzative specializzate. Le unità svolgono, in assoluta omogeneità, compiti specifici in attinenza alle specificità delle funzioni aziendali. Le funzioni, solitamente, vengono suddivise sulla base di nuclei minori di risorse dedicate ad attività più omogenee (reparti e uffici). Questo modello è meglio conosciuto come *azienda divisionale* (figura 1).

L'organizzazione aziendale per processi, quella dell'*azienda orizzontale*, assume una forma gerarchica inversa. La si poterebbe definire un'organizzazione *ribaltata* in funzione del concetto di strutturazione di processi interfunzionali finalizzati essenzialmente alla predisposizione del prodotto/servizio offerto al cliente. In questo caso i processi sono coordinati mediante flussi informativi *orizzontali* (figura 2). L'organizzazione è strutturata in funzione delle esigenze e dei fabbisogni manifestati dai clienti, sui quali si focalizza l'attenzione dell'azienda. Pertanto, l'obiettivo è il coordinamento del flusso sinergico delle attività aziendali mirante alla corretta produzione del bene o del servizio per conseguire anche un miglioramento qualitativo dell'organizzazione.

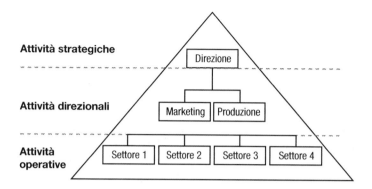

Fig. 1. Modello di azienda gerarchico-piramidale

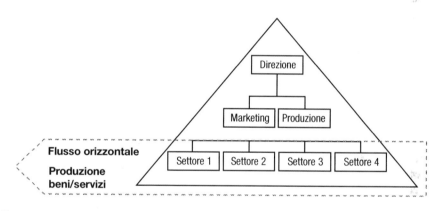

Fig. 2. Modello di azienda "per processi"

Secondo il modello della figura 2, le attività aziendali, organizzate e correlate tra loro nel tempo e nello spazio, assumono la connotazione di un *business process*. È importante sottolineare la maggiore delle peculiarità del *business process*: la correlazione tra le diverse attività svolte nel tempo e nello spazio. Questa metodologia per processi consente di strutturare attività che hanno una specifica propedeuticità e che possono essere gestiti in parallelo. Quindi i processi identificano il modo di operare dell'azienda e le interazioni tra le diverse attività.

Le caratteristiche salienti di un'azienda che opera per processi sono le seguenti:

• ogni processo è composto da un insieme di attività correlate il cui unico obiettivo è realizzare un bene/servizio che soddisfi le aspettative del cliente;
• per ogni processo viene definito un "proprietario" (*process owner*) che garantisca il controllo di tutto il processo e una gestione orientata alla produzione del bene/servizio;
• i processi vengono strutturati indipendentemente dall'organizzazione formale dell'azienda;

• la vita del processo può essere interrotta solo se esso non è più finalizzato alla realizzazione del prodotto/servizio per il quale è stato progettato;
• per ogni processo è possibile identificare un *lifecycle*, che prevede una fase di attivazione, una operativa e una conclusiva che culmina con la realizzazione del prodotto/servizio;
• ogni processo è misurabile con metriche definite.

In sintesi, il processo si articola in tre fasi di attività (figura 3): *acquisizione, lavorazione, offerta*. La fase acquisizione è rivolta all'identificazione e gestione dei rapporti con fornitori utili alla realizzazione del bene/servizio. Per svolgere queste attività vengono solitamente utilizzati sistemi di *Supply Chain Management*, *e-procurement* e *digital market*. La fase di lavorazione è incentrata sulla progettazione/realizzazione/monitoraggio dei processi interni all'azienda, per consentire una sostanziale riduzione dei costi di funzionamento e della durata dei processi. È il momento in cui si concretizzano la fusione e la successiva elaborazione dei dati di interesse strategico per l'azienda: le informazioni sulle attività delle ditte concorrenti, la verifica delle risorse finanziarie, umane e infrastrutturali dell'azienda e il miglioramento delle metodologie di lavorazione/produzione sono tutti elementi di grande importanza per produrre un bene o un servizio qualitativamente ed economicamente competitivo. In questa fase trovano applicazione i sistemi ERP[1] che mettono a disposizione procedure *software* personalizzabili e in grado di interagire, sulla rete Internet, con i sistemi informativi di organizzazioni diverse. Infine, la fase di offerta è orientata ai processi di marketing, vendita, distribuzione dei prodotti, servizio postvendita e assistenza al cliente. La corretta implementazione di questa fase consente di rilevare il livello di gradimento del cliente verso il bene/servizio offerto, con una naturale diminuzione dei costi di transazione. In questa fase, solitamente, vengono utilizzati sistemi CRM[2], portali web, *E-marketplace* sistemi di *Business Intelligence*.

L'immagine dell'azienda, pertanto, subisce una sostanziale trasformazione: non è più un'organizzazione che produce beni e/o servizi, bensì *una struttura che gestisce una successione di attività finalizzate alla produzione di valore per il cliente*. Il valore viene misurato in funzione del *costo* del bene/servizio che il cliente corrisponde al fornitore (azienda). Le attività finalizzate a produrre valore per il cliente (figura 4) sono dette attività primarie (*core activities*), le altre attività di supporto (*support activities*).

---

1. L'*Enterprise Resource Planning* identifica un sistema di gestione, meglio conosciuto in informatica come "sistema informativo", che integra tutti gli aspetti del business e i suoi cicli, inclusa la pianificazione, la realizzazione del prodotto, le vendite, gli approvvigionamenti, gli acquisti, la logistica di magazzino e il marketing. Con l'aumento della popolarità dell'ERP e la riduzione dei costi dell'ICT, si sono sviluppate applicazioni che aiutano i business manager a implementare questa metodologia nelle attività di business quali: controllo degli inventari, tracciamento degli ordini, servizi per i clienti, finanza e risorse umane.

2. Il *Customer Relationship Management* identifica un metodo di fidelizzazione dei clienti. In un'impresa di tipo "market-oriented" il mercato è rappresentato non più solo dal cliente ma anche dall'ambiente in cui esso vive, con il quale l'impresa deve stabilire relazioni durevoli, considerando le esigenze e i bisogni del cliente. Quindi l'attenzione verso il cliente è cruciale. Per questo motivo il marketing management deve pianificare e implementare apposite strategie per gestire una risorsa così importante.

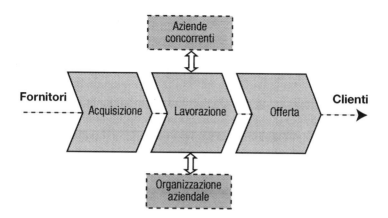

Fig. 3. Le fasi di attività del processo

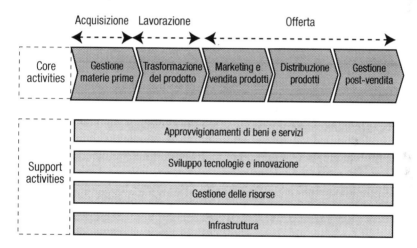

Fig. 4. I processi in un'azienda produttrice di beni

Il *business process* (BP), quindi, è formato da attività collegate tra loro nel tempo e nello spazio, ed è gestito con il coinvolgimento delle risorse umane a molteplici livelli della gerarchia aziendale. Il BP, inoltre, può essere suddiviso, a seconda delle funzionalità, in:

- *macroprocesso*: è l'aggregazione di processi il cui prodotto finale ha un valore definito e proponibile sul mercato. Acquisizione, lavorazione e offerta sono macroprocessi;
- *processo*: è l'elenco analitico di un raggruppamento di operazioni svolte dall'azienda (ordini clienti e fornitori, evasione ordini, spedizione merci e servizi, fatturazione. Il processo può avere come "client" dei processi successivi;
- *fase*: descrive il modo in cui un processo è implementato (per esempio, per il processo di spedizione: carico, trasporto, consegna). Una fase è uno stadio di un processo;

- *attività*: è il livello "base" su cui costruire i processi (emissione documenti, imballaggio, consegna spedizioniere), o meglio identificabile come la singola attività aziendale;
- *operazione*: l'azione elementare con cui è eseguita una data attività.

L'insieme delle attività in azienda può essere rappresentato con *mappe di processi*. Le correlazioni tra i differenti processi sono differenti a seconda delle diverse tipologie aziendali. Le principali tipologie sono:

- *aziende che producono su ordinazione*: sono imprese che vendono prodotti/servizi (tipicamente impianti) progettandoli e realizzandoli su commessa (all'ordine);
- *aziende che vendono prodotti definiti*: vendono prodotti/servizi precedentemente progettati, realizzandoli su commessa;
- *aziende che vendono prodotti progettati e realizzati in proprio*: vendono prodotti/servizi precedentemente progettati e realizzati (la produzione e la precedente progettazione sono indipendenti dagli ordini).

Il concetto di Business Process Management (BPM)

Il *Business Process Management* è l'insieme delle attività finalizzate alla definizione, ottimizzazione, monitoraggio e integrazione dei processi aziendali, e ha come obiettivo primario l'ottimizzazione del business aziendale. Come abbiamo potuto comprendere, la gestione dei processi ha come obiettivo lo studio delle attività aziendali, dei flussi operativi e lavorativi, delle interconnessioni tra i diversi settori-aree, delle risorse e dell'organizzazione stessa dell'azienda. Chiaramente i processi devono tendere a migliorare l'efficienza e l'efficacia dell'organizzazione, riducendo, ove possibile, i costi.

Secondo un punto di vista orientato alla variabilità delle aree, è possibile sezionare il singolo processo in quattro elementi:

- *il flusso delle attività*: tutte le attività che vengono avviate sono oggetto di misurazione nel tempo e nello spazio;
- *la struttura del processo*: è l'architettura del processo stesso e comprende le attività, il coordinamento e il controllo del processo stesso;
- *le risorse umane e le competenze*: tutti coloro che partecipano alla realizzazione del processo con le specifiche competenze professionali possedute costituiscono un elemento fondamentale del processo;
- *le metodologie di misurazione e controllo delle prestazioni*: i sistemi di misurazione e di controllo delle prestazioni rappresentano l'elemento di valutazione e quantificazione dell'intero processo.

Pertanto è possibile definire il BPM come *un'operazione coordinata ma interconnessa con tutte le mutevoli situazioni organizzative, per assicurare il successo della progettazione dei processi aziendali.*

Il *Business Process Management* nasce da un'esigenza precisa: individuare tutti i processi presenti all'interno dell'organizzazione e identificare una metodologia di *governance* per renderli efficaci e migliorabili nel tempo. Obiettivo ulteriore è quello di identificare nuove soluzioni per le problematiche esistenti e per quelle future, garantendo la salvaguardia del valore dell'esperienza aziendale. Il processo, come abbiamo visto, rappresenta l'elemento centrale di studio per il raggiungimento degli obiettivi prefissati.

In questo scenario, il *cliente* non rappresenta più l'elemento che attribuisce il *valore al prodotto*, ma assume il ruolo di un componente del risultato di un ciclo di produzione di beni/servizi dell'azienda. In questa ottica, il cliente può assumere diverse forme: può essere il cliente finale del prodotto, un fornitore di un bene/servizio, un collaboratore della struttura, un settore/reparto dell'azienda. Sono tutte figure che partecipano alla realizzazione del bene o del servizio dell'azienda, ma con metodologie, funzioni e livelli di interazione diversi.

I processi rappresentano le basi fondamentali su cui si fonda l'impresa e l'elemento strategico per conseguire gli obiettivi prefissati. Devono essere oggetto di continuo e costante miglioramento nel tempo, ma non devono essere riprogettati, a meno che si modifichi la *mission* stessa dell'organizzazione. Inoltre l'eliminazione di un processo può comportare la perdita di tutta la cultura e l'esperienza a esso legate.

Poiché il business di un'azienda si compone di una serie di elementi (azioni, direttive, procedure aziendali, sistemi informatici), se questi non sono conosciuti e identificati, l'intero business aziendale risulta compromesso. Altro aspetto determinate è la carenza di conoscenza degli elementi del singolo processo, che può comportare seri danni all'organizzazione. La duplicazione dei processi, la non completa conoscenza dell'organizzazione, e la scarsità di informazioni disponibili sui processi aziendali sono solo alcuni degli elementi di rischio dell'impresa.

In tal senso, il BPM consente di avere una visione globale e sistemica che può eliminare tutte le problematiche derivanti dall'impiego di sistemi informatici utilizzati dall'organizzazione, o dalle procedure esistenti e consolidate negli anni.

È importante sottolineare che la progettazione di un BPM comporta una fase di realizzazione di un vero e proprio "sistema di conoscenza". I processi devono essere identificati singolarmente e poi uniti per creare una *catena di valore* che conduca alla realizzazione del miglior prodotto/servizio fruibile sul mercato. Solo attraverso una visione unica della catena di valore dell'azienda (e quindi dei processi) è possibile realizzare un BPM che si riveli versatile e proficuo nel tempo. Pertanto è un errore considerare i processi rigidi e statici. Essi possono subire modificazioni, implementazioni, adeguamenti e miglioramenti continui che derivano dalla sperimentazione degli stessi nel tempo.

Ciò comporta anche un adeguamento del personale, che può assumere compiti e ruoli diversi nella gestione dei processi. In tal senso, anche la ricollocazione di mansioni e incarichi può risultare un elemento benefico per l'ottimizzazione del business aziendale.

BPM e sistemi informatici

Così come tutti i settori, anche quello del *Business Process Management* necessita, per la sua applicazione, di tecnologie informatiche. I processi sono costituiti da informazioni che devono essere memorizzate e delineate mediante sistemi di rappresentazione standard. Pertanto l'ausilio di tecnologie informatiche si rende necessario soprattutto per la catalogazione e memorizzazione dei dati in database residenti su sistemi che possano consentire azioni di estrapolazione rapida delle informazioni in funzione delle diverse richieste che possono giungere da settori diversi dell'azienda. Alla stregua dei comuni dati aziendali, anche i dati dei processi costituiscono un "bene" di riferimento per l'azienda. Allo stesso modo, i dati dei processi devono essere consultabili mediante un comune strumento adatto a eseguire interrogazioni. In questo caso il linguaggio di interrogazione viene meglio identificato come BPML[3] ed è estrapolabile mediante il corrispondente del linguaggio SQL per i dati: il BPQL (*Business Process Query Language*).

Attualmente, grazie ai moderni linguaggi di interrogazione disponibili sul mercato, risulta chiaro che i database sono nettamente distinti dalla logica applicativa degli strumenti che li hanno generati per facilitare l'interazione tra le diverse basi di dati e per agevolare le estrazioni dei dati su database multipli. Anche le metodologie di gestione del business (e quindi i processi) devono rimanere logicamente "separati" dai sistemi informativi che li ospitano.

Quindi il linguaggio BPML è uno strumento utilizzato dall'analista del processo e non certo dal tecnico informatico. Mentre i sistemi ERP si occupano della gestione globale dell'impresa, il linguaggio BPML deve consentire di descrivere, analizzare e modificare i processi senza che vi siano interventi "tecnici" da parte del personale informatico. In sostanza, il linguaggio BPML deve consentire a tutto il personale interessato di estrapolare, facilmente e senza particolari conoscenze informatiche, informazioni e dati dai diversi database senza il ricorso all'ausilio di tecnici informatici o addirittura a specifiche implementazioni *software*. Quindi questo linguaggio permette un'estrapolazione rapida e immediata dei dati utili per il management consentendo, nel contempo, anche una significativa riduzione dei costi del personale e/o delle modifiche al *software* utilizzato.

Tutti gli strumenti indispensabili per definire e gestire, nella loro globalità, i processi sono parte integrante di un ambiente denominato BPMS (*Business Process Management Systems*). Il BPMS è uno strumento che deve permettere di rappresentare i modelli, le risorse umane coinvolte e gli strumenti, per verificare se gli obiettivi prefissati sono raggiungibili e qual è la portata dei costi a essi riconducibili. Pertanto i BPMS permettono non solo di creare metodologie e dispositivi in grado di evidenziare e descrivere i processi, ma anche di gestire e monitorare la corretta esecuzione degli stessi. Avere il controllo dei dati e delle informazioni nella loro globalità, poter monitorare l'avanzamento dei singoli processi, controllare i livelli di criticità delle attività e il corrispondente livello qualitativo, verificare

---

3. BPML è l'aronimo di *Business Process Management Language*.

le anomalie e le disfunzioni della catena di valore dei processi: ecco alcune delle funzioni che un corretto BPMS deve svolgere. È importante ricordare che il BPMS non deve essere confuso con il *workflow management*. Quest'ultimo è un componente del BPM, ma non rappresenta il sistema nella sua interezza. Il *workflow management* consente di gestire il flusso di lavoro, focalizzando l'attenzione sulla reportistica e sulle attività delle risorse umane, ma non assicura di certo la gestione globale dei processi.

La progettazione di un BPMS

Realizzare un BPMS in un'azienda, in funzione sia della sua portata sia degli scopi che si prefigge, presuppone un impegno globale dell'intera infrastruttura. Le considerazioni di seguito evidenziate non vogliono costituire un *vademecum* di riferimento per la realizzazione di un BPMS: piuttosto, vanno intese come delle *linee guida* utili per comprendere come si debba affrontare un progetto di questa portata.

Per realizzare un BPMS è, in primo luogo, indispensabile avere a disposizione un *Business Process Management System*, una soluzione che possa consentire di rappresentare i processi in modo univoco, standardizzato, comprensibile per tutti coloro che sono coinvolti nel business aziendale. La fase successiva presuppone l'adozione di soluzioni *software* applicative, che avranno il compito di interagire con il modello dei processi. È importante chiarire un aspetto fondamentale: la realizzazione di un BPM richiede, oltre al coinvolgimento del settore management dell'azienda, anche la collaborazione di tutte le persone coinvolte nella gestione dei processi. Questi ultimi possono essere eseguiti autonomamente a patto che al loro interno siano identificate e rappresentate le attività svolte.

Dunque si deve partire non dall'organigramma e dalle mansioni del personale coinvolto, bensì dalle attività eseguite. Una volta definite e configurate e inserite nei singoli processi le varie attività, il *process management* assume la connotazione di un insieme di attività svolte da singole persone o strutture.

La condivisione delle informazioni nei sistemi BPMS rappresenta un elemento di indiscusso valore. Tutte le informazioni proprie di ogni singolo processo possono essere condivise, a vari livelli e previa autorizzazione dei vertici dell'organizzazione. Pertanto le informazioni non rimangono vincolate all'interno di un singolo processo, ma devono essere inglobate in un *repository* centralizzato condivisibile e consultabile dal personale autorizzato. Di conseguenza ogni processo, pur preservando al suo interno attività, strumenti e informazioni che riguardano una serie di attività, deve garantire la perfetta condivisione delle informazioni possedute per contribuire alla diffusione di un sistema di *gestione della conoscenza*. La descrizione dei processi deve rappresentare una sorta di guida per la gestione del lavoro. Un BPM efficiente deve essere visto come un *soprintendente* che fornisce indicazioni sulla corretta esecuzione delle attività, e in quanto tale rappresenta un vero e proprio strumento di formazione continua.

In funzione di ciò, l'elemento umano, ancora una volta, rappresenta il componente di maggiore rilievo all'interno del processo. Tutti gli individui coinvolti nei processi, concorrono alla realizzazione non solo delle attività che compongono il processo stesso, ma anche di un bagaglio culturale e di esperienze che rappresenta un vero e proprio valore aggiunto per l'azienda. Inoltre potranno verificare costantemente l'impatto sul sistema delle loro azioni individuali.

La verifica costante delle attività svolte può inoltre portare alla rivisitazione o alla modifica di alcune attività. Tuttavia non sempre è consigliabile apportare modifiche ai processi, perché i cambiamenti o le correzioni possono snaturare il processo e comprometterne persino il funzionamento. I processi complessi non possono essere semplificati in funzione di considerazioni superficiali, soprattutto se elaborate senza possedere tutte le informazioni necessarie. Il livello di complessità di un processo dipende dalla sua natura. In buona sostanza, è consigliabile non procedere all'eliminazione di un processo, a meno che non sia più di utilità o che siano venute a mancare le motivazioni che lo hanno generato. I processi che compongono un BPM devono essere il frutto di una rilevazione fotografica della realtà. Le attività di un processo devono essere analizzate dettagliatamente identificando le persone coinvolte e tutte le variabili di ambiente. Solo in questo modo potranno essere eseguiti interventi di modifica e correzione efficaci, ma questa sarà una conseguenza naturale derivante dal monitoraggio e dalla gestione. Inoltre le correzioni possono contribuire all'ottimizzazione delle risorse (umane e finanziarie) destinabili ad altri scopi. Pertanto, proprio in funzione della sua particolare struttura, il BPMS si basa su di un'attività incrementale che si estende per tutta la vita dell'azienda e che considera tutti i processi e le persone coinvolte. Dunque i processi rappresentano ciò che il business vuole realizzare – o, per meglio dire, sono il business. Progettare, realizzare, analizzare e gestire i processi significa quindi gestire al meglio delle proprie capacità il proprio business aziendale. Una corretta visione del business presuppone una concezione delle attività aziendali che non sia vincolata al proprio interno, ma che si interfacci con il *mondo esterno* con cui interagisce (clienti, fornitori, partner, mercati ecc.). La disponibilità di informazioni interne per il mondo esterno può rappresentare un elemento di valore aggiunto dell'azienda grazie alla possibilità di fornire a clienti esterni informazioni che possono consentire di migliorare la comprensione delle esigenze dei destinatari dei beni/servizi offerti, ma che possono anche rivelarsi utilissime per gli stessi clienti, fornitori e partner che interagiscono con l'azienda. Una moderna impresa non deve focalizzare l'attenzione solo sulle strategie del proprio business: deve anche rivolgere una particolare attenzione al miglioramento dei rapporti con l'esterno mediante collaborazioni atte a migliorare il lavoro e la qualità delle infrastrutture esterne con le quali interagisce.

Evoluzione e cambiamento dei BPMS

Come abbiamo visto, i processi possono essere oggetto di modifiche ed evoluzioni nel corso del tempo e ciò può comportare ripercussioni sulla gestione dei sistemi informativi. I sistemi tecnologici devono essere sempre adeguati ai nuovi processi e la componente temporale (tempi di adeguamento e attivazione dei nuovi sistemi) assume un'importanza fondamentale e strategica per l'intera organizzazione. Effettuare una implementazione a un sistema informatico può comportare un impegno lavorativo di personale specializzato della durata di settimane o mesi, e nel momento in cui la fase di adattamento si è conclusa, il processo può diventare persino desueto o inadeguato, determinando la riprogettazione dello stesso.

Proprio per questo motivo le implementazioni *software* rischiano, spesso, di rivelarsi inefficaci o addirittura inutili se non vengono considerate le evoluzioni e i cambiamenti dei processi. I sistemi informatici si basano su strutture di dati, su programmi applicativi e non certo sulle attività dell'organizzazione.

Questo scenario può portare a una rappresentazione dell'azienda limitata o non attinente alla realtà. È indispensabile esaminare anche la storia dell'organizzazione con tutti gli eventi che si sono verificati nel corso degli anni. Solo in questo modo è possibile progettare le azioni future, evitando di commettere errori di valutazione e di azione.

Un BPM consente di valutare analiticamente le azioni intraprese nel passato senza focalizzare l'attenzione solo sui singoli database posseduti. L'analisi delle informazioni e delle azioni può consentire di effettuare rapidissimi cambiamenti nel business, determinando una conseguente modifica dei processi, e quindi dei sistemi informatici che devono offrire il supporto tecnologico per la loro gestione. Questa nuova visione ha portato alla trasformazione del sistema informatico dal tipo *data processing* al tipo *process centric*.

Dunque i sistemi informatici devono adeguarsi al cambiamento del business senza ostacolarne le evoluzioni, ma anzi uniformandosi a esse mediante un percorso sinergico e uniformato. Ma come è realizzabile tutto ciò? Come si può modificare un processo, modificando di conseguenza i flussi informativi delle proprie soluzioni? Sicuramente i moderni sistemi ERP presenti nelle aziende che desiderano realizzare un progetto di BPM non possono essere strutturati con un *modus pensandi* monolitico o inelastico. È determinante affidarsi a un nuovo sistema di gestione che comprenda una nuova generazione di strumenti, applicazioni, componenti e soluzioni in cui metodi e classifica di azioni esecutive siano governati dal sistema di gestione del business e possano mutare per ogni azienda o dipartimento dell'azienda.

Pertanto il BPM deve essere visto come

il congegno per gestire, migliorare e incrementare il business aziendale, per salvaguardare e comprendere il valore del patrimonio della conoscenza dell'impresa, per valutare l'impatto e il valore di ogni azione nei riguardi del business e per consentire cambiamenti e miglioramenti.

Il concetto di Business Intelligence

Tutte le moderne organizzazioni che operano in mercati globalizzati e condizionati da effetti politici, sociali e di mercato, devono proiettare le proprie risorse in una nuova visione dell'organizzazione che focalizzi l'attenzione sul valore del Business Intelligence. Questo termine, coniato nel 1958 da Hans Peter Luhn, noto ricercatore e inventore tedesco, si riferisce a una struttura che si compone di tre elementi:

1) una cellula di processi aziendali che costituiscono un *repository* di informazioni utili per l'azienda;
2) le tecnologie fruibili per gestire e analizzare questi processi;
3) le informazioni derivanti dalla gestione dei processi.

Dunque, l'azienda per poter aumentare la propria agilità sui mercati, preservando la qualità dei cicli produttivi, deve adottare un modello di BI che possa costituire uno strumento performante per la sopravvivenza stessa dell'organizzazione. Quindi l'esigenza è quella di poter utilizzare sistemi informativi stabili, affidabili e scalabili (*IT Governance*) ma allo stesso tempo agili e flessibili nell'adattarsi alla mutazione dei processi (*Business Governance*).

Quindi l'obiettivo del BI è soprattutto quello di raccogliere informazioni utili per poter effettuare valutazioni e stime ad ampio spettro sull'azienda e sui mercati in cui essa opera. Tutto ciò per migliorare e incrementare il vantaggio competitivo, tipico dei mercati globalizzati.

Tutte i dati utili dell'azienda vengono raccolti per alimentare il *repository* informativo della Direzione aziendale con lo scopo di migliorare il controllo di gestione dell'intera organizzazione. I dati, opportunamente catalogati e memorizzati, vengono elaborati e utilizzati per supportare le decisioni del Management (andamento dell'azienda, performance dei vari settori e reparti, valutazione delle risorse disponibili, valutazione degli investimenti, previsioni sugli scenari futuri dei mercati ecc.). Inoltre, le medesime informazioni possono essere utilizzate anche da settori/reparti gerarchicamente posizionati ai livelli inferiori della Direzione (area marketing, commerciale, finanza, gestione del personale), in funzione della specificità e dell'attinenza delle stesse ai vari livelli dell'azienda. I database informativi sono costituiti da informazioni "interne" all'azienda, ma possono derivare anche da fonti "esterne" (bisogni dei clienti, aspettative dei mercati, trend tecnologici, tendenze culturali).

Tipicamente, un sistema di BI ha come obiettivo la "trasformazione di dati e informazioni in conoscenza" ed è per questo che la *vision*, gli obiettivi e la gestione dell'azienda assumono un valore strategico per l'organizzazione. Possono essere utilizzati diversi *software* per realizzare un sistema di BI, ma l'obiettivo fondamentale di queste procedure deve essere quello di consentire al management aziendale di identificare le decisioni migliori per l'organizzazione grazie alla disponibilità di informazioni precise, aggiornate e significative sul contesto di riferimento. È opportuno ricordare che i sistemi di BI sono anche noti come *sistemi per il supporto alle decisioni* (*Decision Support Systems* DSS).

Che cosa ci riserva il futuro?

La riprogettazione dei processi è un tema tornato alla ribalta negli anni '90 con una metodologia meglio nota come *Business Process Reingeneering* (BPR). In verità in tutti gli anni successivi la riprogettazione manuale dei processi ha interessato intere classi e famiglie di economisti ed esperti aziendali che hanno descritto nuove metodologie e classificazioni di processi organizzativi e di lavoro.

Al di là delle differenze e dei modelli utilizzati, l'attenzione è stata sempre focalizzata sulle attività umane che, eseguite singolarmente, costituivano un unico processo lavorativo.

Il BPR ha comportato per molte aziende la disintegrazione di realtà informative e organizzative consolidate, sgretolate in funzione di un'apparente ottimizzazione aziendale e di riduzioni di costi che, in molti casi, non si sono verificate. Spesso i progetti di BPR sono falliti (anche a causa di personale professionalmente inadeguato o di manager e consulenti esterni, chiamati a riprogettare realtà che non conoscevano), ma troviamo esempi di aziende in cui i processi sono stati "salvati" e quindi hanno potuto essere rimodulati consentendo un miglioramento complessivo del business aziendale.

In alcuni casi, a causa di cattive implementazioni di BPR, nelle aziende sono andate perdute le esperienze e le conoscenze che costituiscono quel patrimonio di competenze consolidate e non formalizzate, che sono il vero valore dell'azienda. Pertanto il perseguimento dell'obiettivo di valorizzazione dei processi dell'infrastruttura organizzativa si è trasformato in un'azione di danneggiamento che ha condotto a un nuovo ripensamento delle metodologie di gestione dei processi. In questo scenario, oltre alla ridefinizione di nuovi modelli di BPR si è reso indispensabile inserire progetti di ristrutturazione dei sistemi informativi, in quanto anche questi ultimi dovevano essere ridefiniti per supportare una nuova organizzazione. Ciò ha portato alla progettazione e alla successiva inarrestabile evoluzione di sistemi ERP avanzati, che spesso sono *pensati* per soluzioni *internazionali,* più adatti a organizzazioni statiche e sicure piuttosto che ad aziende in evoluzione.

Non a caso uno dei maggiori difetti riscontrabili in questi sistemi è costituito dalle difficoltà che si incontrano nella scarsa versatilità dei *software* nella gestione dei cambiamenti, se non attraverso elaborate e costosissime modifiche sui *software* utilizzati. Quindi, ancora oggi, molte aziende sono costrette a plasmare i propri processi in funzione del *software* utilizzato, oppure addirittura a incastonare gli stessi processi nelle procedure nel sistema ERP utilizzato.

Bisogna aggiungere che anche i sistemi di *workflow management*[4] non hanno contribuito molto a migliorare le peculiarità dei sistemi ERP. Raramente i sistemi di *workflow management* hanno consentito un miglioramento del controllo del processo e della fruizione di informazioni determinanti per la valutazione dello stesso.

Tuttavia le esperienze degli ultimi decenni ci hanno insegnato che in ogni azienda o organizzazione esiste un immenso patrimonio informativo e di esperienze da preservare e che costituisce il valore aggiunto dell'impresa.

Nel prossimo futuro, pertanto, risulterà determinate per le aziende poter disporre di sistemi di BPM che appartengano a una generazione avanzata di quella dei sistemi attualmente disponibili. I BPM del "terzo millennio" dovranno essere in grado di garantire due obiettivi primari:

---

4. Il *Workflow Management* è una metodologia che permette di disegnare, descrivere e controllare i processi aziendali in termini di flussi, organizzazione delle attività, persone, ruoli e costi.

1) integrare le tecnologie IT al business dell'azienda per offrire un prodotto tecnologico completo e integrato in grado di soddisfare i fabbisogni informativi dell'impresa e di potersi interfacciare, mediante la rete, con qualsiasi prodotto informatico (*hardware/software*) che sia riconducibile a sistemi informativi istituzionali con i quali si desideri interagire;

2) garantire l'integrazione del BPM in un nuovo sistema di global business intelligence atto a garantire una evoluzione costante del sistema informativo che non comporti problematiche disfunzionali connesse alle modificazione dei processi aziendali.

Le nuove idee, i cambiamenti dei modelli di business e l'evoluzione dei mercati sono solo alcuni degli eventi che caratterizzano la vita di un'impresa. Bisogna sempre tenere a mente che l'azienda è un unico, complesso processo di generazione di valore.

Il valore è dato dalle infrastrutture, dalle risorse umane, dalle esperienze, dalla capacità di adattamento ai mercati e al business, dalle capacità di evolversi delle professionalità acquisite e dalla lungimiranza del management. Tutto ciò comporta il raggiungimento di una capacità specifica per l'azienda: quella di saper rispondere alle mutazioni e ai cambiamenti in maniera rapida e completamente autonoma, monitorando con la massima attenzione le risorse finanziarie a disposizione.

4. Metadata Management: la gestione intelligente dei dati

Dati e metadati

È noto a tutti che i documenti, le basi di dati e i patrimoni informativi, contengono informazioni di vario tipo, che in associazione ai loro contenuti hanno quelli che vengono comunemente definiti *metadati*. Tuttavia non tutti sanno che la rappresentazione di informazioni e dati di interesse specifico avviene mediante i metadati che assumono il ruolo di strumenti di *presentazione di risorse informative*.

La corretta gestione delle informazioni digitali presuppone l'esistenza di alcuni riferimenti che devono essere osservati: l'efficace presentazione delle risorse, una metodologia di accesso alle informazioni basata su autorizzazioni personalizzate e una metodologia di memorizzazione e conservazione dei dati.

Ma che cosa è esattamente un metadato? Il termine deriva da una combinazione di termini (dal greco *meta* = oltre, dopo e dal latino *datum* = informazione), ma il significato anche essere come "dato su un altro dato" (ovvero combinazione di più dati). Una definizione che chiarisce meglio il concetto di metadato è quella che lo identifica come "la somma globale di tutto ciò che si può sapere su un oggetto informativo e sui suoi livelli di aggregazione". L'esempio classico che spesso viene utilizzato per una migliore comprensione del termine è quello della biblioteca. All'interno di ogni sistema bibliotecario sono presenti le schede del catalogo dei libri, che rappresentano l'elemento di raccordo di una serie di informazioni. Ogni scheda contiene dati sul contenuto del testo, sulla posizione all'interno dello scaffale, sul numero di copie presenti, sull'autore, sulle ristampe e su tutto ciò che può essere utile per la ricerca e l'identificazione di una molteplicità di informazioni. Queste informazioni sono i *dati* del libro. La scheda che li raccoglie è il *metadato*. Pertanto una base di dati è una raccolta di dati permanenti, gestiti da un elaboratore elettronico, suddivisi in due categorie (figura 1):

- i *metadati*, ovvero lo schema della base di dati (database scheme), una raccolta di definizioni che descrivono la struttura dei dati, le restrizioni sui valori ammissibili dei dati (vincoli di integrità), le relazioni fra gli insiemi e le operazioni eseguibili. Lo schema va definito e strutturato prima di creare i dati e deve garantire la sua interdipendenza dalle applicazioni utilizzate per la gestione dei dati (*software* applicativi) corretti;
- i *dati*, ossia le rappresentazioni di tutti i fatti utili per la definizione dello schema.

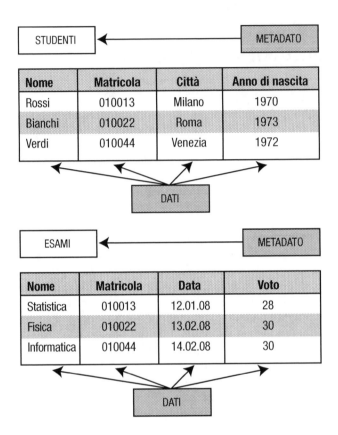

Fig. 1. Organizzazione di dati e metadati

Con l'avvento di Internet e del web, e con la crescita esponenziale delle risorse informative, il metadato contenuto all'interno del documento digitale ha assunto la connotazione di uno strumento di riferimento essenziale per tutte le ricerche che vengono effettuate in rete. Inoltre la necessità dell'utente di poter recuperare informazioni da *repository integrati* (ricreando nuovi ambienti informativi personalizzati) ha convinto molte istituzioni, accademiche e non, a convertire i rispettivi metadati *non standard* in formati accessibili e fruibili indipendentemente dai sistemi e dalle applicazioni utilizzate.

Quindi il metadato costituisce l'elemento centrale che deve essere *localizzato* per consentire l'accesso alle risorse informative che contiene. Ovviamente, per consentire il recupero delle informazioni deve essere garantita la compatibilità dei linguaggi di interrogazione utilizzati in rete. Il termine *compatibilità* si riferisce alla interoperabilità che deve esistere tra i database e i diversi linguaggi di interrogazione. Tutto ciò avviene grazie a *identificatori*[1] contenuti nei metadati. Negli ultimi anni e con la

---

1. Mentre il metadato rappresenta l'elemento essenziale per l'identificazione delle risorse, gli identificatori sono la "chiave nella chiave".

diffusione del web la ricerca di dati e informazioni ha raggiunto livelli impensabili, lasciando stupiti anche coloro che avevano riposto grandi speranze negli sviluppi di questo straordinario strumento di informazione globale. Tuttavia, nel prossimo futuro questo strumento di informazione globale, subirà ulteriori trasformazioni ed evoluzioni, modificando in maniera determinante il modo di lavorare dell'uomo e anche le metodologie di ricerca delle informazioni. In questo scenario gli identificatori costituiscono l'elemento su cui focalizzare gli studi e le ricerche, per migliorare, soprattutto in termini di rapidità, l'accesso ai dati.

In funzione delle considerazioni finora descritte, i metadati, possono consentire di ottimizzare le seguenti azioni:

- *ricerca*, cioè la possibilità di ricercare informazioni e dati da qualsiasi documento memorizzato;
- *localizzazione esatta*, cioè la possibilità di identificare e localizzare rapidamente ed esattamente una particolare informazione nel documento;
- *selezione ed estrapolazione*, cioè la possibilità di selezionare ed estrapolare i dati in funzione di particolari ricerche filtrate;
- *interazione semantica*, cioè la possibilità di effettuare le ricerche in settori disciplinari diversi in funzione di una serie di collegamenti fra i descrittori;
- *management dei database*, cioè la possibilità di gestire dei database e di farli interagire su piattaforme e reti diverse;
- *fruizione continua e immediata*, cioè la possibilità di accedere in ogni istante ai dati e di estrapolarli a proprio piacimento.

Tipologie di metadati

È importante comprendere che i metadati non devono essere identificati come la semplice descrizione di un'informazione ricercata. Essi possono assumere differenti connotazioni a seconda della funzione che assolvono o in relazione alle mansioni che svolgono. In sostanza, i metadati sono oggetti che possono subire trasformazioni sia nel tempo sia nello spazio. Infatti la loro "mobilità" è determinata dalle evoluzioni che subisce il sistema informativo in cui risiedono. Pertanto i metadati non possono mai essere considerati *statici*, dato che possono essere modificati nel corso del tempo e possono anche essere *spostati* da una risorsa informativa all'altra, nel caso in cui ve ne fosse bisogno. Tuttavia, per anni, i metadati sono sempre stati ricondotti a semplici attività di catalogazione e registrazione di descrizione di informazioni. Il sistema *Dublin Core*[2] è un esempio di questa metodologia. Con il passare degli anni, l'esigenza di disporre di *elementi di conoscenza* gestibili e interfacciabili con sistemi diversi ha reso il formato dei metadati un *nucleo informativo mobile* in grado di soddisfare esigenze e finalità di fruizione dati informativi

---

2. La metodologia *Dublin Core (Dublin Core Metadata Initiative)* è stata sviluppata nell'ambito della On Line Computer Library Center, la grande rete di servizi americana per le biblioteche. Sviluppato per esigenze riconducibili delle biblioteche, il progetto nasce dalla necessità di creare un insieme di strumenti per la ricerca e l'accesso alle risorse digitali.

molto più ampi e completi rispetto a quelli puramente descrittivi. I metadati, attualmente, oltre a consentire di descrivere o classificare un oggetto, permettono di specificarne l'ambito, le metodologie di gestione e di conservazione nonché accessi alla risorsa informativa. Inizialmente queste *informazioni utili* venivano create mediante il lavoro di persone che si limitavano ad attività di *data entry* senza alcuna logica di strutturazione o catalogazione. Con l'avvento del web, la produzione di informazioni ha visto la progressiva ma inarrestabile partecipazione dei fruitori della rete, che più o meno consapevolmente hanno contribuito alla crescita esponenziale delle basi di dati e quindi delle basi di conoscenza. Inoltre le continue evoluzioni delle interfacce web hanno consentito di trasformare il semplice inserimento manuale di informazioni elementari in sequenze di informazioni preconfezionate. Attualmente i metadati possono essere creati automaticamente dal sistema informativo che si utilizza e possono essere interconnessi tra loro mediante complesse attinenze che consentono la creazione di legami tra risorse informative diverse. Non a caso, si è soliti affermare che "un metadato di un oggetto informativo può essere contemporaneamente un dato di un altro oggetto informativo".

A seconda delle tipologie, i metadati possono essere suddivisi in:

- *metadati amministrativi gestionali*, costituiti da oggetti informativi rappresentati da descrizioni dei documenti in formato digitale ubicati all'interno dei database delle aziende. Sono utilizzati per la gestione e l'amministrazione delle risorse informative;
- *metadati descrittivi*, per esempio il *Dublin Core* e il MARC[3];
- *metadati di conservazione*, contenenti informazioni riconducibili alla conservazione delle informazioni nei sistemi informativi che li ospitano;
- *metadati tecnici*, contenenti informazioni tecniche sui metadati e sui sistemi informativi utilizzati;
- *metadati di utilizzo*, contenenti informazioni sull'accessibilità ai metadati, ai permessi di accesso e alle tipologie di fruizioni da parte degli utenti.

I concetti finora esposti possono essere meglio compresi osservando la Tabella 1.

Come abbiamo visto, i metadati possono essere utilizzati anche per impieghi funzionali, come per esempio l'identificazione del creatore di un documento, il periodo di creazione, l'identificazione dei dati a esso connessi e le connessioni con altri documenti.

Il *World Wide Web* rappresenta il più grande *deposito informativo* esistente al mondo, e proprio questa sua peculiarità ne rende estremamente valida la candidatura al ruolo di *sistema informativo globale del terzo millennio*. In funzione di questo ipotetico ma plausibile scenario, la strutturazione dei metadati assume una rilevanza essenziale. Naturalmente sul web le risorse informative, costituite da metadati e non, sono molto eterogenee, e ciò determina la necessità di attuare un processo di armonizzazione della struttura delle informazioni presenti e fruibili in rete. In tal senso, i metadati

---

3. Il MARC (*MAchine Readable Catalogue* è una specifica per la rappresentazione dell'informazione bibliografica. È confluita nello standard ISO 2709, che organizza l'informazione bibliografica in *record* successivi, divisi in *campi*, a loro volta divisi in *sottocampi*.

Tipologia	Definizione	Esempi
Amministrativi	Metadati utilizzati nella gestione e nell'amministrazione delle risorse informative	- Informazioni sull'acquisizione - Tracciato storico dei diritti di proprietà intellettuale, cessione delle risorse informative e passaggi ai fini della riproduzione - Documentazione dei requisiti di accesso legale - Informazioni sulla reperibilità - Criteri di selezione per la digitalizzazione (= formato, set di caratteri) - Controllo della versione e distinguibilità fra oggetti informativi simili - Tracce di controllo create da sistemi di gestione di metadati (recordkeeping)
Descrittivi	Metadati utilizzati per descrivere o identificare risorse informative	- Registrazioni catalografiche - Indicazioni di aiuto per il reperimento - Indicizzazione su database specialistici - Connessioni fra risorse tramite link web - Annotazioni di utenti - Metadati per sistemi di gestione (recordkeeping) generati dai programmi di creazione delle registrazioni
Sulla conservazione	Metadati riferiti alla gestione della conservazione delle risorse informative	- Documentazione della condizione fisica delle risorse - Documentazione delle azioni intraprese per conservare le versioni fisiche e digitali delle risorse, per esempio ripristino (refreshing) e migrazione dei dati
Tecnici	Metadati riferiti al funzionamento di un sistema informativo e al comportamento dei metadati	- Documentazione sull'*hardware* e il *software* - Informazioni sulla digitalizzazione, per esempio formati, rapporti dei metadati di compressione, procedure di graduazione (scaling routines) - Tracciato storico dei tempi di risposta di sistema - Dati di autenticazione e sicurezza, per esempio chiavi crittografiche, password
Di utilizzo	Metadati riferiti al livello e al tipo di utilizzo delle risorse informative	- Registrazioni di visualizzazione (exhibit records) - Tracciato storico dell'uso e gestione dei profili utenti - Informazioni sulla riutilizzazione del contenuto e sull'esistenza di una pluralità di versioni (multi-versioning information)

Tab.1. Tipologie di metadati e loro funzioni[4]

---

4. Tabella estrapolata da Antonella De Robbio, *Matadati per la comunicazione scientifica*, Biblioteche Oggi, dicembre 2001.

sono anche dotati di campi particolari ideati per soddisfare i bisogni descrittivi richiesti dai fruitori. Quindi, in funzione della tipologia di risorsa che deve essere descritta, esiste la possibilità di descrivere alcuni campi di metadati in modo che acquisiscano peculiarità tali da soddisfare le esigenze delle ricerche effettuate dagli utenti.

In Internet, il dibattito sulla strutturazione dei metadati è uno dei *focus* di maggiore interesse, soprattutto per quanto concerne le diverse metodologie di estrapolazione rapida e mirata dei dati. L'obiettivo è quello di realizzare uno standard condiviso, grazie al quale l'indicizzazione effettuata con uno schema di metadati conforme permetta l'interazione tra diverse tipologie di dati (testi, audio-video, ipertestuali ecc.), oltre a garantire la comunicazione tra le diverse varietà di sistemi informativi presenti nella rete.

Pertanto l'obiettivo principale è quello di rendere possibile la condivisione dell'utilizzo di un sistema di indicizzazione standard che permetta l'uso di un unico schema di metadati.

Grazie a Internet, le riviste, i quotidiani, i cataloghi e le pubblicazioni in genere hanno assunto il ruolo di enormi contenitori di metadati realizzati per contenere informazioni che possano essere individuate, selezionate ed estrapolate in *dati principali* su di un argomento di specifico interesse.

L'estrapolazione selettiva di *dati minimali*, effettuata su informazioni generali contenute in enormi database, consente di selezionare e raccogliere singoli elementi informativi che vengono inglobati in una specifica cellula informativa (nucleo di conoscenza). Il vantaggio di questa operazione risiede nella possibilità di intercettare dati specifici, riconducibili a informazioni particolari, per costruire un frame di informazioni completo da presentare all'utente.

Effettuare una scansione su un frame di dati ridotti (*record*) che contenga campi di specifico interesse risulta molto più semplice e rapido che accedere a un'enorme base di dati che contiene milioni di *record* con milioni di campi.

Per una maggiore comprensione dell'importanza della funzione dei metadati è sufficiente immaginare la quantità di libri presenti all'interno di una biblioteca. Immaginiamo il lavoro di ricerca ed estrazione di dati da un catalogo di una biblioteca: come ben sappiamo, esistono autori che hanno prodotto libri diversi. L'estrazione dei dati, senza un sistema di indicizzazione, risulterebbe complessa e lunghissima. Grazie alla gestione dei metadati, il problema è facilmente risolvibile in brevissimo tempo: l'autore produce dati, il processo di indicizzazione consente l'estrazione dei metadati e la conseguente indicizzazione. A questo punto l'utente interroga i metadati identificando quelli di interesse, attivando, nel contempo, un processo di estrazione delle informazioni più significative.

I metadati, quindi, risultano indispensabili nel ciberspazio delle informazioni che costituiscono il web.

È indubbio che la ricerca sul web impone un'analisi di milioni di documenti mediante tecniche di interrogazione che possono risultare lunghe e difficili. Spesso i risultati possono produrre enormi quantità di dati da esaminare e scandagliare nella speranza di intercettare proprio i dati desiderati. Per questo motivo, l'adozione di un criterio di raffinazione dei dati consente di estrapolare le informazioni di maggiore interesse con una conseguente e consistente riduzione dei tempi e delle risorse umane impiegate. La capacità del motore di ricerca di effettuare un corretto ordinamento dei risultati prodotti rappresenta l'aspettativa più grande. Uno dei criteri maggiormente utilizzati è quello dell'ordinamento in funzione dell'*importanza del dato ricercato* che spesso si basa su criteri statistici quali, per esempio,

- il numero di *ricorrenze* dei termini utilizzati per la ricerca all'interno della singola pagina identificata;
- il rapporto fra il *numero di ricorrenze* dei termini ricercati presenti all'interno della pagina e il *totale delle parole contenute* nella pagina;
- la presenza, all'interno del documento, dei termini richiesti. Sono identificate tutte le ripetizioni del temine richiesto all'interno della stessa frase;
- l'ordine di inserimento dei termini all'interno del *form* di ricerca;
- la presenza del termine nelle diverse zone della pagina (per esempio, nella pagina HTML il termine può essere inserito nei campi BODY, HREF, HEAD, TITLE, KEYWORD, DESCRIPTION ecc.).
- la frequenza di aggiornamento delle pagine richieste;
- il numero dei collegamenti "in ingresso" che provengono da altre pagine esaminate dal motore di ricerca;
- il livello di "esposizione" su Internet. Molti motori di ricerca offrono, spesso a pagamento, la possibilità di assumere posizioni di rilevo per quanto concerne la pubblicizzazione dei propri portali su Internet.

A questo punto, è facile comprendere quanto sia rilevante, per una rapida e corretta identificazione su Internet, predisporre all'interno delle pagine web (HTML) dei *metatag* adeguati che possano contribuire all'identificazione rapida e precisa delle informazioni desiderate. Tutto questo, per eliminare il rischio dell'eccessiva ridondanza dei dati, che viene proposta nella fase di ricerca delle informazioni sulla rete. Per quanto concerne le metodologie di gestione dei metadati, sono molti i progetti, alcuni ancora in fase di sviluppo, che si stanno occupando della realizzazione di uno standard avanzato volto al miglioramento dell'estrazione dei dati. Molti di essi sono diversi tra loro, tuttavia esistono due progetti che dovrebbero "interagire" con il *Dublin Core*: il *Resource Description Framework* (RDF) e il *Warwick Framework*.

Il *Resource Description Framework*, elaborato dal W3C[5], ha l'obiettivo di elaborare una metodologia standard in grado di descrivere qualsiasi tipo di documento disponibile in Internet (mediante il linguaggio XML[6]), in modo tale da poter diffondere qualsiasi tipo di standard descrittivo di risorse informative. Il *Warwick Framework*, nato da un'estensione del *Dublin Core*, permette di inglobare, al suo interno, sia i pacchetti di metadati di *Dublin Core*, sia i pacchetti più complessi e di tipo diverso.

Oltre agli aspetti puramente tecnici derivanti dalle metodologie adottate dai formati e dai linguaggi di interrogazione utilizzati, non meno cruciale è il *fattore umano*. Questo

---

5. Nato nel 1994 grazie a Tim Berners Lee, padre del web, in collaborazione con il CERN di Ginevra, il W3C si prefigge di migliorare gli esistenti protocolli e linguaggi per il web e di sviluppare le sue potenzialità.

6. L'XML (*eXtensible Markup Language*), tradotto testualmente come "linguaggio di marcatura estensibile", è un metalinguaggio creato e gestito dal *Web Consortium* (W3C). È un linguaggio più semplice che si adatta all'SGML, da cui è nato nel 1998, che consente di definire la grammatica di diversi linguaggi derivati.

fattore, che assume un ruolo determinate per quanto concerne la creazione di documenti cartacei o digitali, è l'elemento di giunzione tra l'*autore* delle informazioni e il *lettore* delle stesse. Inoltre, lo *human factor* ha il compito di ottimizzare l'interazione tra i due attori (autore e lettore) coinvolti nel mercato della domanda e dell'offerta delle informazioni (figura 2).

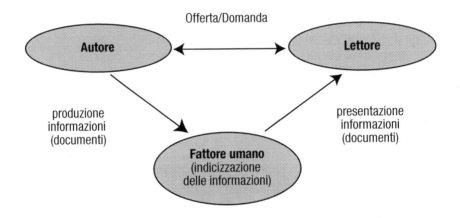

Fig. 2. Schema di interazione tra gli attori della catena distributiva delle informazioni

Sviluppo dei metadati

Lo sviluppo di Internet ha determinato, nel corso degli anni, stravolgimenti rilevanti anche sul piano del ruolo dei cybernauti e dell'importanza del loro lavoro di immissione di dati. Attualmente l'autore si limita, di solito, all'immissione nelle reti di informazioni di vario tipo e con diversi livelli di approfondimento. Non è più lui a preoccuparsi dell'*indicizzazione*[7] dei dati. Infatti le informazioni inserite sulla rete vengono trattate da coloro che si occupano della indicizzazione della stesse mediante l'estrazione dei metadati e la successiva catalogazione e organizzazione all'interno di *contenitori* che verranno successivamente utilizzati dal lettore.

In uno scenario tecnologico in continua evoluzione, le informazioni che vengono prodotte sono spesso incontrollate e variegate, tanto da rendere gli stessi patrimoni informativi difficili da gestire. A tale inarrestabile produzione di informazione da parte del pubblico della rete si aggiunge l'integrazione di dati e metadati in un unico nucleo di informazioni indicizzate che vengono incrementate soprattutto in funzione di una delle maggiori peculiarità di Internet: la possibilità, da parte di consi-

---

7. Con questo termine si suole intendere l'inserimento di un sito web nel database di un motore di ricerca, mediante l'uso di apposite parole-chiave. L'indicizzazione di un portale, è la fase in cui il portale viene identificato e catalogato dai motori di ricerca internazionali, producendo una visibilità assoluta durante la fase di ricerca del pubblico interessato. Un significato diverso ha il termine "posizionamento", riferito alle azioni mirate all'accrescimento della visibilità di un portale mediante la collocazione del medesimo in una pagina specifica di risposta dei motori di ricerca.

derevoli masse di persone di culture ed etnie diverse, di accrescere il patrimonio informativo mondiale, abbattendo totalmente tutti quei costi che un tempo erano essenziali per la divulgazione della cultura: materiale cartaceo, spese editoriali e le stesse risorse umane coinvolte nella produzione e catalogazione delle informazioni.

Grazie a ciò, già da qualche tempo le case editrici più sensibili al tema hanno iniziato a introdurre il *Cataloguing in Publication* (CIP), rappresentato da una piccola scheda bibliografica che può essere indicizzata nei cataloghi delle librerie. Ma Internet può fare molto di più e anche più rapidamente. Sulla rete, i motori di ricerca intrecciano, confrontano, incrociano e raffinano dati e informazioni senza interruzioni di alcun tipo, senza pause di attesa o soste di riposo. E tutto ciò viene fatto indipendentemente dall'ubicazione dell'informazione.

Quindi non sussiste più la necessità di inserire i metadati in un apposito *repository* di interrogazione. Anche il ruolo dell'indicizzatore viene, in qualche modo, messo in discussione. Infatti, esso rischia di svanire grazie all'evoluzione delle nuove tecnologie di gestione dei dati su Internet.

Ciò si spiega soprattutto per il fatto che spesso coloro che immettono dati e informazioni sulla rete non sanno "indicizzare in maniera corretta" i loro contenuti, o che ignorano le regole e le metodologie di gestione dei metadati.

Anche se questa osservazione non è concettualmente errata, soprattutto se consideriamo che i processi di indicizzazione richiedono competenze tecniche specifiche e particolari professionalità, esiste un problema più sostanziale.

Facciamo un esempio. Supponiamo che la ditta Rossi decida di convogliare tutto il traffico dei navigatori web interessati agli articoli prodotti della ditta Verdi (sua diretta concorrente) in un portale diverso da quello di quest'ultima (magari sul proprio!). Sarebbe sufficiente, per la ditta Rossi, inserire in appositi *metatag*[8], all'interno delle proprie pagine web, il nome della ditta concorrente o dei relativi prodotti. In questo modo le richieste di informazioni sulla ditta Verdi sarebbero dirottate verso il portale della ditta Rossi.

Un altro esempio potrebbe essere quello di un'azienda che decida di inserire nomi di prodotti che non produce o tratta, ma che intende commercializzare. Anche in questo caso, grazie alla sapiente manipolazione di appositi *metatag*, si potrebbe facilmente realizzare un dirottamento di possibili acquirenti su portali di e-commerce diversi da quelli ricercati originariamente.

In alcuni casi è stato riscontrato che talune aziende o organizzazioni, persino multinazionali, per aumentare il numero di visitatori del proprio portale inseriscono all'interno delle proprie pagine web *metatag* che contengono parole popolari e in molti casi assolutamente non riconducibili ai prodotti o servizi trattati dall'azienda stessa. Alla luce degli esempi sopracitati, è evidente che sussiste un problema legato all'etica deontologica. Per talune attività o professioni, esistono regole

---

8. I *metatag* sono metadati presenti nel linguaggio HTML che vengono utilizzati per fornire informazioni sulle pagine agli utenti e/o ai motori di ricerca. Contrariamente agli altri *tag* presenti nelle pagine web, i *metatag* non forniscono al browser nessun dato di formattazione della pagina e quindi non influiscono minimamente sul layout finale della *web page*. Essi sono totalmente invisibili all'utente e vengono visualizzati solo mediante la rappresentazione del codice sorgente in HTML della stessa pagina web.

comportamentali che devono essere necessariamente osservate affinché la correttezza e la dignità professionale siano poste sempre al primo posto durante lo svolgimento delle proprie attività professionali. Quindi il *fattore umano* risulta l'elemento determinante, anche se le tecnologie emergenti tendono a ridurre il suo impatto in molte attività svolte nella società moderna. L'uomo deve conservare il suo ruolo soprattutto in qualità di garante della correttezza della tipologia delle informazioni fruibili sulla rete.

I metadati, pertanto, devono continuare a essere predisposti nel modo migliore, per agevolare le persone nella ricerca delle informazioni a cui sono realmente interessati e non certo per avvantaggiare strutture o organizzazioni che hanno interessi e finalità diverse da quelle degli utenti.

Coloro che hanno la responsabilità di ricoprire il ruolo di elemento di collegamento tra i creatori di notizie e i fruitori delle stesse hanno il dovere di gestire le connessioni con imparzialità e correttezza proprio per garantire quell'etica deontologica che, in un presente sempre più condizionato da interessi e strategie politiche, assume un valore di assoluta rilevanza.

È altresì vero che la presenza sul mercato di persone e strutture che si occupano della indicizzazione dei dati non deve far pensare che non sia possibile svolgere questo lavoro all'interno della propria organizzazione. Proprio in virtù della crescita rilevante dei dati su Internet, questa scelta si rende indispensabile e fruttuosa, in quanto, oltre ad accrescere le professionalità interne, produce un beneficio per quanto concerne la riduzione dei costi gestionali.

Che cosa ci riserva il futuro?

La cosa più difficile che si possa fare è azzardare previsioni sul futuro di Internet. Esperti, guru, storici e analisti avrebbero enormi difficoltà nel formulare ipotesi o scenari futuri relativi a un settore così complesso e incontrollabile come la rete. Tuttavia non è altrettanto complesso fare alcune considerazioni. È indubbio che su Internet la crescita di informazioni di vario tipo sia inarrestabile. E di sicuro questa proliferazione di dati non subirà alcuna battuta di arresto. Anzi, le più grandi multinazionali del settore ICT ormai da qualche anno hanno sollevato la questione del "contenimento delle informazioni" e del "consumo energetico delle web farm" presenti su tutto il pianeta.

In funzione di queste considerazioni, appare ancora più concreto il problema della indicizzazione dei dati. La moltiplicazione di progetti sulla costruzione di uno standard univoco per la gestione dei metadati, le difficoltà dei diversi motori di ricerca nell'integrazione con sistemi di metadati maggiormente strutturati, le molteplici difficoltà derivanti dagli aspetti deontologici che abbiamo esaminato rischiano di configurare un futuro irto di difficoltà e problematicità ingestibili, soprattutto per quanto concerne le funzioni di ricerca su Internet. A ciò si aggiunge il dubbio che i progetti in corso, che mirano alla ricerca di uno standard unico di indicizzazione e di estrapolazione delle informazioni, possano concludersi in un nulla di fatto o in applicazioni che non produrranno risultati apprezzabili. Comunque è possibile ipotizzare che si concretizzino soluzioni idonee a risolvere la problematica della gestione delle informazioni.

Una prima possibile ipotesi è quella che si basa sulla strutturazione di motori di ricerca aziendali (figura 3). Questa soluzione si fonda sull'adozione, da parte di aziende e di organizzazioni, di server (localizzati in una Intranet) utilizzati come motori di ricerca *locali* per indicizzare i dati e offrirli già *lavorati* ai motori di ricerca internazionali. Questa soluzione consentirebbe di razionalizzare e raffinare le ricerche a un livello più basso dei motori di ricerca mondiali (Google, Altavista, Yahoo ecc.) riducendo il lavoro di indicizzazione compiuto dagli stessi e minimizzando di conseguenza i tempi di presentazione dei risultati agli utenti.

Una seconda soluzione (figura 4), invece, potrebbe essere quella di adottare team di tecnici specializzati (soluzione fruibile anche in outsourcing) che si adoperino per costruire contenuti informativi che utilizzano metadati ottimizzati per poter offrire ai motori di ricerca internazionali pagine e documenti che includono metadati *plasmati* in modo tale da consentire un rapido e preciso accesso alle informazioni volute.

In tal modo si ridurrebbe enormemente quel lungo e alle volte esasperante processo di ricerca dispersiva di informazioni a cui molti utenti della rete sono quotidianamente costretti.

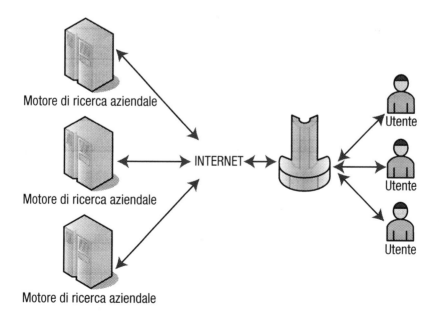

Fig. 3. Metodologia di analisi dati basata su motori di ricerca diversi

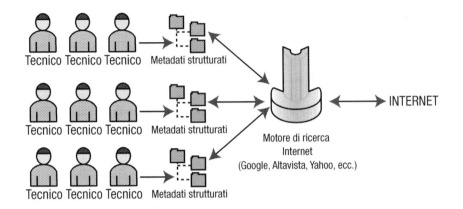

Fig. 4. Metodologia di analisi dati basata sulla corretta predisposizione di metadati

Una recente indagine condotta da Netcraft (società inglese che effettua studi e monitoraggi sulla rete Internet e fornisce analisi sulla crescita dei server web e sul mercato dell'hosting), ha affermato che nel solo mese di ottobre del 2008 si è registrato un incremento pari a 4,5 milioni di nuovi portali web rispetto al mese precedente. Il numero dei portali Internet monitorati a livello mondiale, è poco più di 182 milioni. L'ultimo rapporto di Audiweb, società nazionale che si occupa dell'analisi dell'audience online, asserisce che nel solo mese di marzo 2008 ben 24 milioni di utenti Internet si sono connessi al web almeno una volta al mese, da casa o dall'ufficio. Ben il 5% in più rispetto al mese precedente. L'analisi conferma, inoltre, che ogni navigatore si è collegato quotidianamente alla rete totalizzando, settimanalmente, un numero di ore pari a 21, visualizzando oltre 1500 pagine web. Rispetto a marzo del 2007, i dati indicano una crescita rilevante del tempo di collegamento di ciascun utente (circa 3 ore in più) e delle pagine visitate (circa 300 in più). Il collegamento dal posto di lavoro è aumentato significativamente, e sono quasi 10 milioni i cybernauti che si collegano dal proprio ufficio. Per quanto concerne il profilo della popolazione degli internauti, il 57% degli utenti è rappresentato da uomini, e il 43% da donne. Inoltre si registra un consistente aumento dell'accesso alla rete da parte di minori di 11 anni e degli adulti tra i 25 e i 34 anni. Tra le donne, invece, in aumento le giovani tra i 18 e i 24 anni (+19%). Sul piano delle categorie dei siti, le pagine più viste sono quelle relative a notizie e informazioni (17,8 milioni di navigatori, +8%) e ai viaggi (14,2 milioni, +9%).

Questi dati evidenziano un dato incontrovertibile: l'aumento dell'utilizzo di Internet quale strumento di riferimento per la ricerca di informazioni utili per esigenze o applicazioni diverse. Tutto questo impone un'attenta riflessione sul problema della rapida estrapolazione di informazioni utili dalla gigantesca mole di dati fruibile in rete.

Internet, con il suo oceano di dati, pone interrogativi inquietanti proprio sulle strategie di ricerca e sulla qualità dei documenti recuperati dai navigatori del web. Già da diverso tempo si parla sempre più insistentemente di *information overload*, ovvero di *sovraccarico informativo*. A ciò bisogna aggiungere che i bambini e i ragazzi, che sono comunemente considerati molto più ricettivi degli adulti alle nuove interfacce della tecnologia, non sono immuni dal contagio dell'utilizzo della rete Internet e che l'impatto con un flusso informativo così vasto può generare sensazioni di disagio e frustrazione. Come se non bastasse, da indagini condotte a livello mondiale, risulta che la rete è lo strumento utilizzato più frequentemente per le attività di ricerca svolte dagli studenti delle scuole, sollecitati peraltro dagli stessi docenti.

In funzione di questi scenari, accrescere le abilità di ricerca in rete degli studenti, è anche per i formatori, una priorità imprescindibile, per consentire ai giovani discenti di acquisire le capacità di analisi, selezione e aggregazione significativa dei dati necessarie per costruire delle basi di conoscenza. Gli anglosassoni hanno da tempo coniato un termine per definire l'insieme di abilità richieste dall'utilizzo delle nuove tecnologie dell'informazione: *information literacy*. Alla luce di recenti studi, si è giunti alla conclusione che vi sia un forte legame fra gli *stili cognitivi*[9] di ciascun navigatore e le modalità di ricerca sui data-base dei portali web e di utilizzo dei motori di ricerca in Internet.

Per esempio, vi sono studenti, soprattutto quelli con un'età che oscilla dai 10 a 12 anni, che, pur manifestando una grande dimestichezza nell'utilizzo delle tecnologie informatiche, hanno notevoli difficoltà nella ricerca e selezione di informazioni utili per le loro ricerche.

È interessante notare che in base ad alcune ricerche condotte sulle abilità cognitive e *meta-cognitive*[10], è stato rilevato che queste vengono chiamate in causa in diversi momenti della ricerca dell'informazione e sono riconducibili a delle costanti dei processi cognitivi.

Infatti l'utente è solitamente veicolato verso il soddisfacimento dei suoi bisogni informativi attraverso una serie di *fasi* che garantiscono una riflessione meta-cognitiva strutturata in relazione agli obiettivi prefissati.

L'enorme disponibilità di dati e documenti su Internet è attribuibile anche alla mancata strutturazione meta-cognitiva delle esigenze informative. Su questa considerazione si innesta il concetto di utilizzo delle *mappe concettuali*[11]. Esse fanno parte della categoria dei *visual organizer,* che si sono dimostrati efficaci per illustrare, convogliare e manipolare la conoscenza.

Sempre alla luce di alcuni recenti studi, sembra che in media il 95% del tempo, durante la navigazione in Internet venga perso nella ricerca non strutturata di documenti nei collegamenti ipertestuali (link) sul web. Inoltre questi studi indicano

---

9. Il processo cognitivo è la sequenza dei singoli eventi necessari alla formazione di un qualsiasi contenuto di conoscenza. La crescita della conoscenza si realizza mediante una molteplicità di eventi formativi, culturali e intellettuali in funzione degli ambienti frequentati, degli stimoli che si verificano nella nostra vita e dalle esperienze accumulate nel corso degli anni.

10. La metacognizione si riferisce a un costrutto teorico utilizzato in ambito psicologico ed educativo. Indica un tipologia di processo di auto-riflessione sul fenomeno cognitivo, realizzabile grazie alla possibilità di allontanarsi, osservare, analizzare e riflettere sui propri stati mentali. L'attività meta-cognitiva consente anche di controllare i propri pensieri e di conoscere e dirigere i processi di apprendimento.

11. Le mappe concettuali sono uno strumento grafico per rappresentare le informazioni e la conoscenza. Introdotte grazie a una intuizione di Joseph Novak, negli anni '70, permettono di rappresentare in un grafico le proprie conoscenze di uno specifico argomento, in base a un costrutto cognitivo in cui ciascuno è autore del proprio percorso conoscitivo all'interno di uno specifico contesto di conoscenza. Questa metodologia mira alla realizzazione di un sistema di apprendimento significativo capace di strutturare in maniera armoniosa le capacità cognitive della persona. Tale modello si contrappone all'apprendimento meccanico, che si basa sull'acquisizione mnemonica.

in una percentuale inferiore al 5% il tempo impiegato per l'identificazione di una metodologia per l'identificazione delle parole chiave migliori da inserire nei motori di ricerca.

Tutto questo si traduce in una semplice realtà: in un normale processo di ricerca della durata media totale di 15 minuti, gli utenti non riflettono neanche un minuto sulla scelta delle parole-chiave da utilizzare.

In realtà dovrebbe accadere il contrario. Gli utenti dovrebbero usare una parte rilevante del loro tempo per pianificare un percorso di ricerca strutturato e mirato al soddisfacimento dei loro bisogni informativi. Sarebbero così enormemente ridotti i tempi di ricerca, migliorandone i risultati.

Non è sicuramente semplice descrivere che cosa muove la singola persona nella ricerca di un'informazione. In buona sostanza, non esiste ancora un *lessico appropriato* in grado di sintetizzare i bisogni informativi, spesso suscettibili di variazioni continue.

Si rende quindi necessario focalizzare gli sforzi sulla costruzione di una specifica competenza lessicale che consenta di rifinire le connessioni semantiche e le parole dei diversi contesti di conoscenza. Il nuovo lessico deve essere costruito in modo da potersi adeguare alle nuove strutture cognitive che saranno adottate dagli utenti della rete. Questa nuova forma lessicale da utilizzare per la ricerca è il risultato dell'organizzazione dei concetti contenuti nella *memoria semantica*[12] dell'utente, e che trova nelle mappe concettuali la sua naturale evoluzione.

Nel corso degli ultimi anni sono stati condotti diversi studi sull'adozione di un metodo meta-cognitivo che attraverso le mappe concettuali consenta di ricercare, analizzare e integrare la conoscenza che si acquisisce dal web. Tra le diverse metodologie studiate, il metodo SEWCOM (*Search the Web with Concepts Maps*), è quello di maggiore interesse.

Questa metodologia utilizza un criterio di tipo metacognitivo-visuale delle mappe concettuali basato sulla premessa che la ricerca delle informazioni in rete è il punto di partenza, a cui deve seguire la ristrutturazione della nuova conoscenza acquisita in modelli cognitivi flessibili e scalabili. La metodologia prevede quattro fasi (vedi http://circe.iuav.it/~conrad/sewcom/start.htm):

1) *brainstorming* e contestuale creazione di una mappa concettuale con parole correlate all'argomento che si vuole cercare online;
2) ri-strutturazione topologica della mappa sulla base delle aree semantiche individuate e uso dei motori di ricerca con le parole-chiave di ciascuna area;
3) lettura e valutazione dei documenti trovati e scoperta di nuovi termini da aggiungere alla mappa;
4) ri-strutturazione creativa della mappa e quindi della nuova conoscenza acquisita, con l'evidenziazione delle interrelazioni fra concetti appartenenti ad aree semantiche differenti.

---

12. La memoria semantica è la parte della memoria che interessa le conoscenze generali possedute da una persona. A differenza della *memoria episodica* (riconducibile ad aspetti personali), è comune a tutti coloro che fanno parte di una comunità. Per esempio, il ricordo "il Presidente della Repubblica è il capo dello Stato" fa parte della memoria semantica, mentre il ricordo "a scuola ho imparato che il Presidente della Repubblica è il capo dello Stato" fa parte della memoria episodica.

I risultati derivanti dall'utilizzo dei motori di ricerca dimostrano spesso che un concetto/parola è presente in maniera trasversale in diverse aree di conoscenza. La comprensione di questo concetto può consentire di collegare tali aree di conoscenza per realizzare rappresentazioni concettuali alternative utili per analizzare un problema o un concetto da un punto di vista diverso.

La metodologia, attualmente in fase di sperimentazione in diverse scuole, dovrebbe consentire di migliorare le abilità cognitive degli studenti, oltre ad agevolare la ricerca delle informazioni in rete. Inoltre dovrebbe consentire di accrescere la creatività di coloro che la utilizzano mediante l'accostamento visuale di domini di conoscenza diversi.

5. Virtualizzazione 2.0: la convergenza sui sistemi informativi globali

Il concetto di virtualizzazione

Il termine "virtualizzazione" da alcuni anni è diffusissimo su Internet, soprattutto nei blog, nei forum, nelle newsletter e su innumerevoli portali web in cui vengono affrontati argomenti riconducibili alle nuove tecnologie e metodologie di utilizzo delle stesse. Di sicuro, l'interesse per lo sviluppo di *macchine virtuali*, soprattutto in tempi recentissimi, è cresciuto enormemente. I produttori di sistemi operativi hanno focalizzato la loro attenzione sull'ottimizzazione della gestione dei sistemi virtuali, e in misura crescente si stanno sviluppando progetti volti al miglioramento dell'efficienza degli stessi. Diversi *vendor* hanno effettuato corposi investimenti sulla riorganizzazione delle Server Farm di grandi dimensioni, con lo scopo di aumentarne l'efficienza, di semplificarne la gestione e di accrescerne la sicurezza, ma soprattutto per ridurre il consumo energetico dei molteplici server che, soprattutto negli ultimi anni, sono cresciuti a dismisura.

Per una migliore comprensione delle metodologie e delle evoluzioni che saranno descritte nel capitolo, è opportuno chiarire il concetto di virtualizzazione.

Con questo termine possiamo intendere *il processo di creazione di una versione virtuale di una risorsa che abitualmente è costituita da un oggetto fisico*. In teoria qualsiasi risorsa di tipo *hardware/software* può essere *virtualizzata*. Un esempio significativo può essere la possibilità di suddividere ogni *hard disk* (memoria di massa, disco fisso) in partizioni logiche[1]. Attualmente sono disponibili meccanismi di virtualizzazione particolarmente avanzati e versatili che consentono la riallocazione dinamica sia delle caratteristiche della risorsa virtuale sia delle sua mappatura nelle diverse risorse reali.

Inoltre la sviluppo del concetto di virtualizzazione ha portato alla crescita di servizi di fruizione delle risorse informatiche "a consumo", metodologia meglio identificata dal paradigma dell'*on demand*[2].

---

1. La partizione logica consiste nella suddivisione di un dispositivo fisico (disco fisso) in più unità logiche. Le singole unità logiche vengono viste dal sistema operativo come unità separate e possono essere formattate e gestite in modo indipendente. Solitamente questa procedura viene seguita per recuperare spazio fisico sul disco, per isolare programmi e dati o per installare più sistemi operativi sulla stessa memoria.

2. Nel settore informatico, il termine *on demand* viene utilizzato per identificare la modalità di accesso alle risorse informatiche solo in caso di effettivo utilizzo. In sostanza, nel momento in cui si verifica la neces-

Le motivazioni che hanno portato molte aziende operanti nel settore IT a investire nella ricerca di nuovi e più performanti sistemi di virtualizzazione sono da attribuire anche alle sollecitazione di un numero crescente di aziende trovatesi nella difficoltà di gestire un incremento incontrollato dei server presenti nelle loro infrastrutture IT e dei relativi costi. Secondo una recente indagine condotta da IDC (*Worldwide enterprise disk in Exabytes from "Changing Enterprise Data Profile"*, dicembre 2007), si è registrato un incremento dei *dati replicati* (backup, archivi, analisi di business ecc.) pari al 49%; i *dati strutturati* (database per operazioni transazionali) sono cresciuti nella misura del 32%, e i *dati non strutturati* (come file utente, immagini mediche, web e altro contenuto multimediale) hanno subito un incremento del 63%.

Questi numeri indicano in maniera imprescindibile, che la crescita dei dati e delle informazioni è un fenomeno in costante e inarrestabile crescita. Tutto ciò determina la definizione di un nuovo scenario in cui la disponibilità di sempre maggiori risorse *hardware* e *software* rischia di degenerare in una condizione che potrebbe facilmente portare al collasso, in termini di costi, risorse e *asset*, dell'intera infrastruttura IT. La virtualizzazione, in questo scenario, può consentire una gestione ottimizzata (in termini di costi e di risorse) dell'intera infrastruttura informatica, mediante la delocalizzazione, ove possibile, dei dispositivi *hardware* e *software*. Quindi, per "virtualizzazione" possiamo intendere quella metodologia che ci consente:

1) di gestire un sistema informativo in un apposito *ambiente virtuale* in cui il sistema stesso si comporta esattamente come se fosse eseguito su una macchina fisica equivalente;
2) tutto l'ambiente di virtualizzazione deve assumere il completo controllo delle risorse virtualizzate;
3) una percentuale rilevante di istruzioni deve essere eseguita direttamente nell'ambiente di virtualizzazione, per garantire una maggiore efficienza della macchina virtuale.

La virtualizzazione consente di ottimizzare anche la gestione dello *storage*[3]. L'aumento dei costi di gestione dei data center, l'incapacità delle strutture IT di rispondere immediatamente alle mutate richieste di business, la necessità di garantire un'elevata disponibilità dei servizi offerti, la scarsità di personale con esperienza nell'amministrazione dello *storage* sono solo alcune delle motivazioni che possono portare all'adozione della virtualizzazione

---

sità, è possibile collegarsi a una risorsa esterna (*hardware/software*) per fruire, a pagamento, di risorse tecnologiche di diverso tipo. I servizi vengono pagati in funzione dell'effettivo utilizzo (calcolato solitamente su base temporale). L'obiettivo è quello di distribuire meglio l'utilizzo delle risorse nell'azienda, ottimizzando le spese. Negli ultimi anni, molte aziende hanno deciso di adottare questo modello di fruizione di risorse tecnologiche, dato che molto spesso all'interno delle organizzazioni le risorse informatiche vengono utilizzate solo per tempi brevi e lo stesso carico di lavoro dei dispositivi non è uniforme.

3. Con questo termine, in ambito informatico, si identificano tutti i dispositivi *hardware*, i supporti di memorizzazione, le infrastrutture e i *software* dedicati alla memorizzazione dei dati in formato digitale. Lo *storage* interessa ambiti applicativi diversi, come il file *sarin* (le esigenze di condivisione di informazioni tra diversi server e tra i server e i personal computer) e i data backup (riconducibili alle esigenze di creazione di copie delle informazioni da riutilizzare nel caso che la versione originale venga danneggiata o persa).

all'interno di un'azienda. Un altro fattore particolarmente determinante è la sempre maggiore consapevolezza, da parte degli IT Manager, della scarsa utilizzazione di molti degli *asset* IT presenti nella propria organizzazione. Questo comporta, oltre a un'inevitabile lievitazione dei costi IT, uno scarso se non inutile impiego di risorse umane per la gestione di dispositivi *hardware/software* scarsamente utilizzati.

Perché ricorrere alla virtualizzazione?

Come abbiamo potuto comprendere, la virtualizzazione genera un cambiamento radicale per quanto concerne la flessibilità e il miglioramento dei servizi IT, in termini di velocità di distribuzione degli stessi e di miglioramento della qualità delle prestazioni, delle applicazioni e della disponibilità delle risorse. La virtualizzazione permette inoltre di offrire un numero maggiore di funzionalità, riducendo, nel contempo, considerevolmente i costi di gestione. In aggiunta, consente di sviluppare, nel tempo, nuove e più efficienti metodologie di utilizzo degli ambienti virtualizzati. Quindi, grazie alla virtualizzazione tutte le risorse di dati e capacità di elaborazione di server e *storage* vengono riunite, logicamente, in un unico gruppo di risorse.

Oltre alle motivazioni precedentemente esaminate, di seguito vengono evidenziate altre motivazioni che rendono la virtualizzazione un buon investimento.

– *Consolidamento dell'infrastruttura IT*
Fino a qualche anno fa, si è assistito alla proliferazione di *web farm*, e successivamente di *server farm*. Il tutto era stato concepito per garantire livelli di servizio superiori, e soprattutto l'isolamento tra sistemi diversi per garantire una maggiore sicurezza e integrità dei server. Attualmente la tecnica del consolidamento dei sistemi informativi consente di mantenere inalterati i livelli di sicurezza e performance, migliorando la gestione dei costi. Inoltre, grazie al miglioramento delle metodologie di virtualizzazione, è possibile consolidare numerose *Virtual Machine* su un numero molto limitato di sistemi, il che consente in momenti successivi di effettuare tutte le operazioni di ripartizionamento dei sistemi, in funzione del mutamento di alcune esigenze o in base alla variazione del carico degli stessi. Il tutto senza interrompere l'operatività delle singole *Virtual Machine*. Applicazioni apposite di IT management possono consentire di attivare, disattivare e modificare le *Virtual Machine* in base a eventi configurati dall'utente. Tutto ciò permette una sostanziale riduzione dei dispositivi *hardware* e *software* necessari, con un risparmio economico tangibile.

– *Disallineamento tra dispositivi hardware/software e servizi offerti*
L'inserimento del livello di *vista globale* e di direzione dei sistemi VMM (Virtual Machine Monitor, descritti più avanti), tra la *vista logica* e la *vista fisica* delle piattaforme *hardware* consente di interagire con i diversi sistemi mantenendo inalterata l'autonomia degli stessi. Naturalmente molteplici sono i modelli di virtualizzazione che possono essere adottati per realizzare un ambiente virtualizzato. In funzione di questa importante peculiarità, è possibile effettuare

qualsiasi modifica e/o sostituzione dei dispositivi *hardware* con facilità e imme-
diatezza e senza compromettere la stabilità o la continuità dei servizi IT erogati.

- *Trasformazione e riconversione*
La virtualizzazione, grazie alla sua gestione logica globale, ma fisicamente separata tra i diversi sistemi informatici, consente di effettuare conversioni e/o trasformazione tra le macchine fisiche presenti in sistemi virtuali e viceversa. Inoltre
rende possibile la clonazione di piattaforme *hardware* per differenti scopi, per
esempio, per spostare una *Virtual Machine* da un sistema a un altro senza inter-
romperne l'esecuzione, per modificare la configurazione dei sistemi di storage senza influire sulla continuità del funzionamento dei sistemi interessati ecc.

- *Gestione automatica delle funzioni di backup, disaster recovery, archiviazione*
Tutte le azioni riconducibili alla salvaguardia dei dati e delle informazioni contenute nei sistemi informativi possono essere eseguite automaticamente senza alcuna interruzione dei servizi erogati. Inoltre, in funzione dell'evoluzione delle
tecnologie, è possibile modificare i sistemi *hardware* e *software* dedicati a queste
operazioni. Alcune funzioni, come per esempio il *disaster recovery*, risultano sem-
plificate e migliorate grazie alla virtualizzazione. Infatti effettuare il *restore* di
una macchina virtuale è più semplice e sicuro, e la sua riattivazione risulta più rapida. Anche per quanto concerne il backup, una macchina virtuale presenta molteplici vantaggi: il numero di file da copiare (proprio per le caratteristiche della
Virtual Machine) è molto minore, grazie al numero limitato di file presenti riconducibili a quelli del disco virtuale e ai file di configurazione.

- *Gestione isolata delle Virtual Machine*
Per *isolamento* si intende la capacità di ogni macchina virtuale di raggiungere livelli di separazione particolarmente elevati in funzione della tipologia di virtualizzazione adottata (virtualizzazione intesa secondo il modello standard delle
macchine virtuali o attraverso il modello della paravirtualizzazione).

- *Gestione del networking*
La virtualizzazione può essere applicata anche per la gestione delle complesse infrastrutture di rete. Grazie a moderni *software* di virtualizzazione, è possibile emulare segmenti di reti, funzioni di *switching* e *routing*. Pertanto, tutte le reti complesse
in cui insistono DMZ (*Demilitary Zone*) e reti di *network management* possono essere virtualizzate e integrate nelle VLAN reali, il che consente di virtualizzare interi *Data Center*.

- *Gestione del clustering*
La virtualizzazione è applicabile anche ai sistemi cluster (intendendosi per *cluster*
un insieme di computer connessi tramite una rete telematica). Virtualizzando i
server che faranno parte di un cluster, è possibile effettuare un bilanciamento del carico delle diverse macchine virtuali, nonché bilanciare il carico dei processi che gi-
rano all'interno di ogni singola *Virtual Machine*.

– *Gestione dello sviluppo e test dei sistemi*
Anche lo sviluppo e il *testing* dei sistemi possono essere gestiti e risolti agevolmente dalla virtualizzazione. In funzione della necessità, per alcuni ambienti, di sviluppare nuove procedure e testarle per brevi periodi, la virtualizzazione mette a disposizione la sua capacità di mettere a disposizione ambienti di test operativi in poco tempo (per esempio clonando una VM esistente) su cui effettuare tutte le prove necessarie in assoluta sicurezza e senza compromettere la funzionalità e l'efficienza dell'intero sistema.

– *Upgrading e scalabilità*
Esiste la possibilità di acquisire, sul mercato attuale, *Virtual Machine* "preconfigurate" (pronta consegna) che, oltre a comportare un sostanziale risparmio in termini di costi, consentono anche di eliminare il problema dei tempi di installazione e configurazione delle stesse.

Naturalmente i vantaggi dell'adozione di un modello di virtualizzazione non si esauriscono nei punti sopra elencati, ma si estendono ad ampio spettro su tutti i livelli di utilizzo dei servizi IT. Tali vantaggi sono apprezzabili soprattutto in funzione dell'evoluzione che l'infrastruttura IT subisce nel corso degli anni e dei benefici derivanti da una certa ottimizzazione dei costi di gestione dei servizi informatici.

Virtualizzazione: le origini

Il primo esempio di virtualizzazione è attribuibile alla IBM, che negli anni '60 realizzò il sistema di elaborazione VM/370 (originariamente denominato CP/CMS – *Control Program/Conversational Monitor System*). Il CP (l'equivalente del VMM) eseguito sulla macchina fisica, aveva il compito di creare semplicemente le interfacce della stessa limitando a questa funzione le sue capacità. Quindi, ogni interfaccia era una semplice replica della piattaforma *hardware*. Il *Conversational Monitor System* era il sistema operativo, monoutente, che veniva attivato su ogni singola *Virtual Machine*.

Il CP/CMS nasce dal lavoro prodotto presso il Centro Scientifico di IBM a Cambridge a metà degli anni '60, con lo scopo di creare un sistema time-sharing. Venne adottato nella versione VM/370, come diretto successore del progetto fallimentare del sistema time-sharing TSS/360, progettato e realizzato per il modello 67 del 360 che ben presto si rivelò inadeguato, costoso e, soprattutto, troppo complesso da gestire. L'idea che aveva portato alla realizzazione del CP/CMS si basava sulla necessità di ogni utente del sistema di poter utilizzare (tramite il CP) la pertinente *Virtual Machine* (munita della sua partizione sul disco della macchina fisica) e di gestire lo sviluppo dei programmi utilizzando il CMS. Questa architettura apriva nuovi scenari, in primo luogo per la semplicità di gestione rispetto a un tradizionale sistema *time-sharing*, dato che le risorse fisiche risultavano separate e ciò consentiva agli utenti di lavorare in completa autonomia e senza preoccuparsi della tipologia dell'*hardware* utilizzato. In aggiunta, tutto ciò risultava perfettamente trasparente all'utilizzatore della macchina virtuale, e poiché tutte le *Virtual Machine* era funzionalmente identiche da un punto di vista *hardware* alla macchina fisica, era possibile mandare in esecuzione su di esse qualsiasi tipo di sistema operativo compatibile con l'*hardware* stesso. Ciò consentiva di utilizzare su diverse macchine virtuali sistemi operativi diversi. Successivamente, il VM/370 fu implementato con nuove versioni utilizzate su macchine virtuali munite di sistemi operativi diversi come IBM OS/360 e DOS/360. Di particolare rilevanza si rivelò l'altissima affidabilità del sistema, dovuta al fatto che l'esecuzione separata delle macchine virtuali garantiva che un errore di un sistema operativo non generasse alcune effetto sull'esecuzione degli altri sistemi operativi. Era così garantita la funzionalità di ogni singola *Virtual Machine*: essa infatti operava in assoluta autonomia, essendo separata da tutte le altre. La diffusione e lo sviluppo di quest'architettura ha condotto, nel corso degli anni, alla progettazione di modelli che tendevano allo sviluppo del concetto di virtualizzazione e al miglioramento dell'efficienza delle piattaforme *hardware*.

Nei primi anni '70 furono sviluppati i primi sistemi operativi *multitasking*, e l'inaspettata velocità dell'evoluzione delle piattaforme *hardware* (e soprattutto dei microprocessori) portò a livelli impensabili di capacità e potenza di calcolo. I famosi *mainframe*, che avevano dominato nelle sale informatiche e nei CED delle diverse aziende e organizzazioni, cominciarono a cedere il posto ai minicomputer, dando inizio al paradigma "un server per ogni applicazione" che assunse il ruolo di un vero e proprio "credo" per tutti gli informatici per molti anni a venire. Questa filosofia provocò l'interruzione dello sviluppo dei VMM, determinando una sostanziale conclusione della progettazione di piattaforme *hardware* adeguate e sviluppate a tale scopo. Tuttavia, anche se apparentemente efficiente e funzionale, la filosofia "*a server for every application*", rimasta immutata per anni come una sacra verità, è stata messa in discussione a partire dai primi anni 2000. La proliferazione di server nei *Data Center*, la crescita inarrestabile dei costi riconducibili ai consumi energetici, la sottoutilizzazione dei minicomputer (spesso delegati a compiti o funzioni minimali se non addirittura inutili), il problema degli spazi delle sale server sempre ridotti a causa della crescita inarrestabile delle molteplici piattaforme *hardware* e, non ultimo, l'innalzamento dei costi del personale tecnico preposto alla gestione dei sistemi informatici hanno condotto aziende e responsabili IT a un'attenta riflessione sulla bontà della filosofia che avevano seguito fino a quel momento. Per effetto di queste considerazioni, in quegli anni l'attenzione dei responsabili IT delle aziende e, soprattutto, la ricerca dei *vendor IT*, tornò a focalizzarsi sullo sviluppo delle *Virtual Machine*, con l'obiettivo di consolidare tutti i server sottoutilizzati in un unico sistema informatico multifunzione.

Modelli di virtualizzazione

Come abbiamo visto, le tecnologie di virtualizzazione sono ormai da tempo utilizzate in diversi campi di applicazione, dai sistemi operativi complessi, ai linguaggi di programmazione, ai modelli architetturali dei microprocessori. Tuttavia la *mission* della virtualizzazione è quella di separare il funzionamento logico di una risorsa *hardware/software*, da quella fisica per aumentare l'efficienza, l'affidabilità, la sicurezza e soprattutto, l'economicità dei sistemi. La separazione tra le due entità (logica e fisica) si può realizzare in diversi modi. Solitamente la configurazione standard prevede la presenza di macchine virtuali (*Virtual Machine*) che, mediante una suite di istruzioni della macchina fisica accoppiate a una suite di istruzioni fornite dal sistema operativo (*system call*), si collegano alla macchina fisica per poter utilizzare le risorse disponibili (figura 1).

Naturalmente il sistema di elaborazione, nei casi più diffusi, è rappresentato da un insieme di macchine virtuali (presenti in funzione del numero dei processi attivi) ciascuna delle quali si collega alla macchina fisica mediante il proprio sistema operativo che utilizza delle *system call* (chiamate del sistema operativo). Esistono, tuttavia, diverse metodologie per la realizzazione di sistemi basati sull'utilizzo delle macchine virtuali. Una è quella in cui il livello di separazione dalla macchina fisica è rappresentato da un codice generato da un compilatore, che utilizza un linguaggio di tipo *High-Level Language* (HLL). Questo linguaggio si avvale di un codice molto simile alla scrittura umana (è un linguaggio definito anche *concettuale*). Non utilizza un codice binario e neanche esadecimale, ma si basa sull'utilizzo di parole chiave che vengono abbinate ad argomenti, metodi, funzioni.

Il linguaggio HLL viene utilizzato in maniera indipendente dalle istruzioni della macchina fisica e dallo stesso sistema operativo residente (ivi comprese le *system call*). Quindi ci troviamo di fronte a una *macchina virtuale a livello di linguaggio*. Il vantaggio di questo modello di *Virtual Machine* è quello di consentire la fruizione dello stesso codice su piattaforme *hardware* e *software* anche molto diverse tra loro. In sostanza, ogni macchina virtuale contiene un interprete dei comandi, e in alcuni casi anche un compilatore che, partendo dal linguaggio HLL, genera un codice che viene adoperato dalla macchina fisica utilizzata dalla *Virtual Machine*. Uno degli esempi più conosciuti di questa tipologia è la *Java Virtual Machine*.

Un altro esempio di modello di virtualizzazione fa riferimento all'impiego di una metodologia di separazione che si basa sul *Virtual Machine Monitor* (figura 2).

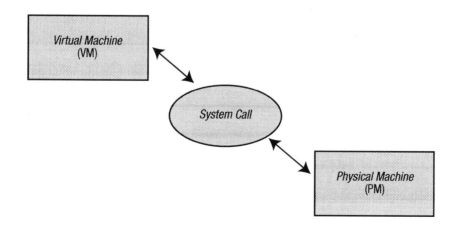

Fig. 1. Schema logico di un modello di virtualizzazione

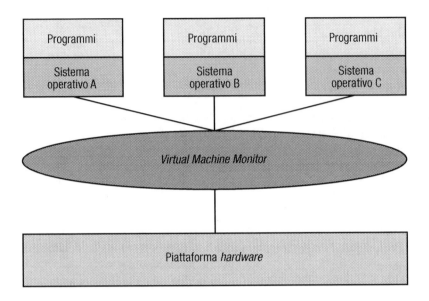

Fig. 2. Schema logico di un modello di virtualizzazione che implementa il *Virtual Machine Monitor*

Basandosi sempre sull'adozione del concetto di macchine virtuali, il sistema prevede la presenza di molteplici VM che assumono l'aspetto della macchina fisica (in grado quindi di utilizzare tutte le risorse disponibili del sistema reale), ma che
preservano tutta l'autonomia del sistema operativo che utilizzano singolarmente. Il
modello del *Virtual Machine Monitor* (VMM) consente quindi la condivisione da
parte di più macchine virtuali di una singola piattaforma *hardware* (macchina fisica).
Il *Virtual Machine Monitor*, quindi, consente di trasformare la singola interfaccia
della macchina fisica in *N* interfacce virtuali. Ogni macchina virtuale è, in sostanza,
una replica della macchina fisica e può disporre di tutte le istruzioni del processore
e delle relative risorse del sistema (memorie, dispositivi di input/output ecc.). Su
ogni VM è possibile eseguire un sistema operativo diverso.
Anche se esistono diverse metodologie per realizzare un VMM, l'obiettivo del sistema rimane quello di:

- consentire agli utenti la fruizione di un ambiente per le applicazioni sostanzialmente identico a quello della macchina reale;
- garantire la massima efficienza nella esecuzione e gestione delle applicazioni;
- consentire agli utenti un approccio semplice e immediato al suo utilizzo.

L'obiettivo primario è quello di garantire che ogni applicazione eseguita nella macchina virtuale produca lo stesso risultato che si otterrebbe se la si eseguisse direttamente sulla macchina reale. L'obiettivo secondario è quello di rendere tutto il
sistema semplice e trasparente all'utente. A tale scopo devono essere garantite la sta-

bilità e la sicurezza del sistema, riducendo al massimo la possibilità che si verifichino malfunzionamenti in grado di rendere inefficienti le VM. Al di là delle metodologie tecniche disponibili per realizzare un VMM, i modelli architetturali fruibili per costruirli sono: la *virtualizzazione completa* e la *paravirtualizzazione*.

La differenzia sostanziale tra le due metodologie risiede nelle regole che governano il dialogo tra la macchina virtuale e il VMM. Nel modello di virtualizzazione completa l'*hardware* virtuale della *Virtual Machine* è sostanzialmente identico a quello della macchina fisica. In questo modo è possibile installare nelle macchine virtuali sistemi operativi standard senza implicazioni di sorta. Nel modello di paravirtualizzazione, l'*hardware* virtuale esposto dal VMM è funzionalmente simile ma non identico a quello della sottostante macchina fisica. In sostanza il VMM, invece di emulare le periferiche *hardware* presenti, utilizza una libreria di *calls* (chiamate) identificate come *Virtual Hardware API* (Application Programming Interface) che rappresentano un'astrazione delle periferiche.

Che cosa ci riserva il futuro?

Per garantire la corretta gestione dell'infrastruttura IT e dei servizi generati, le aziende, nell'attuale *business scenery*, devono focalizzare la propria attenzione sulla flessibilità e l'economicità dei processi IT. Gran parte degli IT Manager delle aziende ritiene, a ragion veduta, che proprio la tecnologia IT possa consentire loro di restare flessibili e aggiornati nei prossimi anni grazie all'assunzione di una posizione di reale comprensione e gestione dei servizi tecnologici che rappresentano il fulcro centrale dell'ottimizzazione del business aziendale.

Attualmente, soprattutto nei *Data Center*, le applicazioni sono intimamente associate a sistemi operativi specifici, che a loro volta sono collegati a piattaforme *hardware* distinte e molto spesso personalizzate. Inoltre, la coesistenza di molteplici sistemi operativi nello stesso sistema di elaborazione risulta spesso ingestibile, così come scarsa è la possibilità che diverse applicazioni riescano a condividere il medesimo sistema operativo senza che ciò determini conflitti e malfunzionamenti di vario tipo. In funzione di ciò, in molte aziende si determina un situazione che vede la presenza di numerosi server utilizzati per una sola applicazione o attivati solo in determinate condizioni. L'acquisto o l'aggiornamento di nuove piattaforme *hardware* e *software* può spesso richiedere ingenti investimenti e lunghi tempi di installazione e messa in funzione dei dispositivi informatici, rallentando la funzionalità dell'intera infrastruttura IT. Come conseguenza, c'è il rischio che si possa verificare una crescita costosa e incontrollata di sistemi informatici (che magari saranno scarsamente utilizzati in futuro) che accresce, solitamente, il fenomeno dell'obsolescenza dei dispositivi *hardware*. La gestione di molteplici piattaforme *hardware* è costosa e assorbe molte risorse in termini sia di risorse finanziarie sia di risorse umane impiegate. Quindi la virtualizzazione può consentire di trasformare le attuali infrastrutture IT, tendenzialmente rigide e complesse, in *flexible technological structures* in grado di affrontare le evoluzioni tecnologiche che costantemente dominano il settore dell'Information Technology. Introducendo la virtualizzazione dei sistemi, l'infrastruttura IT si evolve dinamicamente per affrontare le nuove sfide dell'ICT, ottimizzando le proprie risorse e migliorando la qualità dei servizi offerti.

A questo punto è facile comprendere come la virtualizzazione possa consentire di realizzare infrastrutture IT flessibili ed efficienti per ottimizzare la gestione dei dati. Essendo ogni VM un *repository* (che contiene un sistema operativo con il relativo carico di lavoro applicativo) integrato, multifunzionale e autonomo, esso esercita le sue funzioni in modalità indipendente rispetto alle altre macchine virtuali, e soprattutto riguardo all'infrastruttura di rete esistente e agli altri dispositivi informatici presenti come gli *storage system* con i quali, però, interagisce funzionalmente. Le *Virtual Machine* possono condividere piattaforme *hardware* e *software* diverse, ma possono altresì migrare verso dispositivi informatici nuovi e tecnologicamente più performanti grazie alla continua disponibilità di sistemi sempre più moderni e innovativi. Pertanto gli IT Manager possono implementare nuove tecnologie senza il pericolo di affrontare problematiche riconducibili alla compatibilità o alla stabilità dei sistemi esistenti. Tutto ciò consente di elaborare piani di aggiornamento dell'infrastruttura IT con rischi minimi, garantendo il massimo soddisfacimento delle richieste e dei fabbisogni del business aziendale.

In conclusione, la virtualizzazione sta infrangendo la relazione "uno a uno" tra *l'hardware* e il *software*, definendo un nuovo scenario per quanto concerne l'utilizzo delle tecnologie informatiche nelle aziende.

In considerazione del fatto che i server presenti in molte aziende hanno tendenzialmente un tasso di utilizzo che va dal 10% al 15%, la virtualizzazione consente di sfruttare meglio tutta la potenza disponibile ed è quindi una tecnologia ideale per far funzionare i sistemi con notevoli risparmi di costi e senza incidere minimamente sulle prestazioni complessive.

In un prossimo futuro la virtualizzazione subirà uno sviluppo sostanziale che porterà la maggior parte delle aziende a ricorre a questa metodologia innovativa. Soprattutto negli ultimi anni, molti IT Manager hanno pianificato progetti a medio e lungo termine per adottare questo modello di gestione per migliorare l'intera infrastruttura informatica. Anche la recente crisi dei mercati internazionali ha indubbiamente contribuito, in maniera significativa, ad accrescere l'esigenza di nuovi e concreti modelli da adottare per ridurre i costi senza compromettere la qualità dei beni/servizi prodotti dalle aziende. L'infrastruttura IT, essendo la struttura nevralgica in qualsiasi organizzazione, è quella che maggiormente deve assumere il ruolo di *reference structure* per quanto concerne l'innovazione e il miglioramento dei processi.

Il 2008 è stato un anno importante, a livello mondiale, per lo sviluppo della *Server Consolidation*. Una delle applicazioni che ha risentito dei processi di innovazione e cambiamento è stata quella del *Disaster/Recovery*. Anche in questo caso, la virtualizzazione può essere adottata come soluzione per contrastare i rischi di collasso dei sistemi (*system crash*) riconducibili a possibili malfunzionamenti delle apparecchiature o, nella peggiore delle ipotesi, al verificarsi di disastri di vario genere. In tal senso l'utilizzo di *Virtual Machine* può consentire la fruizione di una serie di *utilities* come quella di rilevare lo stato delle singole macchine ospiti e quindi, se indispensabile, di riattivarne il funzionamento immediato in un'altra istanza del server fisico. Su larga scala (cioè in presenza di molti server), si possono effettuare operazioni di bilanciamento dei carichi per consentire di ottimizzare i tempi di risposta delle applicazioni e per garantire un corretto impiego delle risorse disponibili. Anche nel caso di sistemi distribuiti su scala geografica, si è in grado di gestire senza particolari problemi gli eventi di *Disaster/Recovery*.

Nei prossimi anni assisteremo a una sostanziale ridefinizione dei *Data Center*. Ci saranno molte meno piattaforme *hardware* attive (e ciò consentirà un considerevole risparmio in termini energetici e di inquinamento atmosferico), sarà ridotto il numero dei sistemi operativi presenti, e quindi anche l'acquisto delle relative licenze d'uso subirà una sostanziale riduzione. Di conseguenza, anche il personale IT preposto alla gestione dei server subirà una concreta modificazione. Un numero ridotto di piattaforme *hardware* da gestire comporterà un effettivo ridimensionamento del personale IT che precedentemente si occupava della gestione di un numero rilevante di sistemi. Tuttavia ciò non deve generare falsi allarmismi. Gli specialisti IT potranno assumere ruoli diversi e anche di maggior rilievo all'interno dell'infrastruttura IT, se comprenderanno che la formazione continua e quello che gli anglosassoni definiscono *change of specialized work* sono un principio fondamentale su cui basare il proprio futuro professionale. Per esempio, l'esperienza accumulata in anni di gestione tecnica di server diversi costituisce un elemento essenziale per assumere un ruolo di riferimento per quanto concerne la gestione dell'IT Governance o, per meglio intenderci, quel settore di studio che si interessa del management dei servizi informatici.

La virtualizzazione influirà considerevolmente anche sull'*Open Source*. È noto che gli ambienti Open Source sono da sempre stati quelli preferiti per l'implementazione di ambienti virtualizzati. Il motivo risiede nella naturale disponibilità dei *software* "aperti" a essere facilmente personalizzati in funzione di esigenze specifiche, e in tal senso, molto spesso la virtualizzazione richiede personalizzazioni estreme, soprattutto perché spesso occorre configurare i sistemi operativi ospitati in modo che risultino in grado di comunicare con la macchina fisica. In buona sostanza, il codice sorgente dei sistemi operativi ospiti deve essere pienamente fruibile, in modo da potervi modificare le chiamate effettuate all'*hardware*. Quindi i sistemi Open Source si prestano benissimo agli ambienti in cui si realizza la virtualizzazione, ciò nondimeno, va ricordato che, anche per i sistemi operativi di Microsoft, le nuove generazioni di processori dispongono di funzioni di virtualizzazione che consentono di supportare le esigenze dei modelli di virtualizzazione senza effettuare modifiche sul sistema operativo.

Alcune considerazioni finali sono d'obbligo. Al momento non esistono standard di riferimento per i sistemi di virtualizzazione, e la migrazione tra ambienti diversi, così come la definizione delle interazioni tra ambienti virtualizzati eterogenei, non adotta regole ben definite. Questa situazione è sicuramente attribuibile alla necessità dei *vendor* di cercare il più possibile di "legare" a se il proprio cliente. È noto che molti produttori di *hardware* propongono soluzioni di virtualizzazione capaci di supportare esclusivamente i propri ambienti, incoraggiando così le aziende ad acquistare i loro dispositivi. In tal caso è preferibile orientarsi su soluzioni proposte da fornitori particolarmente specializzati nel *software* di virtualizzazione e che definiscano dei vincoli per uno specifico produttore di *hardware*. Altra soluzione rimane quella di rivolgersi alla comunità Open Source, che tuttavia, al momento, non garantisce appieno l'affidabilità dei sistemi su larga scala o di sistemi particolari in cui è richiesta un'affidabilità estrema (*Mission Critical*).

6. Metodologie di elaborazione delle informazioni: *Mash-up* e *composite applications, Cloud Computing* e *Grid Computing*

Premessa

Da anni utilizziamo e smistiamo felicemente tutti i nostri dati (personali, di lavoro e di svago) all'interno del dispositivo tecnologico di maggiore gradimento e utilizzo del nostro secolo: il computer portatile. Ci siamo meravigliati della loro potenza, della sterminata capacità di contenimento dei dati, della possibilità di mostrare immagini, foto e filmati senza limiti di sorta. Anche il prezzo, inizialmente quasi proibitivo, è crollato nel giro di pochi anni, rendendolo un oggetto non più proibitivo e di grande utilità. Le uniche "pecche" di questo versatile dispositivo tecnologico, riconducibili al peso eccessivo e all'ingombro non indifferente, sono state risolte grazie all'imprevedibile progresso nel settore della miniaturizzazione dei componenti, che nel giro di pochissimi anni ha trasformato questo versatile strumento in un oggetto quasi "tascabile".

Tutte le più comuni e diverse esigenze sono state soddisfatte da questo strumento multimediale che avrebbe sicuramente fatto la gioia di poeti, scrittori, artisti e geni del secolo scorso. Tuttavia tutti gli sforzi per rendere questo dispositivo, leggero, scalabile, compatto, ergonomico e potente non sono bastati per placare l'eterna insoddisfazione dell'essere umano. Già, perché attualmente i manager, i professionisti e, non ultimi, i semplici studenti lamentano il problema del peso, dell'ingombro e dell'insufficiente autonomia delle batterie di alimentazione...

E non sono tanto comodi neanche i modernissimi, piccoli e leggeri notebook che attualmente imperversano nei negozi di prodotti tecnologici e nei megastore! Certamente un palmare o uno *smartphone* rappresentano quanto di meglio la tecnologia può offrire in termini di facilità di trasporto e di comodità, ma pagano un prezzo piuttosto elevato in termini di versatilità, completezza di applicazioni e praticità. Il problema esiste, e qualcuno ha iniziato a ipotizzare soluzioni e tecnologie che possano tentare di risolvere il problema.

L'evoluzione del web, soprattutto negli ultimi anni, ha consentito una trasformazione del modo di comunicare che potrebbe essere definita "epocale", non solo grazie all'evoluzione delle tecnologie informatiche, ma soprattutto in virtù di un nuovo approccio all'utilizzo e alla gestione delle stesse informazioni. Negli anni, abbiamo assistito all'evoluzione del Web 1.0, poi surclassato dal Web 2.0 che, rispetto alla versione precedente, ha permesso la fruizione di una molteplicità di applicazioni on-line che permettono una elevata interazione tra portale e utente. I blog o i siti come YouTube, Face Book, MySpace, GMail e altri ancora sono solo alcuni esempi di queste innovative realizzazioni a interazione evoluta. Contrariamente alla prima versione del web (Web 1.0), che consentiva la semplice navigazione di siti statici privi di qualsiasi interazione utente-portale, a eccezione della possibilità di gestire la posta elettronica e l'impiego dei motori di ricerca, con l'avvento del Web 2.0 c'è stata una vera rivoluzione in termini di utilizzo e fruizione di nuovi e più potenti applicativi. Nel Web 2.0, vengono utilizzate tecnologie di programmazione particolarmente performanti, come per esempio AJAX[1]. L'avvento del Web 3.0 ha consentito lo sviluppo dell'*e-commerce* in misura tale da consentire la sua trasformazione in ciò che viene oggi definito *Social Commerce*. Anche nel commercio elettronico, l'interazione tra utente e applicazioni consente attualmente una partecipazione maggiore del cliente nella gestione dei suoi acquisti, stabilendo un rapporto diretto con il suo fornitore o trasformandosi anch'esso in venditore di un prodotto o servizio.

Mash-up e *composite applications*

L'evoluzione della rete Internet è costellata di tecniche, metodologie, applicativi e linguaggi che, anche se spesso completamente trasparenti all'utente, rappresentano il "combustibile" necessario all'evoluzione delle nuove architetture del web. Esempio emblematico è il *mash-up*. Il termine *mash-up* può essere tradotto con "poltiglia" o "mescolanza", tuttavia in ambienti informatici assume un significato completamente diverso. *Wikipedia*, la più grande libera enciclopedia disponibile su Internet (www.wikipedia.org) lo definisce

> [...] un sito o un'applicazione web di tipo ibrido, cioè tale da includere dinamicamente informazioni o contenuti provenienti da più fonti.

In buona sostanza, il termine indica un'applicazione che utilizza il contenuto proveniente da fonti diverse per realizzare un servizio le cui tecniche e metodologie, pur essendo completamente trasparenti all'utente, garantiscono una fruizione delle informazioni semplice e nel contempo rapidissima.

Facciamo un esempio: l'utente si collega a Internet per acquisire informazioni su alcuni immobili presenti in una città. Per la ricerca utilizza il motore di ricerca di Google che, quasi istantaneamente, attiva la versione di Google Maps per visualizzare l'esatta ubicazione degli immobili di interesse. In realtà, questa metodologia di ricerca di informazioni, come nell'esempio indicato, si basa sull'attivazione e immediata fruizione di tutte le applicazioni in grado di estrapolare informazioni e da-

---

1. L'AJAX (*Asynchronous JavaScript and XML*) è uno strumento di sviluppo per la realizzazione di applicazioni web interattive. AJAX basa il suo funzionamento sullo scambio di dati in background tra il *client web* e il *server web* che permette l'aggiornamento dinamico di una pagina web senza esplicito ricaricamento da parte dell'utente. È uno strumento di tipo asincrono, che cioè permette di caricare in background dati extra richiesti al server senza interferire con il funzionamento della pagina esistente. Generalmente le funzioni richiamate sono scritte nel linguaggio JavaScript.

ti contenuti nei *feed web*[2]. Grazie all'utilizzo di *feed*, un utente è in grado di creare informazioni di qualsiasi genere e di visualizzarne i contenuti agevolmente (con l'aiuto di un apposito lettore), senza la necessità di modificare o integrare gli applicativi utilizzati. RSS (acronimo di *Really Simple Syndication*) è uno dei più diffusi formati per l'erogazione di informazioni sul web; è basato su XML[3], da cui ha ereditato la semplicità e una particolare flessibilità di utilizzo. La struttura RSS consente di raccogliere e gestire un insieme di notizie, ciascuna delle quali può essere composta da vari campi (nominativo, titolo, indirizzo, via, città ecc). La pubblicazione di notizie in formato RSS provoca l'aggiornamento continuo dei nuovi dati immessi; in funzione del formato predefinito, il contenitore informativo può essere letto e modificato da qualsiasi lettore RSS, garantendo sempre la perfetta accessibilità dei dati. Un'altra tipologia di *feed* molto utilizzata è Atom. Anch'esso basato su XML, viene impiegato per l'inserimento di contenuti web come i blog o i portali dei quotidiani. Diversi servizi di Google, come Gmail, usano questo formato per la pubblicazione delle informazioni. Non ultimo per importanza, anche JavaScript può essere annoverato tra i *feed* di maggiore diffusione. Sviluppato inizialmente da Netscape Communications, è stato successivamente implementato con una sintassi analoga a quella del linguaggio Java di Sun Micosystems. Attualmente è uno standard ISO.

Da alcuni anni i *mash-up* stanno stravolgendo lo sviluppo stesso del web, consentendo a tutti gli utenti della rete di prelevare, mischiare e combinare i dati e le informazioni di specifico interesse da tutti i motori di ricerca presenti in rete. I *mash-up* sono semplici da progettare e implementare, e richiedono all'utente solo minime conoscenze tecniche proprio grazie a questa peculiarità il loro utilizzo è cresciuto in maniera esponenziale. Inoltre il *mash-up* può impiegare contenuti e servizi da più sorgenti per crearne di nuovi e anche di natura diversa.

Pertanto i *mash-up server* consentono di:

- utilizzare, unire e creare servizi web in modo rapido e interattivo;
- convertire applicazioni Intranet/Internet in dati in formato-sorgente perfettamente riutilizzabili da applicativi diversi;
- rendere disponibili e fruibili applicazioni di tipo Web 1.0 alle tecniche di *mash-up*.

---

2. *Feed web* è una frame dati (unità di informazioni) appositamente formattata secondo uno specifico standard (ad esempio XML). Il vantaggio dell'utilizzo dei *feed* è rappresentato dalla facilità di estrapolazione e interscambio delle informazioni contenute in queste unità informative. Viene solitamente utilizzato per fornire ai fruitori contenuti che necessitano di frequenti aggiornamenti. Pertanto il contenuto dei *feed* è disponibile per tutti coloro che desiderano aggiornarlo. Il *feed* è un *software* che raccoglie contenuti in rete come titoli di notiziari, blog, podcast e all'interno di un unico contenitore per agevolare la lettura delle informazioni. Essi consentono una sostanziale riduzione del tempo necessario per gli aggiornamenti delle informazioni nel sito web ove sono ubicati, permettendo, nel contempo, di realizzare un singolo *repository* informativo.

3. XML (acronimo di *eXtensible Markup Language*) è un metalinguaggio di markup, ovvero un linguaggio marcatore che definisce una metodologia che permette di gestire il significato di altri linguaggi marcatori da usare sul web. L'acronimo indica la tipologia di linguaggio marcatore (*markup language*) estensibile (*eXtensible*) in quanto permette di creare tag personalizzati.

I *mash-up server* si dividono generalmente su tre livelli:

- *presentation mash-up*: è il livello in cui si verifica l'integrazione tra lo strato front-end e quello di applicazioni fruibili su web;
- *logic mash-up*: in questo livello si assiste all'integrazione di *Business Logic Components* o *Web Services* per realizzare una nuova visione del business;
- *data mash-up*: è il livello in cui vengono raccolti i dati da fonti diverse presenti su Internet per creare un contenitore unico fruibile come database centralizzato.

Cloud Computing: la massimizzazione dell'utilizzo della rete

Come sappiamo, le più diffuse applicazioni *software* a livello mondiale sono applicazioni web. Ciò ci porta a introdurre un nuovo concetto: il SaaA (*Software as a Service*). Con questo termine si identificano tutti gli applicativi in grado di interagire in rete e di scambiarsi dati e informazioni, indipendentemente dal formato o dalla tipologia di database utilizzato. Queste applicazioni risiedono su computer (server) diversi e vengono gestite da terzi pur conservando la maggiore delle peculiarità che li contraddistingue: la totale disponibilità e fruibilità da parte degli utenti della rete. Non a caso, queste applicazioni vengono definite disponibili *on the cloud*, espressione che potremmo tradurre testualmente "...nella nube", intendendo come nube la rete Internet.

Queste "nubi" tendono a costituire un'enorme logica piattaforma operativa integrata, e le applicazioni contenute nei rispettivi sistemi di elaborazione vengono viste come "servizi" della rete.

L'avvento del Web 2.0 ha introdotto un nuovo modo di utilizzare innovativi servizi e nuove metodologie di fruizione di applicazioni diverse in rete. Un numero sempre maggiore di aziende può oggi utilizzare applicazioni non più "residenti" sui propri sistemi informativi, ma gestite completamente sul web, riducendo in questo modo l'acquisto di *software* gestionali costosissimi o sviluppati e gestiti all'interno della propria organizzazione (con tutti i costi e le problematiche che spesso possono derivare da una gestione interna dei servizi IT). Da questa nuova concezione di come utilizzare le applicazioni presenti sulla rete nasce il paradigma del *Cloud Computing*. L'utilizzo delle "nuvole di computer" è un vero e proprio *futuristic method of application fruition*. La possibilità di servirsi di sistemi di elaborazione che lavorano insieme e con applicazioni distribuite, secondo una logica che vede un unico sistema informativo in grado di elaborare informazioni e di gestire operazioni complesse, rappresenta un vero balzo nel futuro della gestione dei dati. Inoltre, i sistemi coinvolti possono sostenere carichi di lavoro (elaborazioni in genere) rilevanti e in modalità dinamica, equilibrando la gestione dei processi in funzione delle effettive richieste che pervengono dai diversi utenti. Quindi, il *Cloud Computing* è sostanzialmente un modello eterogeneo di sfruttamento di risorse diverse offerte dalla rete Internet, che supera persino il vecchio concetto di architettura client/server che per anni è stata la maggiore delle peculiarità della rete delle reti (figura 1).

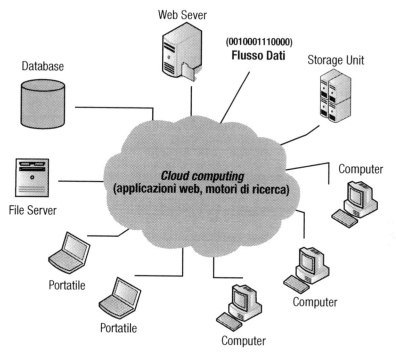

Fig. 1. Modello di *Cloud Computing*

Il fondamento di questa metodologia è l'assunzione di una nuova architettura che vede i servizi *hardware* e le funzionalità delle moderne applicazioni *software* risiedere su server web in una sorta di gigantesca "nuvola di sistemi" in grado di accentrare le informazioni più diverse. Non è più determinante conoscere l'esatta ubicazione delle informazioni richieste, ovvero la tipologia dei sistemi utilizzati o delle procedure in grado di estrapolare i dati richiesti. La nuvola esiste e si muove in funzione di meccanismi sconosciuti e poco rilevanti ai fini della fruizione dei dati da parte dell'utente... Quindi lo scenario è quello dell'utente che, mediante un dispositivo (che potrebbe essere un portatile, un palmare, uno *smartphone*), accede, tramite un qualunque browser di navigazione, a Internet utilizzando servizi e/o dati in funzione delle proprie specifiche esigenze. Inoltre i servizi richiesti possono essere personalizzati in base alle esigenze dell'utente. Ne segue che il fruitore è l'artefice del suo stesso percorso di ricerca, che trasforma in un concentrato di funzionalità derivanti dalla sommatoria di singoli servizi fruibili in rete. Questa nuova metodologia di navigazione nelle informazioni consente anche di muovere i dati dal proprio computer (o dispositivo analogo) all'interno della nuvola stessa, che funge da *repository* globale. Il vantaggio è rappresentato dalla continua disponibilità dei dati (delocalizzazione delle risorse), indipendentemente dalla loro collocazione geografica o temporale.

Attualmente il *Cloud Computing* consente di utilizzare sul web soprattutto applicazioni in grado di offrire servizi per la gestione di archivi foto e video, posta elettronica, agenda elettronica, testi e documenti condivisi, mappe geografiche, virtual community ecc. È indubbio però che già da qualche tempo si parla di *integration among computer and web*. Gli stessi sostenitori dell'*open distributed computing* asseriscono che non è lontano il momento in cui i *software* applicativi risiederanno sulla rete e non più sui singoli personal computer. L'attuale forza del *Cloud Computing* risiede soprattutto nell'attuale livello di sviluppo delle reti, nonché dei linguaggi di interscambio di informazioni su Internet. Tra essi, quello che ha fornito un rilevante contributo allo sviluppo di questa metodologia è il linguaggio XML (*eXtende Markup Language*). Utilizzato come se fosse un protocollo per l'interscambio di informazioni tra applicazioni diverse, ha consentito di realizzare una molteplicità di servizi web fruibili in rete da applicativi diversi. Essendo un metalinguaggio descrittivo, conserva tutte le peculiarità dell'architettura in grado di definire mediante un meccanismo sintattico di controllare e di gestire il significato di altri linguaggi marcatori. In sintesi, consente a computer diversi, che parlano linguaggi differenti e operano in modalità differenti, di scambiarsi informazioni e capirsi. L'XML è anche un sistema di scrittura dei dati che, in specifici database (*Native XML Database*), consente di memorizzare informazioni che provengono da fonti non strutturate. L'XML è anche una modalità di scrittura dei dati in particolari tipi di database che si chiamano NXD (*Native XML Database*) e che permettono un immagazzinamento delle informazioni in modo da facilitare la ricerca dei dati in rete.

Sono molti i *player* che negli ultimi mesi hanno accettato questa nuova sfida tecnologica, interpretando, ognuno a modo suo, questa innovativa filosofia di fruizione delle informazioni in rete. Un esempio tra tutti: i motori di ricerca. Google, Yahoo e Altavista utilizzano queste potenti applicazioni per la ricerca in rete. Il motore di Google (Google Search Engine) lavora su una piattaforma di *Cloud Computing* che si basa su un sistema multipiattaforma dove, in parallelo, molti computer elaborano enormi quantità di informazioni basandosi su di uno strato di *software* su cui vengono eseguiti migliaia di programmi (*MapReduce*). Questo è uno dei servizi offerti dalla casa di Mountain View, e rappresenta una delle maggiori realizzazioni di *Cloud Computing* – su cui, peraltro, l'azienda statunitense punta enormemente, soprattutto per quanto concerne l'offerta di nuovi e innovativi servizi nei prossimi decenni. Non a caso è stato definito da Google "un progetto strategico" per il settore IT. L'interesse dell'azienda per le applicazioni di tipo *cloud* si evince da prodotti particolari messi in rete, come Google Libri (http://books.google.it/). Complesso e articolato nella sua struttura, questo servizio si propone di effettuare ricerche e promozioni, ad ampio spettro, su libri di qualsiasi genere. Ma potrebbe anche essere utilizzato come mezzo per pubblicizzare alcuni testi o consigliarne altri... Di particolare interesse è anche Google Notebook, rintracciabile mediante la digitazione delle parole *google notebook* sul motore omonimo. Una funzione interessante, oltre all'integrabilità nel browser utilizzato, e che possiede una particolare propensione a integrarsi con gli altri servizi online di Google. Nato da una cooperazione di utenti diversi della rete, e perciò perfettamente condivisibile.

Anche Yahoo, grazie alla piattaforma Apache Hadoop, ha presentato Search Webmap, che si basa sull'utilizzo di un *cloud* di circa 10.000 CPU. La stessa IBM ha lanciato sul mercato Blue Cloud, ma anche Dell, HP e Oracle stanno sviluppando sistemi di *Cloud Computing* sempre più avanzati e versatili che stravolgeranno, in futuro, il mercato dei sistemi e la stessa metodologia di utilizzo dei servizi Internet.

Persino Microsoft offre attualmente servizi innovativi che estendono, in maniera rilevante, le potenzialità del proprio sistema operativo. Non a caso, soprattutto con Windows Vista è cresciuta l'interazione con il web. Di sicuro, tra gli obiettivi della casa di Redmond c'è quello di far migrare le proprie applicazioni e i sistemi operativi stessi su Internet, agevolando quindi la fruizione di applicativi e sistemi operativi in modalità completamente online. *Software* di gestione dei dati in rete, *data storage* fruibili sul web, applicazioni in grado di sincronizzare cartelle e file tra computer diversi: insomma, tutto lascia presagire che Microsoft si stia preparando al definitivo passaggio "sulle nuvole delle reti"!

Quella che viene definita *cloud industry* si sta muovendo rapidamente anche in funzione della crisi mondiale che sta riducendo in maniera preoccupante le vendite dei sistemi di elaborazione, provocando una nuova crisi nel settore ICT. Naturalmente, uno dei punti di forza del *Cloud Computing* risiede nella convenienza economica dell'utilizzo di sistemi "terzi", che consentirebbe di ridurre i costi di gestione delle infrastrutture IT delle aziende.

Nonostante i possibili vantaggi derivanti dall'applicazione di questa tecnologia, il *Cloud Computing* induce a un'attenta riflessione sulle azioni delle applicazioni disponibili in Internet.

Un articolo pubblicato nel febbraio 2008 su Forbes da Lee Tien, *privacy analyst* di EFF (*Electronic Frontier Foundation*), pone la questione dei cosiddetti "lati oscuri" della tecnologia. Nell'articolo si parla dei rischi riconducibili alla perdita di controllo sui dati sensibili da parte di coloro che, affidandosi a queste tecnologie, li metterebbero a disposizione di strutture terze. Inoltre, nell'articolo si cita il caso di una nota azienda statunitense cui sono stati rubati, per via telematica, i numeri di quasi 46 milioni di carte di credito. Si cita inoltre anche il caso del governo britannico, che nel 2007, a causa della perdita di due compact disk contenenti informazioni sensibili su 25 milioni di suoi contribuenti, innescò nel Paese uno scandalo di proporzioni rilevanti. L'articolo si conclude con una considerazione sulla necessità di affidarsi a sistemi di crittografia per cifrare i dati trasmessi sulla rete per eliminare (o perlomeno ridurre drasticamente) i rischi di perdita di controllo sui dati. Il problema privacy esiste, ma viene percepito, nella sua drammaticità e il più delle volte, solo nel momento in cui si ha notizia di fughe o manomissioni clamorose di dati sensibili.

La filosofia che sta alla base del *Cloud* e che tende a trasportare i dati contenuti nei propri hard disk sulla rete Internet, comporta una serie di rischi derivanti dall'assoluta mancanza di garanzie sull'integrità e la conservazione dei dati stessi. Oltre ai casi sopra citati, sono numerosi gli eventi di violazione della privacy e di sottrazione di informazioni sensibili dai database, eventi che hanno conquistato la ribalta delle cronache a livello mondiale.

Tuttavia, oltre che sui problemi riconducibili alla sicurezza e all'integrità dei dati, bisognerebbe focalizzare l'attenzione su di una considerazione di particolare importanza: la concentrazione dei servizi di *Cloud Computing*, affidati a poche aziende del settore (IT *vendor*). Non vi è dubbio che questa tecnologia impone l'utilizzo del web come risorsa e strumento di concentrazione di enormi quantità di informazioni. È altresì vero che i dati in questione sarebbero "gestiti" da aziende che operano nel settore IT e che basano la loro attuale predominanza nel mercato, sulla diffusione capillare delle proprie piattaforme e dei propri applicativi utilizzati per la fruizione delle informazioni in rete. Pertanto, la scelta di affidarsi al web e agli IT *player* per la conservazione e gestione delle proprie informazioni potrebbe configurare uno scenario di particolare rischio per quanto concerne l'integrità e conservazione delle informazioni. Non vi è dubbio che i database, in genere, siano definiti i nuovi "tesori" del terzo millennio, e che abbiano assunto un valore enorme, a seconda della tipologia dei dati conservati. Inoltre il valore di queste informazioni può subire "quotazioni" diverse a seconda non solo della varietà dei dati conservati, ma anche del momento storico o del contesto politico a cui ci si riferisce.

In conclusione, se effettivamente queste tecnologie riusciranno a imporsi sul mercato, gli utenti della rete svilupperanno automaticamente una mole impressionante di informazioni di ogni genere, fruibili nelle diverse "nuvole" del web, e i gestori si troveranno ad assumere il ruolo di unici depositari di oceaniche quantità di dati, cosa che potrebbe costituire un pericoloso strumento di morte per la privacy di ogni essere umano. Potrebbe essere giunto il momento della nascita di un vero Grande Fratello in grado di scrutare, memorizzare e selezionare tutte le nostre informazioni, ivi comprese quelle più riservate?

Mi torna in mente un libro di fantascienza in cui si descrive una società evoluta e tecnologicamente avanzatissima in cui si attua un progetto di collegamento di tutti i computer esistenti a livello planetario. Nel momento in cui alla rete globale viene collegato l'ultimo sistema, al sistema centrale che governa tutti i computer viene posta una domanda. La domanda è: "Dio esiste?" E il sistema centrale risponde: "Adesso sì!".

Grid Computing: la nuova frontiera del calcolo parallelo

Nel settore dello sviluppo delle architetture a calcolo parallelo, il *Grid Computing* incarna perfettamente la connotazione di una delle nuove sfide del terzo millennio. I progetti dedicati allo sviluppo di questa tecnologia e la ricerca effettuata dalle più note aziende leader del settore testimoniano il grande interesse che si sta diffondendo a livello mondiale. Il termine *Grid Computing* (che può essere tradotto "calcolo a griglia") indica sostanzialmente il paradigma del calcolo distribuito, che si basa sulla realizzazione di una infrastruttura fortemente decentralizzata, in grado di consentire la fruizione, a un enorme numero di utenti, di risorse di calcolo e memorizzazione (utilizzo di CPU e di unità di *storage*). Queste risorse vengono messe a disposizione da un numero costistente e variegato di elaboratori elettronici, collegati in rete e non necessariamente a Internet. L'idea iniziale, risalente alla prima metà degli anni '90, della "griglia" di computer è certamente da attribuire all'intenzione dei ricercatori di realizzare una sorta di "rete di risorse di calcolo" in grado di erogare dispositivi di elaborazione (microprocessori) fruibili per elaborazioni di natura diversa. L'idea di fondo era quella di realizzare una sorta di servizio pubblico (per certi versi analogo a quello della fornitura di energia elettrica) che fornisse potenza di calcolo semplicemente collegandosi a una presa di rete...

L'idea delle griglie di calcolo nasce sostanzialmente per risolvere i problemi derivanti dai calcoli richiesti per risolvere problemi computazionali in ambito scientifico (soprattutto nel settore della Fisica delle alte energie) ingegneristico. Tuttavia nel corso degli anni essa si è estesa anche nei settori della Biologia, dell'Astronomia, delle Scienze aerospaziali e anche della Geologia. Sin dalle prime sperimentazioni su macchine parallele virtuali, realizzate su reti locali sino a giungere a concezioni particolarmente avanzate come la potenza di calcolo erogata a richiesta, si è compreso che uno dei punti critici era rappresentato dall'integrazione dinamica di dispositivi sviluppati indipendentemente e muniti di *hardware* e *software* molto diversi tra loro. Pertanto l'elemento cruciale era la necessità di superare il problema dell'eterogeneità, sia a livello *hardware* sia a livello *software*, al fine di fornire un'immagine integrata del sistema.

Da un punto di vista tecnico, una *grid*, grazie alla presenza di molteplici piattaforme *hardware* particolarmente potenti e scalabili e solitamente munite di più processori, è in grado di erogare capacità di calcolo e memoria a tutti gli utenti che intendano usufruirne, senza limiti geografici o istituzionali. L'accesso alle risorse di calcolo condivise è coordinato e controllato da un sistema distribuito e offre all'utente la visibilità di un unico sistema di calcolo centrale. Pertanto l'effettiva struttura del sistema risulta completamente trasparente all'utente, per il quale è come sottoporre le proprie richieste di lavoro a un unico sistema di calcolo logico. Una delle motivazioni che hanno condotto studiosi e ricercatori all'ideazione di un sistema di calcolo condiviso risiede anche nella constatazione che in media l'utilizzo delle risorse informatiche di una organizzazione è prossimo al 5% della reale potenza disponibile. Pertanto l'idea di predisporre un'architettura, fruibile solo in caso di effettiva necessità e solo per le reali esigenze di potenza di calcolo richiesta, consentirebbe alle organizzazioni di ottenere risparmi notevoli e/o una riduzione dei costi riconducibili all'infrastruttura IT presente al proprio interno.

I maggiori player dell'IT hanno già da tempo cominciato a interessarsi al fenomeno, collaborando ai principali progetti di tipo *Grid World Wide* o sviluppando propri progetti con l'obiettivo di realizzare soluzioni indirizzate al mondo del commercio e dell'impresa. I benefici che le aziende potrebbero ottenere da questa tecnologia sono facilmente immaginabili. Prendiamo il caso di una società multinazionale con una molteplicità di sedi ubicate in continenti diversi. Ogni sede detiene un'infrastruttura IT in grado di soddisfare le più diverse esigenze di calcolo sia le piccole necessità di elaborazione sia quelle che richiedono la massima disponibilità di risorse informatiche, in modo da coprire anche i picchi di richiesta che possono pervenire dalle differenti strutture interne. La ridondanza di sistemi analoghi, in altre sedi, può comportare un serio aggravio in termini di costi IT.

Una struttura *Grid* in grado di soddisfare tutte le richieste di elaborazione (comprese le situazioni di picco) con potenza computazionale proveniente da tutte le sedi della società consentirebbe di dimensionare in modo più consono alle reali necessità dell'azienda il parco macchine delle varie sedi, ottimizzando pertanto i costi IT dell'intera organizzazione. Inoltre, lo stesso meccanismo di raccolta della potenza di calcolo sull'intero insieme delle risorse di calcolo della società consentirebbe di strutturare un supercalcolatore disponibile dinamicamente nel momento del bisogno (figura 2).

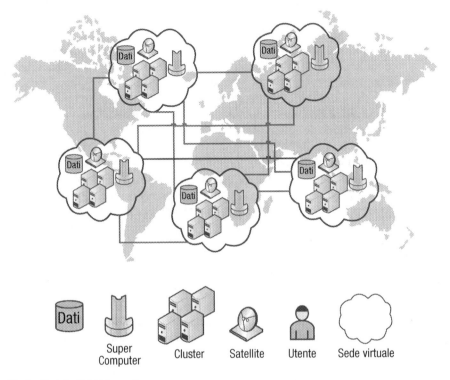

| Dati | Super Computer | Cluster | Satellite | Utente | Sede virtuale |

Fig. 2. Modello di *Grid Computing*

Tipologie di *Grid Computing*

Come abbiamo visto, le *Grid* sono costituite da ambienti logici in cui applicazioni specifiche consentono di integrare risorse di vario genere, ma soprattutto di calcolo pur appartenendo a domini distribuiti a livello geografico in sedi diverse. Pertanto la maggiore delle peculiarità del *Grid* è rappresentata dalla condivisione di risorse in rete senza che l'utilizzatore abbia alcuna visione della posizione della risorsa. Esistono molteplici tipologie di *Grid*, che variano in funzione delle diverse applicazioni utilizzate e delle modalità di fruizione, e che possiamo così riassumere:

- *Computational Grid* (Grid Computazionali);
- *Data Grid* (Grid Dati);
- *Applications and Services Grid* (Grid di Applicazioni e Servizi);
- *Instrumentation Grid* (Grid di Strumentazione);
- *Sensors Grid* (Grid di Sensori).

Computational Grid

La *Grid* computazionale, la tipologia più comune, si basa sull'associazione di molteplici risorse di calcolo che provengono da domini differenti. L'aggregazione delle risorse ha l'obiettivo di creare una potenza di calcolo di tipo *on-demand,* in modo da poter garantire la disponibilità di piattaforme *hardware* imponenti (per le prestazioni erogabili) e la totale estraneità, all'utente, della collocazione geografica dei dispositivi informatici utilizzati. Le *Grid* computazionali, rappresentano la punta di diamante di questa tecnologia, in quanto il loro sviluppo potrebbe rivoluzionare enormemente lo scenario delle organizzazioni e delle infrastrutture IT di cui esse dispongono.

Data Grid

Spesso i *Data Grid* vengono confusi con i server web. Anche se la loro *mission* è quella di contenere enormi quantità di dati, differiscono dai server web per la tipologia di funzionamento. Nei sistemi web classici le informazioni conservano il loro formato e non vi sono meccanismi di standardizzazione dei significati associati alle informazioni. Nei *Data Grid* le informazioni e i dati vengono accoppiati con specifici strumenti in grado di correlare le informazioni in modo da consentirne una immediata e rapida consultazione ed estrapolazione. In alcuni paesi europei i *Data Grid* sono stati implementati in settori particolari (alcune sperimentazioni sono state effettuate nel settore della Sanità) e i riscontri sono stati particolarmente soddisfacenti per la rapidità di accesso alle informazioni e soprattutto per la possibilità di accoppiare database dissimili e ubicati in domini diversi ma riconducibili allo stesso ambito di interesse. Nel settore sanitario, per esempio, il valore di uno strumento simile si evince dalla possibilità di ottenere un quadro clinico completo di un paziente che consenta di esaminare, comparare e correlare le informazioni disponibili in modo da poter giungere a una decisione sul trattamento più idoneo.

Applications and Services Grid

È forse la tipologia di *Grid* di maggiore complessità, ma di altrettanto interesse e che potrebbe ottenere, proprio in funzione della sua articolazione, un grande successo nel prossimo futuro. Le *Applications and Service Grid*, oltre a utilizzare una visione particolare della rete Internet, che si evince dalla modalità di impiego "a noleggio" (a intervalli temporali) di applicazioni su diversi server remoti, è anche in grado di accorpare componenti di applicativi diversi per produrre applicazioni nuove e personalizzate. Un esempio potrebbe essere quello della costruzione di un velivolo. Le persone, le strutture, le competenze e anche le aziende coinvolte nella realizzazione di un aereo possono essere molteplici. Normalmente ogni singolo attore del processo produttivo ha una visione limitata e circoscritta delle problematiche e degli eventi che caratterizzano il ciclo di produzione. In uno scenario come questo, risulta evidente la perdita di una visione olistica del prodotto finale, che potrebbe produrre conseguenze indesiderate o inefficienze nella realizzazione del prodotto finito. L'utilizzo di una *Grid* orientata alle applicazioni e ai servizi consente a ciascun attore del processo produttivo di: preservare il controllo continuo sul proprio lavoro e sulle eventuali problematicità derivanti dall'intero processo; verificare tutte le fasi di realizzazione del prodotto monitorando le eventuali anomalie o modificazioni della produzione; effettuare un coordinamento continuo e costante con tutti gli attori del processo produttivo. In un caso come questo, risulta evidente anche l'accoppiamento tra una *Grid* di applicazioni e servizi con la *Grid* computazionale. La necessità di utilizzare corpose risorse di calcolo per eseguire le diverse applicazioni *software* specifiche, è evidente, tanto quanto quella di poter usufruire di dati e informazioni provenienti da sorgenti diverse e ubicate in contesti differenti.

Instrumentation Grid

Anche questa tipologia di *Grid* si presta a notevoli sviluppi e implementazioni. È una *Grid* che si basa sull'utilizzo degli strumenti, intesi come elementi di gestione di servizi o dati. Un esempio potrebbe essere la possibilità di assumere la gestione di apparati di controllo e monitoraggio di reti di organizzazioni diverse (Network Management), ovvero il controllo e la gestione di applicativi utilizzati per la didattica, selezionando e accentrando contenuti didattici multimediali di università diverse per produrre percorsi formativi personalizzati in funzione delle esigenze di studenti che afferiscono a facoltà diverse, pur condividendo aree e tematiche di studio.

Sensors Grid

Concepite per ambiti militari, le *Grid* di sensori si stanno diffondendo enormemente in tutti i settori della Difesa di diversi paesi. La possibilità, per le Forze armate, di interagire il più possibile con le diverse forze sul campo di battaglia (Esercito, Aeronautica, Marina) rappresenta l'obiettivo maggiormente perseguito da parte di tutti i comandi militari. A tal fine sono stati sviluppati sistemi di controllo, comando e direzione delle operazioni terrestri, aeree e navali che consentono, proprio grazie a una *Grid* di sensori, di controllare tutte le fasi e le operazioni di una missione militare. Pur essendo avvolte dal segreto, queste implementazioni sono state sperimentate nei più recenti conflitti nel Medio Oriente e nella penisola arabica.

Come abbiamo visto, il *Grid Computing* ha l'obiettivo di condividere un numero molto elevato di risorse di calcolo e di *storage*, che oltre a essere distribuite su larga scala, appartengono a differenti domini e sono caratterizzate da un consistente grado di dinamicità. La maggiore caratteristica della *Grid* risiede nella specificità del modello: la possibilità che diverse persone, con diversi gradi di priorità, desiderino condividere tutte le risorse comuni per eseguire applicazioni complesse richieste per soddisfare esigenze individuali. Pertanto le architetture di tipo *Grid* sono pensate per gestire molteplici ambienti virtuali che possono interagire tra loro con differenti privilegi e politiche di accesso verso le risorse condivise, contrariamente a quanto accade nei tradizionali sistemi distribuiti. Tuttavia questa tecnologia non è esente da problematiche.

Una di esse è rappresentata dall'irrisolto problema di garantire un livello di qualità del servizio adeguata in presenza di risorse che non solo sono eterogenee, ma la cui disponibilità può cambiare nel tempo.

Considerando che le risorse disponibili provengono da strutture diverse e geograficamente ubicate in posti diversi, la possibilità che esse mutino nel tempo e nello spazio costituisce un serio problema per l'effettiva disponibilità delle stesse. Pertanto è praticamente impossibile garantire la costante fruizione di risorse di calcolo, in mancanza di una quantificazione minima e massima delle risorse in campo. Inoltre tutti i cambiamenti dovrebbero essere noti ai fruitori della rete per consentire loro di aggiornare la configurazione di riferimento del modello *Grid* in uso.

Altro problema di particolare importanza è quello della sicurezza del *Grid Computing*. Come sappiamo, un sistema *Grid* si basa su un livello elevato di ambienti virtualizzati in grado di gestire l'accesso alle risorse disponibili. Pertanto l'utente che accede al sistema *Grid* non ha la perfetta conoscenza delle singole risorse in campo e delle policy che ne regolamentano la fruizione, e anche l'accesso non si verifica mediante un semplice processo di autenticazione a un sistema specifico (login). Questa metodologia solleva una molteplicità di interrogativi sulla sicurezza dell'accesso ai sistemi disponibili. I lavori dell'utente vengono sottomessi alla *Grid* delle risorse fisiche, le quali dispongono un processo di virtualizzazione mappando l'utente su di un account locale che eseguirà le applicazioni richieste. Questa metodologia di "trasporto" delle richieste dell'utente su una molteplicità di risorse deve essere costantemente monitorata per impedire che si possano verificare accessi non autorizzati o che, nella peggiore delle ipotesi, si possa utilizzare questo sistema di trasmissione di richieste per veicolare *software* di tipo *malware* in grado di danneggiare l'intera infrastruttura della *Grid*.

Nonostante vi siano delle "zone d'ombra" ancora da risolvere, il *Grid Computing* può effettivamente rappresentare un "salto generazionale" per quanto concerne le metodologie di reale razionalizzazione delle risorse di calcolo a livello mondiale. Inoltre esso si sposa perfettamente con le nuove indicazioni che, a livello planetario, hanno come obiettivo il risparmio energetico. Esempi non mancano: si pensi al progetto EGEE del CERN di Ginevra, che rappresenta la più importante *Grid* europea e che è stato sviluppato da un team italo-ceco, a cui partecipa anche l'INFN (Istituto Nazionale di Fisica Nucleare).

Un fenomeno da evidenziare è anche la nascita, accanto alle grandi *Grid* realizzate nel mondo, di numerose implementazioni su scala locale o metropolitana di sistemi distribuiti che mantengono le caratteristiche di una *Grid*. Questi sistemi, noti con i termini di *Local Area Grid* (LAG) e *Metropolitan Area Grid* (MAG) nascono con l'impostazione tipica di una *Grid*, ma hanno un collocazione geografica maggiormente circoscritta (solitamente centri urbani o strutture collegate tra loro). Inoltre l'esigenza di coordinare le *Grid* nazionali e internazionali lascia presupporre la futura costituzione di un *World Wide Grid*, per fare in modo che si possa realizzare un collegamento in rete di tutte le *Grid* interconnesse alla rete Internet. L'organismo preposto allo sviluppo di omogeneità e degli standard dei protocolli usati dalle *Grid* è il *Global Grid Forum*, che ha creato gli standard OGSA (*Open Grid Services Architecture*). Nel 2004 è stato emanato anche il WSRF (*Web Services Resource Framework*), che è un insieme di specifiche per aiutare i programmatori a scrivere applicazioni in grado di accedere alle risorse di calcolo e di *storage*.

Che cosa ci riserva il futuro?

Le applicazioni intelligenti in grado di collegare procedure e dati diversi vengono utilizzate in rete già da alcuni anni. Le utilizziamo senza rendercene conto, e ci consentono di estrapolare, raffinare e combinare informazioni a nostro piacimento per le esigenze più diverse. Il *Cloud Computing* sta focalizzando la sua attenzione sull'outsourcing dei servizi IT, mediante la rete Internet. Uno studio condotto da Gartner prevede che questa tecnologia assumerà il ruolo di uno standard, soprattutto nelle grandi aziende, per consentire di realizzare reti *cloud* private, fortemente automatizzate, nelle quali tutte le risorse possano essere gestite da un unico punto e assegnate ad applicazioni o servizi diversi. La rete *Grid* del CERN di Ginevra, creata per smistare i dati dal *Large Hadron Collider* (LHC), funziona a pieno regime. L'infrastruttura infatti è già operativa a supporto di progetti innovativi in altri campi, quali la ricerca e lo sviluppo di nuovi farmaci salvavita e l'analisi approfondita delle cause dei cambiamenti climatici in corso.

Durante un'intervista rilasciata a fine 2008, Ian Bird, *Project Leader* della LHC Computing Grid, ha asserito:

> Le simulazioni che si possono fare su questa rete non erano possibili in precedenza: stiamo sperimentando giorno per giorno le nuove forme di collaborazione che essa permette, superando la visione a compartimenti stagni che ha sempre limitato la condivisione dei dati scientifici.

Anche il direttore del Dipartimento IT del CERN, Wolfgang Von Ruden, ha affermato che la *Grid* avrà applicazioni di scala molto più ampia rispetto agli esperimenti di fisica delle particelle, molto importanti ma comprensibili soltanto a una ristretta cerchia di specialisti:

> Influirà sulla vita di tutti, anche se indirettamente: per l'uomo comune avrà un impatto paragonabile a quello del World Wide Web, che peraltro è nato qui al CERN vent'anni fa. Per esempio, si potrà analizzare una TAC direttamente presso il medico di base, ma le applicazioni più interessanti sono inimmaginabili adesso, proprio come 20 anni fa era impossibile pensare a che cosa sarebbe servito il WWW.

Tanto per fornire qualche dato in grado di rendere un'idea delle dimensioni del *Grid* del CERN, sappiamo che l'LHC è una struttura a strati, i cui dati provenienti dal Collider (che ogni anno genererà 15 petabyte, ossia 15 milioni di gigabyte) saranno archiviati localmente al CERN su nastro, e quindi verranno selezionati e smistati a 11 centri geograficamente distribuiti in continenti diversi: sette in Europa, tre in Nord America e uno a Taipei. In un recente test il sito del Brookhaven National Laboratory di New York ha ricevuto dati dal CERN a una velocità di 800 M al secondo, ma si prevede che nel 2010 la *Grid* assicurerà velocità di 1,5 G/s. Insomma, in funzione della sua architettura la *Grid* non ha limiti: essendo un sistema distribuito, potrà crescere senza alcun tipo di vincolo.

Tutto ciò lascia intravedere uno scenario del tutto nuovo sia per lo sviluppo della rete Internet sia per le applicazioni che in futuro saranno utilizzate su di essa. La rete delle reti cambierà ancora, e sarà ancora una volta una mutazione stravolgente. Ci apprestiamo a fare un nuovo passo verso una moderna forma di fruizione e gestione delle diverse risorse presenti in rete. Il cambiamento interesserà le piattaforme *hardware*, le applicazioni intelligenti e le stesse strutture dei dati, che saranno sempre più "open" e manipolabili. Quindi, tutto ciò implicherà un nuovo cambiamento delle metodologie di approccio dell'utente all'utilizzo della rete. Si rende perciò indispensabile un nuovo processo di cambiamento mentale e culturale del fruitore, che gli possa garantire la comprensione della reale portata delle potenzialità di queste tecnologie e, di conseguenza, delle modalità di utilizzo, che dovranno sempre più contenere criteri e metodologie atti a la garantire la sicurezza e la privacy dei dati gestiti.

Nuove regole per i nuovi cambiamenti. E ancora una volta la formazione e la crescita culturale giocheranno un ruolo fondamentale. Senza l'adeguamento delle conoscenze personali, le evoluzioni tecnologiche saranno sempre tormentate da problemi riconducibili alla comprensione delle modalità di utilizzo, alla scarsa fiducia riposta nella effettiva utilità delle stesse, alla mancanza di valorizzazione delle tecnologie IT nei processi di business, all'utilizzo ridotto dei sistemi attribuibile all'ignoranza dell'utilizzo dei dispositivi informatici. L'innovazione tecnologica e l'evoluzione dei dispositivi IT, in futuro, dovranno sempre di più accompagnarsi a processi formativi continui, idonei a garantire l'adeguamento della conoscenza di tutti coloro che ne faranno uso.

7. L'evoluzione del web: dalla *Web Platform* al Web 3.0

Premessa

Di recente, alcuni autorevoli opinionisti del settore hanno definito il World Wide Web la più grande invenzione del secolo. Alcuni, invece, sostengono che sia anche la più grande minaccia alla privacy. Di sicuro possiamo ritenerlo lo strumento che ha rivoluzionato il modo di comunicare dell'uomo, al punto tale da produrre filosofi e teorici delle scienze della comunicazione che discutono costantemente, in convegni, conferenze e seminari in tutti i paesi del mondo, sugli effetti nella società moderna di questo fenomeno tecnologico che sta trasformando non solo il modo di comunicare, ma la società stessa, che ne è fortemente condizionata. L'evoluzione del web ha generato, come solitamente accade per le versioni di applicativi e sistemi operativi, una progressione nelle differenti modalità di utilizzo del World Wide Web, distinguibili per una molteplicità di aspetti, tra cui la stessa metodologia di fruizione.

Da qualche tempo a questa parte si parla diffusamente di Web 3.0, tuttavia per meglio chiarire l'evoluzione del World Wide Web occorre fare un passo indietro.

Il termine Web 2.0 è una locuzione che indica il secondo stadio dell'evoluzione del potente sistema di navigazione in rete (la prima è stato il Web 1.0). Con questo termine si indica l'insieme di tutte le applicazioni, presenti in rete, che consentono un livello di interazione di tipo client-server (utente-sistema). Della categoria delle applicazioni fanno parte tutti i *software* in grado di gestire servizi e portali multimediali di tipo diverso come Blog, Forum, Chat, YouTube, Face Book, MySpace, GMail ecc. In realtà la versione Web 1.0, che determinò la nascita e l'inarrestabile sviluppo del sistema di navigazione in rete negli anni '90, seppur rivoluzionaria nella metodologia, era costituita in prevalenza da portali web statici, con una possibilità di interazione utente-sistema molto limitata, che consentiva unicamente la semplice navigazione di documenti ipertestuali statici (creati con il linguaggio HTML, *Hyper Text Markup Language*). Successivamente, grazie all'integrazione con numerosi database e all'utilizzo di sistemi di gestione dei contenuti (CMS), Internet si è evoluta, con il passaggio a siti dinamici (per esempio i forum o i blog) e con motori di ricerca sempre più sofisticati in grado di collegare diverse applicazioni capaci di raffinare la ricerca delle informazioni. Questa nuova versione dinamica del web, anche se poco pubblicizzata, fu definita da alcuni Web 1.5.

Nel giro di pochi anni, e soprattutto grazie all'implementazione di nuovi servizi e linguaggi sempre più versatili e potenti, si è delineata una nuova versione del web, classificata come Web 2.0.

Con essa, le applicazioni hanno subito una crescita insospettabile in termini di potenzialità e versatilità, mediante la realizzazione di tecnologie di programmazione particolari come AJAX (utilizzata da GMail) o Adobe Flex Builder, *software* basato su Flex (*software open source*), in grado di creare e gestire applicazioni web interattive capaci di funzionare con tutti i principali sistemi operativi e browser di navigazione.

Inoltre, in funzione di linguaggi di *scripting* come Javascript, è stato possibile creare applicazioni web "intelligenti" (elementi dinamici, *Cascading Style Sheets,* fogli di stile) che nulla hanno più in comune con le pagine ipertestuali di un tempo. Per quanto concerne il modello architetturale, il Web 2.0 è analogo al Web 1.0, dato che sia il protocollo di trasmissione (TCP/IP) sia il protocollo applicativo (HTTP) sono gli stessi. Ciò che è cambiato, è la metodologia di approccio dell'utente. Se precedentemente gli utenti della rete navigavano in Internet per scoprire se vi fossero informazioni attinenti ai propri ambiti di ricerca o per una semplice consultazione supportata da strumenti di ricerca e selezione, attualmente essi hanno assunto il ruolo di protagonisti nel mondo del web, trasformandosi in elementi di mutazione e trasformazione degli stessi contenuti presenti in Internet. Si è verificata una particolare metamorfosi che ha portato i primi *web surfer* a trasformarsi in elementi attivi della rete. Non più semplici "consultatori" di Internet, gli utenti hanno oggi la possibilità di contribuire all'arricchimento del patrimonio informativo di Internet grazie anche all'utilizzo di applicazioni sempre più sofisticate in grado di creare/modificare tutte le tipologie di contenuti multimediali. Quindi il Web 2.0, pur conservando lo stesso paradigma della versione precedente, consente di materializzare le aspettative dei frequentatori della rete: essere attori principali dell'evoluzione dei contenuti e delle informazioni presenti in rete mediante applicazioni e tecnologie che attribuiscono all'utente un ruolo di centralità assoluta.

La centralità delle informazioni: dal Web 1.0 allo sviluppo dei SOA e dei *Web Services*

È indubbio che attualmente il terreno più fertile per lo sviluppo e l'implementazione delle più moderne applicazioni informatiche sia la rete Internet. Nel decennio precedente, lo sviluppo e l'integrazione di applicativi *software* si consumavano all'interno delle medesime piattaforme *hardware,* o al massimo in sistemi di tipo *middleware*[1]. Tuttavia con il passare degli anni e con l'avvento della rete, nacque l'esigenza di interconnettere i sistemi *middleware,* per condividere l'accesso a risorse informative esterne. Le cose cominciarono a complicarsi, in quanto l'interazione tra sistemi *middleware* diversi creò non pochi problemi in termini di standardizzazione di interfacce e applicazioni che appartenevano a sistemi differenti. Inoltre i sistemi informativi che dovevano interagire tra loro erano di proprietà di aziende

---

1. Il termine indica un insieme di programmi informatici che assumono il ruolo di intermediari tra diverse applicazioni. Spesso vengono utilizzati come supporto per applicazioni distribuite complesse, e i *software* impiegati possono essere molteplici.

diverse, e ciò comportava una ulteriore complicazione non solo dal punto di vista dei collegamenti e delle interazioni tra diverse reti, ma anche per problematiche riconducibili alla sicurezza delle informazioni. Pertanto, si giunse alla consapevolezza che era necessario stabilire uno "standard" in grado di presentare un *software* in rete, mediante un'interfaccia comprensibile da tutte le strutture, che consentisse l'interazione delle applicazioni con le altre disponibili in rete.

Fu così che vennero introdotti i *Web Services* e le *Service Oriented Architectures* (SOA). La *Service-Oriented Architecture* (SOA) è un'architettura essenzialmente concettuale che non si riferisce a specifiche implementazioni o all'utilizzo di particolari applicazioni, ma si basa su distinte "condizioni" che i componenti del sistema devono rispettare, oltre che sul fatto che lo stesso sistema deve possedere determinate caratteristiche. Discorso diverso è quello dei *Web Services,* che sono il prodotto di tecnologie e standard come XML, SOAP, WSDL e UDDI che forniscono metodologie di interfacciamento tra diverse applicazioni. Anche se dissimile, l'architettura dei *Web Services* ha diversi punti di contatto con la SOA, che le consentono di stabilire interazioni con quest'ultima, in grado di sviluppare e migliorare le potenzialità di entrambe.

Service Oriented Architecture (SOA): il web orientato ai servizi

Con questo termine si identifica un'architettura *software* in grado di supportare servizi web eterogenei per consentire la completa interoperabilità tra gli stessi. Le singole applicazioni possono così essere utilizzate come componenti di un unico processo integrato, in grado di soddisfare le richieste degli utenti in modo completo e trasparente. Una SOA, quindi, è un modello architetturale per la creazione di sistemi che appartengono a una stessa rete e che focalizza l'attenzione sul concetto di offerta di un servizio integrato. Un sistema che si basa sul modello SOA è costituito da applicazioni (servizi), ben definite e indipendenti tra loro, che possono essere ubicate su computer diversi e collegati in rete (figura 1). Un esempio potrebbe essere quello di un'azienda che si collega, attraverso una rete Intranet, alle diverse filiali. Tipicamente ogni servizio presente sui diversi sistemi dell'organizzazione mette a disposizione dei diversi sistemi presenti la propria funzionalità e può fruire delle altre risorse disponibili. La condivisione di applicazioni diverse permette inoltre di creare nuove applicazioni di maggiore complessità ma che possono rispondere con efficacia ai fabbisogni crescenti dell'azienda. La SOA è quindi una sorta di *Distributed System*[2].

Gli attori principali di un'architettura SOA sono essenzialmente tre:

• il *Service Provider;*
• il *Service Consumer;*
• il *Service Registry.*

---

2. Il *Distributed System* (Sistema distribuito) si basa sulla presenza di *software* diversi (*software agent*) distinti tra loro, che svolgono un lavoro sinergico per portare a compimento alcune richieste. Solitamente questi *software* non lavorano nelle stesse strutture di calcolo e devono quindi comunicare per mezzo di *stack* (pile) di protocolli *hardware/software* utilizzati nella rete.

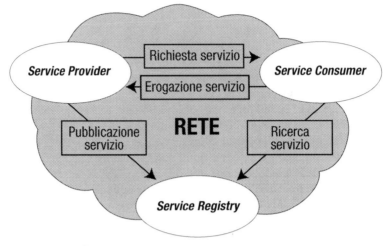

Fig. 1. Architettura di un SOA

Il *Service Provider* è un soggetto che realizza e mette a disposizione un servizio che sia visibile (e quindi fruibile) sulla rete. Il *Service Provider* inoltra una comunicazione al *Service Registry* in cui gli trasmette le informazioni relative al servizio offerto affinché vengano da quest'ultimo memorizzate. Le informazioni detenute dal *Registry* (URL, tipologia di accesso, tipologia del servizio ecc.) vengono messe a disposizione del *Service Consumer*, che nel momento in cui farà richiesta di quello specifico servizio, potrà utilizzarlo semplicemente accedendo al *Service Provider*. Le diverse interazioni tra gli attori del SOA si consumano in una rete che può essere sia una rete Intranet sia la rete Internet. Quindi, lo scopo della SOA è quello di fornire agli utenti un sistema di piattaforme *hardware/software* che assumono il ruolo di componenti di un'architettura orientata ai servizi.

Peculiarità di una SOA

Come è stato precedentemente evidenziato, la SOA non è legata ad alcuna tecnologia, ma definisce le priorità che devono essere osservate dai servizi che fanno parte del sistema. Trattandosi di un'architettura orientata ai servizi, è indispensabile che questi siano strutturati nel rispetto di alcune linee guida di seguito riportate.

– *Dinamicità*: il servizio deve essere ricercabile e prelevabile dinamicamente, mediante la sua interfaccia, in maniera indipendente dalla sua struttura o dalla modalità in cui è stato realizzato il componente che lo implementa. Deve essere altresì garantita l'interazione con gli altri servizi.

– *Autonomia e modularità*: i servizi, pur essendo collegabili tra loro, devono conservare la propria indipendenza e autonomia dagli altri.

- *Definizione della tipologia*: il servizio deve essere definito in funzione della sua finalità. In altri termini, deve essere comprensibile lo scopo che ne ha determinato la creazione, indipendentemente dalla piattaforma in cui risiede e dall'applicazione e dalle tecnologie impiegate per implementarlo.

- *Disponibilità e fruibilità in rete*: il servizio deve essere disponibile in rete in un *Service Directory* o in un *Service Registry*. La sua fruizione e la sua esatta ubicazione nella rete devono essere trasparenti all'utilizzatore. Oltre che con la pubblicizzazione delle modalità di accesso al servizio, il massimo livello di interazione con gli altri servizi deve essere garantito mediante comunicazioni costanti. L'importanza dell'interazione si basa sul possibile utilizzo di sistemi operativi diversi e piattaforme *hardware* disomogenee che implicano l'impiego di un formato standard molto diffuso (*Platform Neutral*). Quindi i dati trasmessi mediante la trasmissione di informazioni possono essere costituiti dal risultato dell'elaborazione di un dato servizio oppure da informazioni che i diversi servizi si inoltrano per coordinarsi.

- *Massima apertura all'interazione con servizi diversi*: la progettazione dei servizi deve sempre tenere conto della possibilità di interagire con tutti i servizi fruibili sulla rete. La SOA prevede applicazioni che non sono altro che il risultato dell'integrazione di più servizi. Ciò nonostante, permane l'indipendenza di ogni servizio, da ogni altro. In tal modo si realizza un ambiente complesso ma scalabile che garantisce il pieno soddisfacimento delle richieste degli utenti.

Web Service: architetture e tipologie

I *Web Services* rappresentano la nuova forma di comunicazione tra le applicazioni presenti sul web, indipendentemente dalle piattaforme in cui si trovano. Ogni applicazione di questo tipo può essere identificata come un'applicazione *software* che assume la forma di una *Uniform Resource Identifier* (URI) le cui interfacce e i relativi collegamenti sono definiti ed esposti come documenti XML (linguaggio standard comprensibile sul web). Tutte le applicazioni utilizzano un formato facilmente accessibile alla piattaforma con la quale si interfacciano (solitamente WSDL). Le tecnologie utilizzate per la gestione dei *Web Services*, sono di seguito elencate.

- *XML (eXtensible Markup Language)*
  È un metalinguaggio nato nel 1998 e derivato da SGML (*Standard Generalization Markup Language*). Il termine "metalinguaggio" indica un linguaggio per mezzo del quale se ne possono creare altri. Simile all'HTML (basato anch'esso su marcatori o "tag") per tipologia architetturale, se ne differenzia per una serie di caratteristiche. L'HTML è un linguaggio in cui ogni marcatore assume un comportamento già stabilito, mentre XML è un metalinguaggio, che permette allo sviluppatore di definire marcatori personalizzati e di specificarne il ruolo. XML nasce dalla necessità di avere uno strumento flessibile e strutturato che consenta di scambiare agevolmente dati su Internet.

- *SOAP (Simple Object Access Protocol)*
  È un protocollo di trasmissione di messaggi in formato XML, basato sull'utilizzo di un meccanismo semplificato ma particolarmente robusto che consente a un'applicazione di mandare un messaggio XML a un'altra applicazione. Le tipologie di messaggi possono essere diverse in funzione della tipologia di comunicazione che si intende stabilire. Solitamente il messaggio prevede la trasmissione in un senso (mittente-destinatario), ma si possono stabilire metodologie di comunicazione molteplici, come *Oneway, Request-response, Solicit-response* e *Notification*. Essendo un protocollo di alto livello, SOAP è indipendente dal protocollo di trasmissione sottostante, che può essere HTTP (*Hypertext Transfer Protocol*), JMS (*Java Message Service*), SMTP (*Simple Mail Transfer Protocol*), MIME (*Multipurpose Internet Message Encapsulation*) e altri ancora.

- *WSDL (Web Services Description Language)*
  È un linguaggio, basato su XML, utilizzato per descrivere in maniera completa un servizio web. Un documento WSDL fornisce una serie di informazioni riconducibili ai servizi offerti dai *Web Services* (la URL del web, le informazioni prelevate nella fase di ingresso al web, le modalità di elaborazione delle informazioni richieste, il formato dei messaggi restituiti ecc.). In sostanza il WSDL descrive il ruolo, le attività, le modalità di comunicazione e il formato dei messaggi dei *Web Services*.

- *UDDI (Universal Description, Discovery and Integration)*
  Basato anch'esso su XML, utilizza SOAP per le comunicazioni da e verso l'esterno, definendo un meccanismo comune per pubblicare e trovare informazioni sui *Web Services*, in base alle loro descrizioni WSDL. In sostanza, da quanto esposto risulta evidente che due *Web Services* possono comunicare tra loro solo se entrambi conoscono le rispettive locazioni e metodologie di accesso. Manca quindi una tecnologia in grado di rendere possibile la ricerca dei *Web Service* in base a specifici criteri come, per esempio, la tipologia del servizio richiesto, il numero dei servizi offerti da un sistema o l'appartenenza a una determinata struttura. UDDI si occupa di tutto questo e permette la fruizione di un registro in grado di pubblicare tutti i servizi che la struttura mette a disposizione, di ricercare informazioni utili all'utente (indirizzi, contatti, dati in genere) e informazioni tecniche per la gestione della connessione tra le piattaforme.

Come abbiamo visto, molteplici sono le tecnologie che possono consentire ai *Web Services* di cooperare e comunicare tra loro, utilizzando applicativi diversi. Ciò permette di ricercare e richiamare servizi che possono essere mescolati ad altri per realizzare una nuova applicazione per l'utente finale o per creare nuovi *Web Services*. In conclusione, i vantaggi offerti dal *Web Services* sono:

- assoluta indipendenza dalle piattaforme utilizzate;
- indipendenza dall'implementazione del tipo di servizio (l'interfaccia utilizzata dal *Web Services* è completamente indipendente dal *software* che implementa il servizio stesso);

• completa indipendenza dei *software* utilizzati (possono essere adoperati applicativi diversi e/o riutilizzati *software* precedentemente impiegati senza alcun tipo di limitazione alla funzionalità dei *Web Services*).

L'architettura dei *Web Services* si basa, quindi, su un modello "a oggetti distribuiti", intendendo come oggetti le diverse applicazioni utilizzate. L'architettura SOA, se combinata con quella dei *Web Services*, consente di produrre una nuova tipologia architetturale focalizzata sui servizi che ben si adatta alle evoluzioni orientate ai servizi fruibili su Internet.

Web 2.0: sviluppi e prospettive

La definizione del termine Web 2.0 è probabilmente da attribuirsi a Tim O'Reilly, Ceo di O'Reilly Media, che in una conferenza del 2004 coniò il nuovo termine che identificava la nuova era del web. Senza alcun dubbio, con la versione 2.0 del web siamo giunti a una "macchina darwiniana" che nel giro di pochi anni evolverà a tal punto da trasformarsi in un'estensione tecnologica delle nostre menti e quindi dei nostri pensieri. Definirla nuova *New Age* non è poi così assurdo, anche se molti sono convinti che il web sia una sorta di comunità mondiale di "estremisti religiosi" che vedono nella rete la massima forma di accrescimento di conoscenza e cultura a livello mondiale. L'accettazione acritica del web come "santuario" della conoscenza è da rifiutare in senso assoluto. Non è possibile assimilare come "buone" tutte le informazioni disponibili in rete, né è condivisibile l'opinione dei denigratori di Internet che la giudicano un *repository* informativo "malsano" o "pericoloso" anche dal un punto di vista dell'influenza che può esercitare su coloro che vi navigano abitualmente. Come in tutte le cose, è possibile riscontrare aspetti positivi e negativi, ma è assolutamente indubbio che il Web 2.0 sia, oltre che una tecnologia avanzata, una vera propria "filosofia partecipativa" dell'utilizzo delle informazioni. Si tratta di una piattaforma programmabile, componibile e con una ricchissima interfaccia utente, in grado di assicurare, oltre alla decentralizzazione totale delle informazioni, una visione *network-centrica* capace di tessere relazioni globali di contenuti grazie a logiche SOA e/o di tipo *Web Services*. Pertanto essa pone in essere filoni di utilizzo diversi, da quello tecnologico a quello partecipativo/sociologico, fino a quello orientato al business. Stando allo studio *Nielsen/NetRatings Custom Analytics* (gennaio 2007), si evidenzia in Italia un sostanziale incremento non solo del numero degli internauti, ma anche del numero di ore che ogni singolo individuo dedica mensilmente alla *web navigation*. Ciò è da attribuire, in larga misura, alla crescita delle funzionalità delle applicazioni presenti in rete, che consentono all'utente di assumere un ruolo di "attore" e di "elemento di influenza" sui contenuti stessi dei patrimoni informativi presenti in rete (figura 2). Particolarmente interessante è anche il dato relativo al numero dei navigatori attivi nel mese di gennaio 2007 (pari a due terzi del numero totale degli utenti che si sono collegati in rete nell'arco del solo mese di gennaio), che evidenzia una fruizione della rete in costante aumento.

Il Web 2.0 si pone dunque come lo strumento di passaggio dalla forma iniziale di "ragnatela mondiale di dati" assimilabile a un silos informativo isolato e scarsamente fles-

Gli internauti in Italia	
Sessioni di navigazione web per persona al mese	29
Domini visitati per persona al mese	72
Pagine web per persona al mese	1330
Tempo web per persona al mese	18 ore 36 minuti
Tempo PC per persona al mese	38 ore 14 minuti
Durata della pagina vista	50 secondi
Navigatori attivi a gennaio 2007	20.248.970
Universo persone collegate alla rete a gennaio 2007	30.763.940

Fig. 2.   Gli internauti in Italia (fonte: *Nielsen/NetRatings Custom Analytics*, gennaio 2007)

sibile, a una nuova forma di nucleo attivo in cui sorgenti di contenuti e funzionalità subiscono metamorfosi continue in funzione dell'interazione con gli utenti della rete (figura 3). Il web diventa così una piattaforma elaborativa al servizio delle applicazioni progettate e/o personalizzate in funzione delle più diverse esigenze. Le caratteristiche che fanno dell'architettura del Web 2.0 uno strumento di evoluzione continua, sono:

- l'affermazione dei *Web Services* e delle SOA;
- la sindacabilità dei contenuti;
- la componibilità web-centrica dei contenuti e delle informazioni in funzione di una nuova filosofia di interoperabilità fra sistemi web diversi;
- la capacità di gestire applicazioni "intelligenti", in grado di scambiare dati tra diverse piattaforma *hardware/software*, in maniera completamente trasparente all'utente;
- l'affermazione di potenzialità semantiche nel web, in grado di effettuare categorizzazioni collaborative di informazioni mediante l'utilizzo di parole chiave scelte liberamente;
- la capacità di costruire applicazioni nuove e fortemente personalizzate.

Il Web 2.0 è quindi in grado di stabilire solide connessioni utente-macchina per offrire multiservizi automatizzati e scalabili. Le diverse aree coinvolte (figura 4) possono pertanto contare su di un'interfaccia capace di assimilare e modellare contenuti informativi, senza subire implicazioni tecniche o limitazioni nell'accesso e nella gestione dei dati.

Web 3.0: la nuova frontiera

Se il Web 2.0 ha determinato una vera e propria rivoluzione nella gestione dei contenuti sul web, il web 3.0 ha l'obiettivo di migliorare e raffinare l'evoluzione

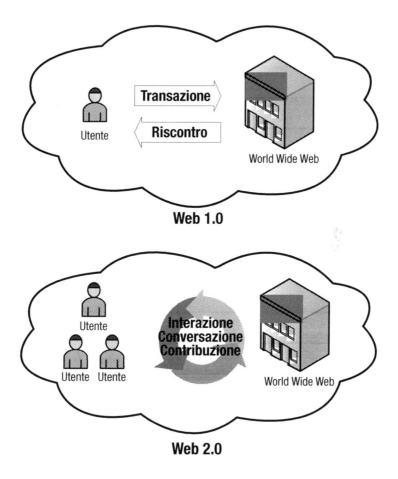

Fig. 3. Differenza di interazione utente-web tra il Web 1.0 e il Web 2.0

del suo predecessore. La continua evoluzione degli scenari non consente una facile lettura dei futuri sviluppi della rete, tuttavia possiamo sicuramente immaginare uno scenario in cui le informazioni saranno aggiornate in un unico database centralizzato (in Internet) in cui la consultazione sarà effettuata da tecnologie tipo XML, WSDL e derivate. Molti parlano anche di forme di intelligenza artificiale che, grazie ad algoritmi particolarmente sofisticati, dovrebbero consentire di orientare e dirigere l'utente in una rete sempre più sterminata e ricca di contenuti. La versione 3.0 dovrebbe altresì consentire un maggiore impiego della tecnologia 3D (tridimensionale), grazie alla fruizione di applicativi potenti in grado di consentire una navigazione non solo nelle informazioni, ma anche in veri e propri "spazi" di conoscenza (Second Life ne è un esempio).

Riassumendo, gli elementi che contraddistinguono l'evoluzione del Web 3.0 possono essere riassunti come di seguito indicato.

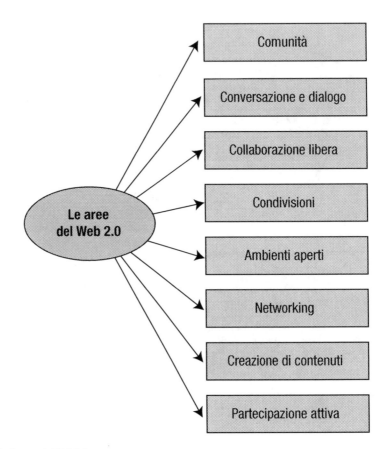

Fig. 4. Le aree del Web 2.0

– *Web semantico*
La definizione che introduce il concetto di trasformazione del World Wide Web in un ambiente dove i documenti ipertestuali e multimediali pubblicati sono associati a informazioni e dati (metadati) che ne specificano il contesto semantico in un formato adatto alla ricerca, all'interrogazione, all'interpretazione e all'elaborazione automatica. Si tratta della "filosofia dell'interpretazione del contenuto dei documenti" che il Web Semantico sostiene energicamente. In effetti l'avvento di questa tipologia di elaborazione delle informazioni consentirà ricerche molto più evolute delle attuali, basate sulla presenza nel documento di parole chiave, nonché altre funzionalità avanzate come la costruzione di reti di relazioni e connessioni tra documenti secondo logiche più elaborate del semplice link ipertestuale.

– *Web 3D*
L'idea di inserire applicazioni virtuali 3D nel web risale al 1994, durante la prima conferenza annuale sul World Wide Web tenutasi a Ginevra. Lì nacque

l'idea di sviluppare un linguaggio comune per la descrizione di ambienti 3D e dei relativi *hyperlink* con il web: il VRML[3], il linguaggio che, utilizzando specifici comandi, permette di descrivere realtà virtuali e quindi di ricercare, creare ed esplorare i mondi tridimensionali presenti in rete proprio come un utente web esplora i collegamenti tridimensionali di un sito.

– *Web media-centrico*
Da qualche tempo in casa Microsoft si discute del successore di Windows Vista, meglio noto come Windows 7. In realtà sembra che il vero successore sia un nuovo (e al momento oscuro) sistema operativo dal nome in codice enigmatico: Midori. Definito il sistema operativo che manderà in pensione la famiglia di Windows, Midori non dovrebbe vedere la luce prima del 2010, anche se alcuni sostengono che il progetto sia già a buon punto. Questa volta però l'azienda di Redmond non penserà solo alle prestazioni del sistema, alla sicurezza, alla gestione delle applicazioni o ai driver e ai plug-in in questo prodotto l'innovazione sarà concettuale. A detta di chi frequenta i laboratori della Microsoft, Midori sarà un sistema in grado di incarnare il concetto stesso di virtualizzazione, basato su un nucleo "Internet-centrico", capace di collegare diversi componenti, in grado di eseguire processi *software* isolati. Si realizzerebbe così l'idea di trasformare il sistema operativo in un *Hypervisor* o *Virtual Machine Monitor* (Macchina Virtuale) in grado di vedere la rete Internet come la propria "macchina fisica". Non più quindi un unico grande programma implementato su una sola macchina, ma un insieme di istruzioni che permettono di accedere, di volta in volta, ai *software* necessari presenti sui server collegati in rete. Il futuro di Microsoft è dunque incentrato sul passaggio dall'attuale approccio *desktop-centrico* a un modello di *computing* più flessibile e sempre più integrato con il web e con le sue risorse distribuite. Nei prossimi anni assisteremo quindi al processo di fusione tra sistemi operativi e il World Wide Web, e ciò consentirà agli utenti della rete di utilizzare le *web application* in modo del tutto simile alle tradizionali applicazioni desktop. Inoltre i nuovi sistemi operativi estenderanno le abituali tecnologie di gestione e trasferimento dei dati (compressione, cifratura, replicazione, indicizzazione e ricerca ecc.) alle risorse distribuite presenti in rete, e ciò permetterà agli utenti di utilizzare, per esempio, i dischi di *storage* su Internet alla stessa stregua di quelli locali, senza dover ricorrere a *software* e/o piattaforme *hardware* acquistate o offerte a costi elevatissimi da fornitori di tecnologie IT.

---

3. Il VRML (*Virtual Reality Modeling Language*) è un formato particolare di file progettato per essere impiegato sul web per rappresentare grafica vettoriale 3D interattiva. Questo formato di file utilizza un semplice file testuale per specificare le caratteristiche dell'immagine desiderata. Con esso è quindi possibile realizzare immagini di ogni tipo con angolature, colori ed effetti (superficie, brillantezza, trasparenza ecc.) diversi. Agli elementi grafici è possibile associare URL (*Uniform Resource Locator*) per consentire il collegamento a una pagina web o un nuovo file VRML presente in Internet. Animazioni, suoni, illuminazione e altri aspetti del mondo virtuale possono interagire con l'utente o possono essere attivati da funzioni esterne come i timer.

- *Web pervasivo*

  Il significato di pervasività è "caratteristica di ciò che tende a diffondersi ovunque". È il concetto stesso di Internet. Siamo abituati a utilizzare Internet, in maniera più o meno inconsapevole, per il lavoro, il tempo libero, l'informazione, la comunicazione personale, fino alla socializzazione in rete. Questo ne fa uno strumento pervasivo, e l'utilizzo non tenderà a diminuire, anzi subirà un incremento esponenziale nei prossimi decenni fino a far diventare Internet "lo strumento" di interfacciamento con il mondo esterno. Eccessiva attribuzione di valore alla tecnologia? Può darsi, ma tutto lascia intendere che i business maggiori e la stessa politica internazionale si giochi ormai… a colpi di mouse sui browser Internet!

Che cosa ci riserva il futuro?

La capacità di selezionare le informazioni e, nel contempo, di modificarne il contenuto rappresenta la maggiore delle potenzialità del futuro web. Questa capacità, unita alla crescita di attenzione dell'utente in funzione della possibilità di selezionare e raffinare la ricerca delle informazioni in rete, sta modificando l'utilizzo di Internet e delle stesse applicazioni, che appaiono sempre più versatili e possibiliste. Attualmente la proliferazione delle informazioni su Internet rende rilevante l'utilizzo delle applicazioni impiegate dai motori di ricerca, dei molteplici cataloghi dei portali, delle applicazioni sulla gestione delle news e di tutto ciò che convoglia l'attenzione verso i dati che vengono richiesti.

Tutto lascia immaginare che nel futuro, grazie anche alla diffusione capillare della multimedialità, sarà incrementata la capacità di cogliere selettivamente l'attenzione degli utenti sulla raffinazione e l'approfondimento dei contenuti.

Si stanno conducendo ricerche su tecniche e applicazioni intelligenti, che vanno dal matematico al sociale, per consentire un migliore filtraggio delle informazioni, ma anche per individuare le diverse tipologie di utenti della rete e per creare appositi "luoghi" di informazione e discussione su tematiche specifiche.

Ricerche ulteriori si stanno conducendo proprio sulle funzionalità dei motori di ricerca, che prossimamente saranno in grado di filtrare non solo testo ma anche canzoni, video e immagini, attraverso un "cruscotto informativo integrato" che sarà presente nei più diffusi browser Internet. Sempre in maniera trasparente all'utente, sarà sufficiente digitare una keyword per trovare non solo i documenti che la contengono ma anche file audio e video nel cui testo compare quella data parola, oltre a documenti multimediali di argomento attinente. Particolarmente rilevante sarà il ruolo assunto dal *filtering collaborativo*, ossia dalla possibilità offerta agli utenti di accettare il ruolo, a loro volta, di fornitori di tag e metadati per rendere socialmente più fruibile e completa l'informazione disponibile in rete. La costante evoluzione di Internet e i nuovi approcci a tecnologie in grado di modificare il web stanno trasformando gli utilizzatori e la stessa società mondiale. I mezzi tecnologici a disposizione, sempre più potenti, consentono di modificare la stessa struttura della collaborazione associativa vista come nuovo metodo di conoscenza e crescita culturale. Lo sviluppo della cultura personale può avvenire tramite ambienti e strumenti diversi, che non devono necessariamente fare riferimento ad apposite metodologie o particolari ambienti formativi. Da anni la rete Internet costituisce un potente mezzo di arricchimento culturale a livello mondiale, e tutto lascia presagire che influirà sempre di più (come del resto già avviene) anche sulla crescita sociale, grazie anche alle sue due maggiori caratteristiche: l'assoluta pervasività, in tutti i settori, della società mondiale, e l'assoluta incontrollabilità dei suoi contenuti informativi.

8. La nuova frontiera dell'*hardware*: dai microchip magnetici, ottici e chimici ai computer quantici

Premessa

Il futuro rappresenta per l'uomo la più grande fonte di incertezze, dubbi e perplessità, ma conserva, nonostante tutto, un ruolo di preminente importanza per tutta la durata della sua vita. Sono soprattutto le incertezze e l'incapacità di prevedere il futuro, anche a breve termine, a determinare ansie e sgomento, durante tutte le fasi della vita di ognuno di noi. Ciò vale anche per il settore delle tecnologie. Oltre a studiosi e ricercatori, molte persone comuni si pongono domande diverse ma spesso riconducibili alle stesse tematiche: come saranno i computer del futuro? Quali materiali saranno impiegati per la loro costruzione? E la velocità dei processori, aumenterà ancora di più?

I media annunciano quotidianamente scoperte e innovazioni che configurano scenari stravolgenti per il futuro, come quella che ci garantisce che nel giro di qualche decennio i microprocessori (ormai presenti in quasi tutti i dispositivi elettronici) potranno essere magnetici, ottici o addirittura chimici. È vero che, secondo la "legge di Moore"[1], il numero di transistor in un chip raddoppia ogni 18 mesi, incrementando di conseguenza le prestazioni di un singolo computer. Tuttavia sembra ormai certo che nel giro di qualche decina di anni i processori tradizionali realizzati in silicio scompariranno, per una molteplicità di fattori (consumo energetico eccessivo, surriscaldamento ecc.), e saranno sostituiti da una nuova generazione basata sull'utilizzo del movimento degli atomi.

Un esempio è dato dai cosiddetti "computer quantici", che utilizzano atomi "imbrigliati" in grado di variare il loro stato energetico, oppure quelli definiti "a spin", che sfruttano alcune proprietà magnetiche delle particelle.

Tra i benefici ottenibili dall'utilizzo di queste tecnologie spiccherà l'enorme risparmio energetico, che tanto preoccupa i governanti di tutti i paesi del pianeta, ma questa tecnologia di elaborazione consentirà anche di aumentare enormemente rispetto a un processore attuale il numero dei calcoli eseguibili nella stessa unità di tempo.

Inoltre i prossimi elaboratori potrebbero basare la loro tecnologia su strutture

---

1. Gordon Moore, cofondatore di Intel con Robert Noyce, nel 1965 scrisse un articolo su una rivista specializzata nel quale dimostrava come nel giro di pochi anni (1959-1965) il numero di componenti elettronici che formano un chip fosse raddoppiato ogni 18 mesi. Da ciò ricavò la sua famosa "legge".

in grado di combinare metallo con materiali organici. Per esempio, i microchip chimici, in funzione di alcune recenti sperimentazioni, sarebbero in grado di trasmettere le informazioni sfruttando alcune caratteristiche di composti combinati. Sono infatti allo studio tipi di molecole in grado di cambiare la propria conformazione se sottoposte a stimoli particolari. Non da meno appaiono le sperimentazioni condotte sui cosiddetti calcolatori "metabolici", capaci di sfruttare alcune reazioni caratteristiche delle cellule viventi. D'altronde è certo che i primi dispositivi a invadere il mercato dei prossimi anni saranno i microchip ottici, attualmente utilizzati per applicazioni industriali. Tra le ricerche che di recente hanno sollevato scalpore, c'è sicuramente quella che focalizza l'attenzione sull'utilizzo dei fotoni. In sostanza, essa si basa su un concetto relativamente semplice: la sostituzione della funzionalità degli elettroni con quella dei fotoni. Per far muovere le informazioni all'interno di un chip, anziché gli elettroni è possibile utilizzare i fotoni, cioè "pacchetti di luce" che hanno il vantaggio di essere più veloci e di non dissipare calore. Negli attuali elaboratori sono ancora gli elettroni a fare i calcoli, mentre i fotoni si limitano a trasmettere i risultati, ma c'è chi sta pensando a computer basati soltanto sulla luce. Il vero problema è rappresentato dai costi, che al momento sembrano proibitivi, ma la medesima situazione si presentava anche alcuni decenni fa, quando i costi di un personal computer erano a dir poco esorbitanti...

Microchip magnetici, chimici, ottici e batteriologici

Il silicio, che per decenni ha rappresentato, nel settore dell'alta tecnologia, il materiale tecnologicamente più "nobile", essendo il componente più utilizzato nella produzione di processori, sembra ormai essere giunto alla sua fase di declino. E ciò potrebbe accadere addirittura entro un paio di decenni. Come ho già anticipato, in alcuni laboratori stanno sviluppando appositi microchip magnetici, che invece di utilizzare il movimento degli elettroni come fanno gli attuali elaboratori, sfruttano una particolare proprietà magnetica delle particelle. Grazie alle ricerche condotte da tre istituti accademici inglesi, Durham University, Imperial College e University of Sheffield, le sperimentazioni condotte negli ultimi anni hanno portato allo sviluppo del primo computer al mondo che utilizza *chip magnetici* al posto dei tradizionali circuiti semiconduttori. Le sperimentazioni sono risultate così soddisfacenti da indurre gli stessi ricercatori a ritenere che la tecnologia alla base del *computer magnetico* semplificherà la creazione dei futuri sistemi di elaborazione, riducendo in maniera determinate i costi di produzione. Inoltre, l'utilizzo dei chip magnetici potrebbe estendersi anche a diversi altri settori dell'Information Technology. Il funzionamento del processore magnetico si basa sulla sostituzione dei normali transistor con nanocircuiti magnetici in grado di riprodurre le funzioni logiche di un computer convenzionale.

Un'altra frontiera da esplorare è quella dei *processori chimici*, che possono sfruttare diverse caratteristiche di *chemical composes* per trasmettere le informazioni. Come precedentemente accennato, le molecole, in funzione di particolari processi di stimolazione, possono subire profonde mutazioni. Di assoluta rilevanza è l'esperienza di Ehud Shapiro del Weitzmann Institute, in Israele, che da anni ha concentrato i suoi studi sui famosi computer a Dna, sistemi biologici in grado di riconoscere cellule tumorali e conseguentemente di rilasciare specifiche sostanze farmacologiche per le terapie idonee. In sostanza, sarebbero sistemi capaci di "sorvegliare" l'area in cui operano (in questo caso, il corpo umano) e di reagire opportunamente nel caso in cui si verifichino cambiamenti dei parametri di riferimento.

Tra le diverse evoluzioni, quella che sembra più accettata dal mercato per impieghi immediati è sicuramente quella dei *processori ottici*. Anche in questo caso, invece di trasmettere le informazioni all'interno di un chip utilizzando gli elettroni, ci si serve dei fotoni. Mediante l'impiego di *packets shine* (pacchetti di luce) particolarmente veloci e non in grado di dissipare calore, è possibile trasmettere informazioni garantendo una maggiore qualità dell'integrità del messaggio inviato.

Nei modelli di chip ottici realizzati finora, sono ancora gli elettroni a occuparsi delle elaborazioni, mentre ai fotoni è affidato il compito di trasmettere i risultati delle stesse. Tuttavia, quella di realizzare computer basati sulla luce non è un'ipotesi remota o fantascientifica. Anche se molti laboratori (come quelli della NASA o della IBM) hanno già avviato la produzione di processori ottici, molto resta ancora da fare, soprattutto per ridurre il costo dell'utilizzo di questa tecnologia che risulta ancora molto costosa.

Fino ad alcuni decenni fa, l'idea di trasformare dei batteri in microchip avanzati avrebbe scatenato ilarità e forse anche perplessità sulle condizioni psichiche dello scienziato che avesse avuto l'audacia di proporla. Alcuni scienziati dell'Oak Ridge National Laboratory, nel Tennessee, hanno dimostrato che ciò è possibile. In sostanza, hanno modificato geneticamente alcuni batteri per fare in modo che possano svolgere gli stessi compiti dei componenti di un classico microchip. La differenza risiede nella modalità di *input,* che è di tipo chimico e non elettronico. Teoricamente questi speciali batteri potrebbero essere utilizzati per una molteplicità di applicazioni, come, per esempio, la ricerca di sostanze tossiche nei tessuti o per esaminare la presenza di particolari proteine nel corpo umano. I batteri che si prestano meglio a questo tipo di sperimentazione appartengono ai ceppi di *Pseudomonas putrida*, che hanno consentito la riproduzione delle porte logiche (AND e OR)[2]. Nel caso della porta AND, i batteri sono in grado di generare un *output* solo quando sono stati attivati i loro *input,* realizzati grazie a induttori chimici. Il funzionamento è il seguente: la stimolazione di un gene mediante un induttore chimico (*input*) produce una proteina necessaria in grado di produrre un'azione conseguente (*output*). Se si programma una sequenza corretta di I/O (*input*/*output*), si possono riprodurre, all'interno di una singola cellula, tutte le porte logiche esistenti. Da ciò deriva che una cellula potrebbe svolgere, in parallelo, molteplici funzioni complesse. In aggiunta, è da sottolineare che, poiché gli *input* chimici non alterano il normale metabolismo, la cellula è in grado di continuare a vivere attivando processi di riproduzione.

---

2. Nel settore dell'informatica e dell'elettronica, per porte logiche si intendono i circuito elettronici che hanno il compito di eseguire una delle operazioni logiche booleane elementari come NOT, AND, OR, XOR, NOR, NAND, XNOR, cioè le operazioni minimali necessarie per codificare qualunque tipo di funzione logica.

Un'altra notizia su sperimentazioni "spinte" che nel 2002 ha suscitato clamore a livello mondiale è quella legata al noto professor Kevin Warwick dell'Università di Reading, in Inghilterra, che da anni sfida la natura e molti dei suoi colleghi per dimostrare che la fase dell'"accoppiamento uomo-macchina" è imminente. Già nel 1997 si fece impiantare nel braccio un microchip trasmittente, dimostrando che era possibile attivare alcuni sensori in grado di consentirgli di interagire con dispositivi tecnologici di diverso tipo. Attraverso il sensore poteva attivare automaticamente una serie di azioni: aprire la porta dell'ufficio quando era in prossimità della sua stanza, accendere automaticamente il computer nel momento in cui si avvicinava a esso, persino attivare alcuni *software* installati sull'elaboratore. Non contento di ciò, cinque anni dopo, con un esperimento particolarmente complesso, si fece agganciare alle fibre nervose del braccio sinistro un microscopico apparecchio (un chip di silicio di 3x3 mm con cento elettrodi collegati al sistema nervoso), con l'obiettivo di mettere in comunicazione il proprio sistema nervoso con il suo computer in modo da rendere registrabili, riproducibili e trasmissibili tutti i segnali emessi dal cervello. Per tre mesi Warwick ha studiato i segnali del sistema nervoso riuscendo persino a muovere, a distanza, una mano metallica collegata a un computer che catturava i suoi segnali nervosi trasformandoli in istruzioni per l'arto finto. Lo stesso esperimento lo ha ripetuto, questa volta utilizzando Internet, da New York: dov'era collegato, ha inviato gli impulsi fino a Londra, dov'era stata collocata un'altra mano bionica.

Al di là delle considerazioni etiche sulla sperimentazione condotta su di una cavia umana, gli esperimenti di Warwick spalancano una porta su quel settore della scienza, ancora molto inesplorato, che molti definiscono *umano-tecnologia*. Queste sperimentazioni potrebbero rivelarsi fondamentali, per esempio, per applicazioni mediche (aiutare le persone che hanno subito lesioni al midollo spinale a riprendere l'uso degli arti, ai malati di Parkinson e di epilessia ecc.), ma anche per esplorare gli innumerevoli meccanismi e funzioni che ancora costituiscono un mistero per l'uomo. Magari un domani per curare un mal di testa potrà bastare un semplice impulso elettrico al posto della vecchia ma ancora molto utilizzata aspirina…

Computer quantistici: tra mito e realtà

Gennaio 2002, data storica. A molti non dirà molto, ma alcuni scienziati che lavorano nel settore dell'Information Technology asserirono: "Il mondo dei computer non sarà mai più quello di prima". La notizia giunse dal laboratorio militare della NASA, più precisamente dall'Air Force Research Laboratory di Hanscom, un luogo sperduto nel Massachusetts, dove due scienziati, Philip Hemmer dell' A&M University del Texas e Selim Shahriar del MIT (Massachusetts Institute of Technology), erano riusciti a fare quello che, per lungo tempo, si era ritenuto impossibile: intrappolare un raggio di luce in un materiale solido portato a -268 °C. In sintesi, erano riusciti ad arrestare fasci di fotoni (le particelle di cui è fatta la luce) che viaggiano a 300.000 chilometri al secondo, bloccandoli e immagazzinandoli in un cristallo meglio chiamato come silicato di ittrio drogato con terre rare (un cristallo simile a quelli usati nelle memorie dei computer).

La portata del successo di questo esperimento ha aperto la strada a sviluppi impensabili, in particolare nel campo dell'elettronica e delle telecomunicazioni.

Le applicazioni e i possibili scenari sono difficilmente ipotizzabili. Il controllo della luce può consentire di dominare i fotoni in modo da poterli impiegare per la realizzazione di nuovi e rivoluzionari dispositivi elettronici (ivi compresi i computer). Per essere più chiari, questa tecnologia potrà consentire di realizzare *computer quantistici* in grado di memorizzare quantità gigantesche di informazioni con assoluta precisione, nonché di trasmettere masse di dati a velocità fino a oggi impensabili e con una sicurezza totale, essendo i dati manipolabili quantisticamente. A questo punto è opportuno fare chiarezza sul funzionamento di un computer quantistico, da alcuni definito *the ultimate computer*, il computer definitivo.

I transistor quantistici sono congegni progettati per manipolare singoli atomi e, diversamente da come opera un computer tradizionale, seguono le leggi sfuggenti e illogiche della meccanica quantistica. Tuttavia cercherò di fare chiarezza. In base al *Principio di indeterminazione di Heisenberg*[3], non possiamo determinare la posizione esatta di un elettrone e nello stesso istante la sua velocità, perché questa viene modificata dall'atto stesso dell'osservazione. Ciò premesso, i transistor quantistici sono in grado di imitare, contemporaneamente, il comportamento non di uno solo ma di molteplici transistor. I computer che attualmente utilizziamo si basano sull'architettura della macchina di Turing[4], il cui funzionamento è legato all'utilizzo dei bit (che possono assumere il valore di 0 o 1 – le basi del codice binario). Nei transistor quantistici l'unità di riferimento è il "qbit" (il quantum bit), che non assume alternativamente il valore 0 o 1 ma li sovrappone simultaneamente. In funzione di questa peculiarità, un elaboratore quantistico sarebbe in grado di fare calcoli più complessi di quelli attualmente effettuati da un computer tradizionale, dato che invece di elaborare informazioni in modalità seriale sarebbe capace di farlo in parallelo, come fa, per esempio, il cervello. In sostanza, si tratta di un computer che opera a livello subatomico, attraverso le particelle invisibili di cui è composta tutta la materia.

Grazie a queste potenzialità, il computer quantistico, lavorando in parallelo, sarà in grado di effettuare elaborazioni che al momento, con le tecnologie disponibili, richiederebbero anni (per esempio, i calcoli astronomici). Non a caso queste proprietà particolari dovrebbero rendere i qbit strumenti estremamente potenti per far fronte ad alcuni problemi di calcolo, come la scomposizione di numeri (che richiedono una potenza elaborativa rilevante, soprattutto per le applicazioni cifrate).

Quindi il computer quantistico sarebbe in grado di operare a livello subatomico, utilizzando le particelle invisibili di cui è composta tutta la materia.

È sicuramente un mondo ancora incomprensibile per la mente umana, dato che

---

3. Werner Karl Heisenberg (nato a Würzburg il 5 dicembre 1901 e deceduto a Monaco di Baviera il 1°
febbraio 1976) è stato uno dei più grandi fisici della storia. Ottenne il premio Nobel per la Fisica nel
1932 ed è considerato uno dei padri della fisica quantistica.

4. Alan Mathison Turing (Londra, 23 giugno 1912 – Wilmslow, 7 giugno 1954) è stato un matematico e
logico britannico. Considerato uno dei padri dell'informatica, introdusse il concetto della macchina
ideale. La macchina di Turing è una macchina formale (ideale) che può trovarsi in stati determinati,
che opera su stringhe funzionanti grazie a regole definite e che costituisce, nel suo insieme, un modello
di calcolo.

ci propone la possibilità di condividere la materia tangibile con quella invisibile. Ciò determinerà, nel prossimo futuro, anche una profonda trasformazione dell'approccio filosofico della tecnologia, costringendoci a ragionare in maniera differente.

Naturalmente dovremo attendere ancora un po' di anni perché il primo computer quantistico possa vedere la luce, tuttavia in cammino è tracciato. Alcuni studiosi già ipotizzano applicazioni particolarmente avveniristiche, soprattutto nel campo della cibernetica, in grado di utilizzare molecole di Dna per costruire computer quantistici, configurando uno scenario che vedrebbe il codice della vita intrecciarsi con quello della materia. Ciò determinerebbe, nel giro di qualche decennio, un procedimento capace di replicare i miliardi di neuroni e le migliaia di miliardi di sinapsi che sono parte integrante del cervello umano, e quindi la possibilità di realizzare un sistema nervoso umano creato artificialmente. L'affermazione può apparire ai più alquanto fantascientifica, ma in diversi laboratori di ricerca molti scienziati hanno già iniziato a sperimentare l'uso di reti neurali animali per creare "computer organici", rendendo reale, quasi in maniera inconsapevole, la fusione tra materia animata e materia inanimata. Nel Georgia Institute of Technology hanno sperimentato la possibilità di combinare i normali circuiti di silicio con neuroni di sanguisuga, cioè con cellule nervose viventi. L'idea dei ricercatori dell'istituto statunitense è che un elaboratore "biologico" (capace di utilizzare reti neurali organiche) potrebbe essere in grado di fornire risposte corrette anche basandosi su informazioni parziali (a differenza dei computer che attualmente utilizziamo, che hanno bisogno di appositi linguaggi di programmazione e immissione di dati precisi per fornire qualsiasi tipo di informazione richiesta).

I neuroni delle sanguisughe utilizzate negli esperimenti hanno dimostrato di possedere proprio questa specifica funzionalità: se i dati vengono fatti rimbalzare tra i diversi neuroni, seguendo proprio il principio su cui opera un computer quantistico, essi sono in grado di eseguire attività "ragionate" (simili al pensiero) e di identificare autonomamente le soluzioni.

Anche il matematico californiano Leonard Adleman da tempo lavora a un progetto che ha come obiettivo quello di realizzare (a livello di prototipo) la prima generazione di *computer molecolari* in grado di effettuare elaborazioni in maniera analoga ai meccanismi con cui opera il Dna umano, cioè quella molecola, unica nel suo genere, in grado di contenere e processare enormi quantità d'informazioni.

Potrebbe essere il punto di partenza per creare entità in grado di effettuare una fusione tra un sistema di intelligenza organica (umana) e un sistema di intelligenza inorganica, capace di garantire altissimi livelli di velocità, efficienza e accuratezza nella gestione delle informazioni. Insomma, una nuova specie: una forma di intelligenza artificiale che affonda le sue radici nella fisica quantistica.

Che cosa ci riserva il futuro?

Con l'evoluzione della miniaturizzazione dei dispositivi elettronici la tecnologia sta effettuando un percorso sempre più indirizzato alla microscopicità dei componenti e orientato alle leggi che dominano la fisica quantistica. Sono molti gli scienziati che asseriscono che in un futuro ormai prossimo il calcolo sarà effettuato interamente a livello atomico. Un elettrone o un atomo potranno contenere dati (bit) in grado di essere trasmessi a velocità infinitamente superiori a quelle attuali. Nel 1960, il più piccolo transistor era rappresentato da un pezzettino di silicio di un millimetro quadrato e con uno spessore di un decimo di millimetro. Attualmente, le memorie più avanzate contengono 512 milioni di bit, sufficienti a memorizzare qualcosa come 100 libri di 250 pagine ciascuno. Con le nuove tecnologie finora descritte, l'uomo sarà in grado di realizzare, entro il 2040, chip complessi muniti di un numero di transistor che oscillerà tra i 10.000 e i 100.000 miliardi, contenuti tutti in un cubetto di silicio di pochi centimetri cubici. Se solo consideriamo quello che sembra essere uno dei materiali più promettenti della nanoelettronica, è cioè il nanotubo, possiamo farci un'idea delle possibili applicazioni. Un nanotubo è un tubo del diametro di poco più di un nanometro, le cui pareti sono costituite da atomi di carbonio disposti in un reticolo di esagoni che si ripetono a intervalli regolari. Esso rappresenta una nuova forma di cristallizzazione del carbonio, che può avere caratteristiche elettriche straordinarie se vi si aggiungono atomi di altri elementi chimici in posizioni strategiche: può infatti svolgere le funzioni di un conduttore, di un isolante, di un semiconduttore, di un superconduttore o addirittura di un laser.

Quindi, anche le nanotecnologie, nel prossimo futuro, assumeranno un ruolo centrale nello sviluppo di processori e dispositivi tecnologici.

La nanotecnologia si prefigge di costruire macchine manipolando un atomo o una molecola alla volta, esattamente come fa la biologia. La manipolazione delle cellule viventi (che hanno un diametro di qualche micrometro e che sostanzialmente corrispondono a un sacchettino microscopico contenente acqua e molecole inorganiche, organiche e biomolecole) potrà consentire la realizzazione di macchine particolarmente complesse, e le applicazioni non saranno confinate alla parte meramente elettrica. Come abbiamo visto, le cellule sono in grado di comunicare tra loro e quindi possono trasmettere informazioni analogamente ai più moderni circuiti integrati.

Una sempre maggiore velocità di elaborazione rappresenta un obiettivo di riferimento per gli studiosi e i ricercatori del settore. Questa ossessiva ricerca di potenza elaborativa porterà allo sviluppo di tecnologie sempre più orientate al *Grid computing*, e di conseguenza anche il *Cloud computing* sarà sviluppato, grazie soprattutto all'inarrestabile crescita della rete Internet.

La tecnologia dell'era informatica scaturì dall'evoluzione della tecnologia avanzata dell'era industriale. Allo stesso modo, l'evoluzione della tecnologia dell'era informatica ci porterà verso una nuova epoca: quella della nanotecnologia e della robotica. Il passo è più breve di quanto si possa immaginare.

Come solitamente accade, le più moderne innovazioni tecnologiche vengono applicate nel settore militare, e se ci soffermiamo ad analizzare i più recenti prodotti tecnologici come lo UAV (*Unmanned Aerial flight Vehicle*)[5] o i robot multifunzione

---

5. Gli UAV sono velivoli pilotati a distanza che possono compiere missioni di vario tipo (ricognizione, sorveglianza elettronica, attacco ecc.). Sono utilizzati dai più moderni eserciti e hanno avuto un particolare successo durante la Guerra del Golfo. Sono attualmente utilizzati in diversi paesi dove sono in corso conflitti.

terrestri, utilizzati per operazioni di ricognizione e di difesa del territorio, possiamo facilmente intuire quali potranno essere gli sviluppi e le applicazioni realizzabili nel giro di qualche decennio.

È evidente quindi che le applicazioni di macchine autonome e intelligenti saranno innumerevoli e sempre più diffuse. Sarà possibile creare industrie con altissimi livelli di automazione grazie al controllo di supercomputer, macchine agricole "intelligenti" in grado di esaminare un campo appena arato e di modificare le tecniche di irrigazione in funzione della percentuale di acqua presente nel terreno, robot casalinghi che si occuperanno della gestione e del controllo della casa, automobili munite di computer in grado di effettuare il pilotaggio automatico ecc.

Le facoltà superiori dell'uomo possono consentirgli di raggiungere livelli di evoluzione tecnologica finora impensabili, ma l'auspicio fondamentale è che egli mantenga elevato un livello di consapevolezza della pericolosità di alcuni utilizzi delle proprie scoperte e che la sua coscienza funga sempre da timone direzionale per il corretto utilizzo della scienza.

9. Real World Web: dal Web Ranking al Social Software

Una strada di incognite

Lo sviluppo di Internet ha subito, soprattutto nel corso degli ultimi anni, sviluppi e mutazioni imprevedibili. La presenza di siti di social network ricchi di informazioni di tipo diverso e implementate con applicazioni multimediali ha trasformato sia la tipologia dell'utente della rete, sia il suo rapporto con questo potente strumento di comunicazione e informazione.

Blog post, video, articoli, podcast e motori di ricerca integrati con applicazioni intelligenti sono solo alcuni dei nuovi strumenti di informazione che hanno trasformato il semplice navigatore della rete in *intelligent navigator*.

Come abbiamo già visto nel capitolo 7, la logica del Web 1.0 si basava sulla strutturazione di portali modellati come ambienti chiusi con architetture elefantiache e ingessate, che tendevano a trattenere l'utente all'interno del sito, limitando la fruizione ai soli contenuti del portale e condizionando fortemente le funzionalità del navigatore per quanto concerne la possibilità di utilizzare applicazioni in grado di interagire con siti web diversi. Inoltre i contenuti erano organizzati secondo la logica *dall'alto verso il basso*, il che produceva come conseguenza una navigazione sequenziale molto rigida e strutturata. Anche per quanto riguarda i modelli di business utilizzabili, tutto si riduceva all'implementazione di semplici banner pubblicitari o alla fruizione di programmi video *on demand* mediante la formula del *pay per view*[1].

L'avvento del Web 2.0 ha innescato nell'offerta dei servizi in rete un processo evolutivo che ha consentito il passaggio dal concetto di "utilizzo del portale" a quello di "utilizzo del servizio", modificando la visione stessa della metodologia di ricerca delle informazioni. Siamo pertanto passati da una metodologia di ricerca *client-server request* (la ricerca veniva solitamente effettuata dal client/utente, sul singolo portale che conteneva solo una parte delle informazioni ricercate) a un modello di tipo *search without frontiers*, assolutamente privo di limitazioni sito/geografiche di qualsiasi tipo.

Riassumendo, le maggiori peculiarità del Web 2.0 sono:

---

1. Il *Pay per view* (paga per vedere) è un servizio interattivo utilizzato soprattutto nell'offerta di programmi televisivi. Pur essendo attualmente un servizio tipicamente rivolto all'utenza televisiva, è utilizzato anche per la fruizione di programmi video *on-demand* su Internet.

- *la decentralizzazione delle informazioni* (in Internet attualmente è presente un numero immenso di fonti informative, tra loro collegate da applicazioni intelligenti, in grado di fornire all'utente tutte le tipologie di dati riconducibili a uno specifico argomento inoltre l'attuale offerta di servizi diversi consente all'utente la massima fruizione delle risorse disponibili in rete);
- *la partecipazione degli utenti alla crescita delle informazioni* (l'utente non è più un semplice fruitore delle informazioni disponibili in rete, ma contribuisce in maniera crescente alla produzione delle informazioni stesse);
- *l'interoperabilità delle funzioni del web* (tutte le funzioni e le applicazioni presenti in rete possono essere riutilizzate e mixate tra loro per filtrare in maniera mirata e veloce le informazioni richieste. Inoltre le diverse applicazioni possono essere aggregate per realizzare nuovi database in grado di fungere da *repository* personalizzati);
- *i contenuti di tipo Open Source o Creative Commons* (Internet ha favorito enormemente lo sviluppo di *software* di tipo Open Source e la creazione delle *Creative Commons*[2], che hanno innescato un processo di collaborazione tra cybernauti favorendo anche la condivisione dei diritti d'autore);
- *i modelli di business avanzati* (i *tagging*[3], le azioni di *ranking*[4], il *trackback*[5] e la gestione della *reputation*[6] hanno assunto, nel corso degli anni, un ruolo preponderante su Internet, e i player del settore stanno sempre più focalizzando l'attenzione sulla cura dell'offerta dei loro beni/servizi).

Pur essendo presenti sul mercato molteplici tecnologie *hardware/software* in grado di aumentare la ricchezza e l'interattività delle moderne interfacce *web-user*, basate sempre di

---

2. *Creative Commons* è la denominazione data ad alcune licenze di diritto d'autore redatte e messe a disposizione del pubblico a partire dal 16 dicembre 2002. La Creative Commons è un ente no profit statunitense fondato nel 2001. Queste licenze, che possono essere applicate a tutti i tipi di opere dell'ingegno che permettono a coloro che detengono diritti di copyright di cedere alcuni di questi diritti direttamente al pubblico e di conservare gli altri. Tra le prime licenze di questo tipo vi sono l'*Open Publication License* (OPL) e la *GNU Free Documentation License* (GFDL).

3. Le attività di *tagging* consentono di attribuire a una o più parole chiave (*tag*) l'individuazione di argomenti, presenti in rete, inerenti la tematica che si sta trattando. È un'attività molto diffusa su Internet che effettua scansioni continue su tutti i siti per catalogarli e proporre agli utenti altre informazioni correlate. L'assegnazione di parole chiave a documenti per consentirne l'elaborazione è sempre più diffusa.

4. Il *ranking* (classificazione) è la funzione in grado di posizionare in maniera adeguata un sito sui motori di ricerca. Si traduce nella capacità di "apparire" il più possibile (livello di ranking) sui motori di ricerca nel momento in cui si digita una o più parole chiave che siano riconducibili al portale da visualizzare. È noto che i portali maggiormente visitati per una determinata *query* effettuata sul motore di ricerca sono quelli che appaiono nelle prime 10 posizioni.

5. Il *trackback* è un meccanismo per la comunicazione e la notifica tra due soggetti (risorse di rete). Il soggetto 1 invia un pingback (richiesta) al soggetto 2, che risponde con un messaggio di avvenuta notifica (o con un messaggio di errore). A questo punto il soggetto 1 invia un ping al soggetto 2 nel caso in cui sia presente, nella risorsa 1, un approfondimento o una citazione della risorsa 2. Il *trackback* è molto diffuso nei blog.

6. La *reputation* è un'attività che mira al costante ed efficace presidio delle rete al fine di monitorare, analizzare, difendere e/o valorizzare l'immagine e la reputazione del portale web, laddove e ogniqualvolta queste siano state messe in discussione o a repentaglio.

più sull'offerta di servizi, solo alcune di esse sono state realmente progettate per garantire al fruitore interfacce leggere e *user-frendly*, capaci cioè di estrapolare i dati richiesti in maniera semplice e rapida. Queste tecnologie, sviluppate soprattutto nel recente Web 3.0, sono tutte orientate al miglioramento della fruizione e dell'integrazione dei dati. Tutto ciò consentirà soprattutto di offrire all'utente (sempre più esigente) la possibilità di ottenere le informazioni richieste senza ricorrere all'ausilio di *software* specifici per l'interpretazione e la raccolta di dati provenienti da fonti informative diverse.

Web 3.0: l'evoluzione dell'Intelligent Information Management

Soprattutto in questi ultimi tempi, si sta sviluppando una nuova generazione di tecnologie web (e in particolare di servizi) a supporto delle *Internet Community*, basata su piattaforme emergenti e innovative per valore, contenuti e struttura, e ciò sta determinando la conseguente crescita e il progressivo coinvolgimento degli utenti stessi che ne beneficiano.

Queste tecnologie possiedono gradi differenti di interazione e vengono utilizzate per obiettivi e in contesti diversi. Di seguito sono riportate le tecnologie maggiormente diffuse.

– *Wiki.* È forse lo strumento di maggiore diffusione in rete. Il termine sembra derivare da una parola in lingua hawaiana che significa "rapido" oppure "molto veloce". In sostanza un *wiki* è un sito web che può essere modificato dai suoi utilizzatori e i cui contenuti sono sviluppati in collaborazione da tutti coloro che vi hanno accesso (gli utenti possono essere registrati o anonimi). La trasformazione dei contenuti è aperta e può interessare la creazione, la modifica, l'aggiunta e la cancellazione di tutto ciò che è stato inserito dagli autori precedenti. Ogni modifica viene memorizzata in un'apposita tabella cronologica che consente, in caso di necessità, di riportare il testo alla versione precedente. L'obiettivo di questa tecnologia è quello di condividere, scambiare, immagazzinare e migliorare i contenuti del sito per accrescere la conoscenza in maniera collaborativa. I campi di applicazione del *wiki* possono essere molteplici:
  • per la gestione della documentazione di progetti informatici (Dotclear, SlackFR, EagleFaq, Manuel Blender Francophone ecc.);
  • per i progetti collaborativi (Planète couleurs, Tela_Insecta, le Journal International des Quartiers, la Choral Public Domain Library ecc.);
  • per la realizzazione di enciclopedie generali come Wikipedia (www.wikipedia.com) o settoriali (come Sensei's Library o websemantique.org);
  • per condividere conoscenze e opinioni all'interno di un'organizzazione (tipici esempi sono i portali *wiki* aziendali);
  • per realizzare *wiki comunitarie* che riuniscono persone per condividere la discussione su uno specifico argomento o per facilitare la conoscenza tra le persone coinvolte;
  • *wiki* individuali come strumento di memorizzazione e catalogazione di informazioni personali.

– **Blog.** Anche il blog è un sito web, ma a differenza degli altri assume la connotazione di una sorta di *diario online* dove vengono inserite opinioni personali, eventi, documentazione di avvenimenti (anche con immagini e video) e materiale informativo di vario genere (visitando il sito di *blog.ai-net.it* – http://blog.ai-net.it – è possibile consultare l'elenco dei blog suddivisi per argomento). Può essere gestito da una o più persone, e gli aggiornamenti vengono di solito effettuati quotidianamente. Il termine trae la sua origine dall'accoppiamento di due termini: "web" e "log", e quest'ultimo può essere tradotto come "tracciamento in rete". In Italia la diffusione dei blog è iniziata a partire dal 2001. I blogger (utilizzatori e gestori dei blog), solitamente utilizzano il proprio blog proprio come un diario personale, per diffondere e condividere in rete le proprie sensazioni, sentimenti, pensieri e opinioni su argomenti diversi. L'enorme diffusione dei blog è da attribuire sia alla facilità di realizzazione (alcuni sistemi consentono di realizzare un blog grazie a *software* che permettono all'utente di effettuare un percorso guidato, senza che si debba possedere alcuna competenza tecnica) sia ai costi, che attualmente sono ridottissimi. Tuttavia non bisogna pensare che l'utilizzo di questa tecnologia sia necessariamente una garanzia di successo per la tipologia di blog che si intende realizzare. Infatti sono moltissimi i blog che non ricevono neanche una visita nell'arco di mesi, o addirittura per tutta la durata della loro esistenza in rete (che alle volte può essere anche molto breve!). Hanno avuto una particolare diffusione, soprattutto negli ultimi anni, anche i blog gestiti da politici, giornalisti, satirici o personaggi impegnati in attività umanitarie e non, senza dimenticare gli artisti, come poeti o scrittori. Insomma, il mondo dei blog può essere considerato un pianeta a se stante, popolato da personaggi in cerca di notorietà, individui *sui generis*, opinionisti sconosciuti e finti autorevoli esperti, ma anche da persone serie che intendono condividere riflessioni culturali, scientifiche e morali. Tra le tipologie di blog più diffuse troviamo:

- *blog personali*: è la categoria maggiormente diffusa. L'autore aggiorna le notizie e le informazioni quotidianamente, esprimendo pensieri e considerazioni personali nel tentativo di suscitare l'interesse dei visitatori e di accrescere il numero delle persone che visitano il blog, oltre che di condividerne i contenuti. Il contributo dei lettori si esprime, solitamente, mediante commenti che, in funzione delle affermazioni fatte, possono suscitare interesse e apprezzamento ma anche disapprovazione e disinteresse per i lettori;
- *blog collettivo*: è una tipologia di blog in cui le notizie vengono inserite da un nucleo di autori che hanno un interesse comune. Solitamente i campi di interesse spaziano dalla politica alla letteratura, dall'informatica all'economia ecc. Sono i blog che attraggono maggiormente, e ciò è dovuto al livello della qualità delle informazioni contenute nei portali e a una maggiore equità nella gestione delle informazioni immesse;
- *blog di attualità*: è il blog delle notizie. Sono soprattutto i giornalisti a utilizzare i blog per gli approfondimenti o per trattare argomenti di attualità meno noti e fatti di cronaca specifici. Sono particolarmente attivi anche per il fatto che si arricchiscono continuamente con le opinioni dei lettori e/o degli utenti che si sono "registrati" nel sito web per ricevere quotidianamente le informazioni;

- *blog aziendale*: i blog aziendali vengono realizzati per contenere le informazioni e gli eventi che interessano i dipendenti di un'azienda. Sono siti in cui il personale coinvolto tratta le problematiche e gli avvenimenti che caratterizzano la vita stessa dell'organizzazione;
- *blog tematici*: sono i blog che contengono informazioni su tematiche specifiche e che consentono di raggruppare persone legate da interessi comuni;
- *blog links*: sono i blog specializzati nella raccolta e nell'elencazione di link che si riferiscono ad argomenti o settori diversi;
- *photo blog*: tra i più comuni, vengono utilizzati come raccoglitori di foto personali o di foto riconducibili ad argomenti specifici. Oltre alle foto è possibile inserire ipertesti multimediali che ne arricchiscono il contenuto;
- *games blog*: contengono giochi fruibili anche in rete;
- *blog politici*: soprattutto negli ultimi mesi, un numero sempre maggiore di politici (nazionali e non) ha scoperto la versatilità del blog, per stabilire un'interfaccia di comunicazione con i cittadini della rete. I contenuti sono riconducibili all'esposizione di problematiche sociali e a proposte per risolvere questioni legate soprattutto alla gestione delle amministrazioni locali;
- *blog urbani*: sono utilizzati da persone che risiedono in un'area geografica definita (città, regione), prevalentemente per socializzare grazie anche all'aggiornamento del portale con immagini e informazioni del proprio contesto territoriale;
- *music blog*: sono utilizzati per interessi musicali. Vi vengono inseriti file musicali (solitamente MP3) che vengono condivisi dalla comunità del blog, nonché testi e informazioni di vario tipo sui generi e gli autori dei brani;
- *video blog*: molto diffusi negli ultimi tempi, basano la loro esistenza sulla raccolta di filmati di ogni genere. Inoltre vengono spesso utilizzati da neofiti e giovani registi di cortometraggi per verificare l'interesse del pubblico verso le proprie realizzazioni;
- *audio blog*: sono blog arricchiti di file audio grazie all'utilizzo del Podcasting[7]. La loro caratteristica peculiare è la possibilità di scaricare file audio di formato MP3 su dispositivi di vario tipo (palmari, cellulari, iPod ecc.) grazie all'utilizzo di feed RSS;
- *blog letterario*: è un blog che può assumere carattere personale (gestito da una sola persona che ne cura i contenuti) oppure collettivo (gestito da più persone). Viene utilizzato per gestire contenuti inerenti materie letterarie come recensioni, saggi, interviste, presentazione di nuove opere ecc.

- **Feed reader.** Il Feed reader, detto anche *lettore di feed* o *aggregatore di feed*, è un'applicazione web che acquisisce contenuti dalla rete per raccoglierli in un

---

7. Il podcasting è un sistema che consente di scaricare automaticamente dalla rete file audio e video chiamati podcast, utilizzando un *software* denominato *aggregatore* o *feed reader*. Il termine scaturisce dalla fusione di due parole: iPod (il riproduttore di file audio MP3 di Apple) e broadcasting (radiodiffusione). La sua diffusione è dovuta all'utilizzo di *feed* RSS per lo scambio di registrazioni audio su computer, palmari e telefoni cellulari.

repository centralizzato con lo scopo di migliorare, a livello qualitativo e temporale, la consultazione delle informazioni. I contenuti possono variare enormemente: dai notiziari, ai blog, ai podcast. Tutto viene raccolto e assemblato per ridurre i tempi e gli sforzi degli utenti che vogliono accedere alle informazioni di loro specifico interesse. Inoltre questi aggregatori consentono di realizzare un contenitore di informazioni unico (database centralizzato) che assume, in funzione delle esigenze del singolo fruitore, la connotazione di un *sistema informativo personalizzato*. L'architettura è molto semplice: quando è registrato mediante un *feed*, l'utente attiva automaticamente una funzione di aggregazione di contenuti che effettua, periodicamente, ricerche sui contenuti desiderati. Se vi sono nuovi contenuti, questi vengono prelevati e inseriti nel *repository* centralizzato. Contrariamente a quanto accade per applicazioni classiche (e-mail o programmi di messaggistica), i contenuti non sono spediti agli iscritti da colui che li pubblica, ma sono richiesti esplicitamente dagli utenti registrati (come nel caso dei newsgroup). Attualmente, oltre ai più comuni programmi di posta elettronica, anche i più diffusi browser di navigazione (come Internet Explorer o Firefox) riescono a leggere i *feed* senza l'ausilio di programmi aggiuntivi (per esempio, Google Reader – www.google.it/reader). Le modalità di fruizione sono due: mediante *software* che automaticamente interpretano un feed (identificato anche come flusso RSS) che consente agli utenti di visualizzare i contenuti (ma senza pubblicarli), oppure integrando i contenuti dei *feed* all'interno di un sito web. La pubblicazione dei contenuti può avvenire anche in forma di blog. In questo caso le notizie che provengono da diverse fonti (e che possono comprendere testi, foto, immagini, video ecc.) vengono inserite in un *feed* che ne illustra i contenuti attraverso l'interfaccia utente tipica dei blog.

- *Social bookmarking.* È un servizio basato sull'utilizzo di portali web che permettono la consultazione di segnalibri (bookmark) appositamente creati dagli utenti (uno dei portali più famosi al mondo dedicato al social bookmarking è delicious.com – www.delicious.com). Consultabili dai navigatori della rete, i bookmark contengono elenchi di indirizzi web che trattano argomenti e contenuti diversi e che sono fruibili da diverse comunità virtuali. I siti di social bookmarking organizzano i contenuti in base all'utilizzo di tag (etichette) che consentono di creare cataloghi che vengono raggruppati in categorie (tagging). Facili e immediati da utilizzare, i social bookmarking permettono agli utenti di attivare le funzioni di "categorizzazione" per mezzo di parole chiave (keyword) scelte autonomamente dall'utente. Il sistema consente di fruire di molteplici vantaggi rispetto ai tradizionali *software* per la localizzazione e la classificazione automatizzata di risorse Internet (per esempio i motori di ricerca). Nei portali di social bookmarking viene attivato un processo di classificazione delle risorse (contenuti) disponibili in rete, che si basa su tag pensati da utenti che hanno la piena "conoscenza" del contenuto del sito catalogato. Al contrario, molti *software* di ricerca sono in grado solo di "cercare di comprendere" il significato di una risorsa informativa per mezzo di uno specifico algoritmo. Quindi è possibile utilizzare il concetto di tag di tipo *semantico* (che focalizza l'attenzione sullo studio del significato delle parole), e quindi diverso da quello del motore di ricerca, che si basa esclusivamente sul numero e la frequenza in rete della singola parola o frase ricercata. È importante sottolineare che sono gli utenti a catalogare le risorse che ritengono utili: pertanto, solo i siti web maggiormente apprezzati saranno oggetto di segnalazione da un numero alto di visitatori. In sostanza, solo i siti più apprezzati saranno percepiti come "utili" dalla comunità di navigatori in rete. Questa metodologia consente di valorizzare i siti che hanno contenuti realmente interessanti e qualitativamente apprezzabili. È un sistema sicuramente diverso da quello che scaturisce dall'utilizzo di metodologie che attribuiscono il valore alla risorsa in funzione del numero di collegamenti esterni che puntano su di essa. Facciamo un esempio, ipotizzando di disporre di due portali web. Sul primo vi sono numerosissimi collegamenti (link) che conducono a esso, ma i contenuti sono poco interessanti e scarsamente aggiornati; il secondo portale ha un numero di collegamenti esterni ridotto ma è ricco di contenuti e aggiornato quotidianamente. I moderni motori di ricerca, in funzione della loro architettura, tendono a favorire la prima tipologia di web, collocandola ai primi posti nel loro processo di screening dei contenuti richiesti. Un sistema di social bookmarking, che invece si basa su un metodologia di ricerca qualitativa delle informazioni e del livello di usabilità delle informazioni possedute, privilegia la seconda tipologia. Inoltre la suddivisione e l'ordinamento delle risorse informative disponibili su Internet consentono al social bookmarking di utilizzare i modelli di sottoscrizione a *feed* RSS basati proprio sulle categorie. L'utente che si abbona al servizio riceve una notifica nel momento in cui nuovi bookmark, appartenenti alla propria area d'interesse, vengono aggiunti da altri utenti.

- **Tag cloud.** Il *Tag cloud* o *nuvola di tag*, è una raffigurazione delle etichette o keyword utilizzate sui portali web presenti in Internet. Le nuvole di tag sono un metodo per illustrare i contenuti dei siti in funzione dell'importanza delle parole chiave ricercate. L'importanza è data, solitamente, dalla tipologia di *font* utilizzata dalle parole ricercate. In sostanza, un font di dimensioni maggiori acquisisce un valore maggiore rispetto a una parola che utilizza un font di dimensioni ridotte. Il *tag cloud* ha il vantaggio di offrire velocemente all'utente un elenco delle attribuzioni (argomenti o parole chiave) che sono stati assegnate all'oggetto dai vari utenti che lo condividono. Se l'oggetto è un insieme di foto (come accade, per esempio, nel portale Flickr – www.flickr.com), la nuvola descrive sinteticamente quali sono i tag associati alle foto presenti sul portale web e consente di comprendere rapidamente quali siano i tag fondamentali. È importante ricordare che i tag corrispondono a dei link (collegamenti) che consentono al fruitore una navigazione mirata e veloce.
Il portale di Flickr può essere utilizzato anche per contenere semplici raccolte di foto, che possono essere ricercate mediante specifiche parole chiave (per esempio, se viene digitata la keyword "vacanze" possono essere estrapolate

tutte le foto riconducibili a viaggi di piacere).

Un'altra delle peculiarità di Flickr è la possibilità di identificare il luogo di provenienza delle immagini mediante l'attivazione e la visualizzazione automatica di mappe geografiche. Questa particolare utilità permette di ricercare, attraverso siti che contengono materiale fotografico, informazioni su paesi diversi per scopi turistici e culturali, o semplicemente per condividere esperienze personali riguardanti città, paesaggi, costumi e culture diverse.

All'interno di queste pagine è possibile creare nuovi tag cloud che contengono foto, commenti e immagini di alcuni luoghi particolari. Questi nuovi tag possono dare vita a nuovi link che identificano interessi particolari (per esempio, un tag che identifica i viaggi in "California", oppure in città come "London").

- *Video sharing.* Il *video sharing* è attualmente il servizio più utilizzato, soprattutto dalla comunità dei giovanissimi navigatori della rete. Si basa essenzialmente sulla possibilità di condividere file video attraverso Internet, grazie all'utilizzo di programmi che consentono il *file sharing* (condivisione di file). Youtube (www.youtube.com), Yahoo Video o Google video, MySpace (www.myspace.com), iFilm, DreamHost e DailyMotion sono solo alcuni dei portali che offrono a livello mondiale questa tipologia di servizio. Tutti i video sono protetti da diritto d'autore, e molto spesso i filmati presenti sui diversi portali non possono essere salvati direttamente sul computer (operazione di download): possono solo essere visualizzati mediante un comune browser di navigazione. Soprattutto negli ultimi tempi, questi siti web hanno raggiunto un'enorme notorietà, dovuta in gran parte ai contenuti dei video, che sempre più spesso contengono immagini o messaggi provocatori o addirittura trasgressivi. Spesso la loro notorietà è legata a fatti di cronaca nera (filmati che annunciano il verificarsi di delitti o vendette). A volte assumono addirittura il ruolo di sistemi di comunicazione interattivi per squilibrati che vogliano raggiungere la notorietà attraverso azioni criminose. Comunque il video sharing rappresenta un nuovo modo, apprezzato soprattutto dai giovani, di comunicare con un mondo esterno che viene percepito come sempre più distante e incomprensibile.

- *Micro blogging.* Il *micro blogging* è una metodologia di pubblicazione di analoga al blog, solo che qui le dimensioni dei contenuti sono sostanzialmente ridotte. Vengono raccolti messaggi di testo, immagini, file audio e video, ma anche frasi, citazioni e tutto quanto si possa inserire su se stessi o su argomenti di vario genere. È una sorta di luogo virtuale in cui collocare informazioni essenziali per scoprire nuove amicizie e/o luoghi virtuali di condivisione di interessi comuni. I messaggi, solitamente, non possono superare un numero predefinito di caratteri (circa 150). Uno dei più popolari è Twitter (www.twitter.com), lanciato nel 2006 negli Stati Uniti. Un altro sito di particolare interesse è Hictu (www.hictu.com), che (disponibile anche in italiano) risulta uno dei più popolari in Italia. Pur essendo semplici e veloci da gestire, i micro blog non hanno avuto la stessa diffusione dei blog.

- *Social music.* È un'altro dei servizi più diffusi su Internet. Nati per condividere brani di generi musicali diversi, i siti di social music si sono evoluti sino ad assumere la connotazione di veri e propri portali in cui condividere non solo musica, ma anche opinioni, testi, informazioni su artisti e complessi musicali. In alcuni (per esempio, Soudpedia – http://soundpedia.com) è possibile attivare le funzioni di download (per scaricare brani) ma anche di upload (per trasmettere brani musicali propri) per arricchire il portale di file musicali di tipo diverso o di brani inediti. Vengono utilizzati anche per proporre i brani di artisti sconosciuti che vogliono pubblicizzare la propria musica, anche per evitare i costi di marketing connessi ai passaggi nelle radio locali o alle costose sponsorizzazioni di case discografiche.

- *Social network.* Social network, o rete sociale, è un termine che identifica un raggruppamento di persone che, attraverso la rete, stringono legami sociali con l'obiettivo di conoscere nuove persone, condividere interessi comuni, attivare legami professionali, riallacciare rapporti familiari, condividere obiettivi politici ecc. Le social network sono le nuove piazze culturali e sociologiche in cui intessere rapporti ad ampio spettro e senza alcun limite geografico. Il successo dei social network è stato così eclatante da spingere sociologi e filosofi ad avviare, negli ultimi anni, studi incentrati proprio sulla comprensione del "fenomeno" delle reti sociali. Sostanzialmente, esse vengono analizzate per comprendere le motivazioni che hanno determinato un successo così inatteso. Esistono persino studi che analizzano la "mappatura geografica" delle social network, per cercare di comprendere se vi siano particolari motivazioni all'origine dell'attivazione di alcune reti sociali in determinati contesti geografici, piuttosto che in altri. Essendo ormai un fenomeno di massa, questi web hanno creato una vera e propria "generazione" di cybernauti, cosa che ha indotto gli esperti di Internet a teorizzare la nascita di un'altra identità (identità virtuale) per tutti coloro che comunicano e stringono rapporti personali utilizzando Internet. Esempio tipico di social network è Badoo (http://badoo.com), un portale con sede a Londra che, beneficiando di una interfaccia multilingue, offre ai suoi utenti registrati la possibilità di collegarsi con persone in tutto il mondo, per condividere foto e video con amici, realizzare reportage sulle proprie esperienze di vita, illustrare e condividere progetti futuri. Attivato nel 2006, dopo appena due anni poteva contare su ben 14 milioni di utenti registrarti, e figura tra i 1000 siti più visitati a livello mondiale. Una delle maggiori peculiarità del portale di Badoo è la totale assenza di pubblicità (il che lo differenzia da altri siti che offrono servizi simili). Il portale inglese permette agli utenti di ottenere visibilità e questa funzione rappresenta la vera fonte di guadagno per l'azienda. Infatti, mentre inizialmente questo servizio era gratuito per gli utenti donna e a pagamento per gli uomini, attualmente è a pagamento per tutti. Il sito comprende anche un sistema di *ranking* che consente agli utilizzatori con una media di visite più alta di essere posti nella pagina principale, aumentando quindi la possibilità di esser contattati da altri cybernauti.
È indicativo l'esempio di Facebook, uno dei maggiori portali di social net-

working, che ha assunto il ruolo di "fenomeno del Web 2.0", decretando quasi la fine dell'utilizzo della posta elettronica come strumento di riferimento per la comunicazione diretta (anche a causa del problema quasi irrisolvibile dello spamming). Un recente studio condotto da Nielsen[8] sulle abitudini dei navigatori della rete di nove paesi (tra cui anche l'Italia) ha rivelato che solo nel 2008 le comunità delle reti sociali hanno attirato qualcosa come il 67% dei navigatori, a livello mondiale, contro il 61% del 2007, con un incremento pari al 5,4% in un solo anno. Nel corso del 2008 i blog e i social network hanno attirato più utenti della mail, e il portale di Facebook (www.facebook.it) viene visitato ogni mese da tre persone ogni dieci utenti online. In Italia i social network hanno fatto un balzo del 9%, con il doppio del tempo trascorso sui siti di seconda generazione rispetto al 2007. A livello mondiale, il paese che si pone al vertice dell'utilizzo delle reti sociali è il Brasile, con circa l'80% dell'utenza della rete. Solo nel 2008, i cybernauti brasiliani hanno frequentato i blog più noti (MySpace e Facebook) un minuto ogni quattro, utilizzando moltissime applicazioni del Web 2.0. E l'Europa non è da meno. In Gran Bretagna, il 69% dei frequentatori della rete utilizza applicazioni avanzate, con un incremento rispetto al 2007 del 10,3% e con un minuto destinato a siti del genere ogni sei trascorsi online. Anche in Germania il tasso di crescita dei frequentatori di social network, è aumentato. Con un balzo del 12,5%, i tedeschi si attestano tra i grandi utilizzatori di reti sociali, nonostante che in termini assoluti gli utenti tedeschi che si possono definire membri di comunità siano solo il 51% dell'utenza della rete. Il social network è attualmente la quarta applicazione più utilizzata online, preceduta dai motori di ricerca, dai portali con i rispettivi applicativi *software* e, infine dalla posta virtuale. Inoltre è interessante notare il legame con la telefonia mobile: il 23% degli abitanti dell'Inghilterra approda a Facebook e portali similari servendosi dei telefoni cellulari. Tuttavia, dal successo di un'applicazione non sempre scaturiscono solo benefici. Negli ultimi mesi stanno proliferando nella rete fan club di boss mafiosi, gruppi neo-nazisti, siti di deputati definiti "fannulloni", nonché censure di ogni tipo. Sono questi gli episodi, più o meno scandalosi, che hanno fatto di Facebook (che rimane il secondo sito più visitato al mondo) il portale più discusso a livello planetario. Non a caso, negli ultimi mesi, Facebook ha dovuto sopprimere un numero rilevante di gruppi italiani di stampo neo-nazista, alcuni spazi utilizzati da politici che li utilizzavano in maniera "eccessiva", e addirittura quello in cui erano riportate foto che ritraevano mamme durante l'allattamento dei propri figli. Quest'ultima decisione ha suscitato le ire di una mamma canadese che, quando lesse che non poteva postare le proprie immagini perché "contrarie al nostro regolamento", scatenò una cyber-bufera che ebbe come conseguenza quella di portare un gruppetto di madri inferocite a protestare a Palo Alto, sede del quartier generale di Facebook; e ben 82mila sono le persone che hanno firmato la

---

8. Nielsen (www.nielsen.com) è una società specializzata in indagini e studi volti a fornire ai propri clienti una visione dei mercati in cui operano e una migliore conoscenza dei loro consumatori attraverso ricerche, analisi, esperienze e tecnologie avanzate.

petizione *"Hey Facebook, l'allattamento al seno non è osceno"*. In Italia la situazione è addirittura paradossale. Emblematico è lo scandalo che ha riguardato il crescente fenomeno della nascita di gruppi sostenitori dei boss mafiosi. Annunci di processi di beatificazione di boss del calibro di Bernardo Provenzano o di Totò Riina hanno suscitato un misto di ira, sconcerto e incredulità. Ancora più sconcerto ha suscitato la decisione di Facebook di non intervenire sulla questione. La domanda che ci si potrebbe porre a questo punto è la seguente: è indispensabile regolamentare a livello mondiale i contenuti dei portali web o è preferibile mantenere intatta l'autonomia della rete? Lasciando al lettore il compito di riflettere su questo dilemma, è importante sottolineare l'aspetto dell'importanza della rete, e in particolare delle social network, come modello di condizionamento e di educazione sociale. Sarebbe un grosso errore non considerarli tali. Qualcuno ha asserito che le reti sociali sono essenziali per la nascita della nuova *"democrazia emergente"* che costituisce il collegamento vitale tra le reti creative (composte da gruppi di persone unite da interessi comuni) e le reti di potere, rappresentate da gruppi religiosi, etnici, politici ed economici, molto interessati a evitare la creazione di correnti di pensiero che possano mettere in discussione gli obiettivi che perseguono. La speranza è che l'evoluzione delle tecnologie che sempre di più influenzano i nostri rapporti personali e lo stesso nostro modo di comunicare non comporti un processo di trasformazione che abbia come conseguenza un inasprimento dei rapporti tra diverse etnie e gruppi sociali, e quindi il possibile ritorno a forme di intolleranza e di violenza collettiva.

– **WebTv**. È semplicemente la televisione trasmessa attraverso il web. Ovviamente la tecnologia su cui si basa questo servizio di trasmissione televisiva è lo *streaming*[9]. È opportuno ricordare che, per avere una corretta visione delle WebTv, è indispensabile utilizzare una connessione a larga banda (ADSL, HDSL, CDN) che consenta la buona fruizione di questi contenuti particolarmente corposi da un punto di vista dimensionale. La diffusione di queste applicazioni in rete ha inoltre convinto le istituzioni e le aziende pubbliche (grazie anche a recenti normative che hanno imposto in Italia l'utilizzo della rete come strumento di comunicazione con il cittadino) a implementare sistemi audiovisivi e telematici per incentivare e migliorare il rapporto con gli utenti che si rivolgono alla Pubblica Amministrazione e alle amministrazioni

---

9. Questo termine si riferisce alla metodologia di trasmissione dati che identifica un flusso di dati audio/video trasmessi da una sorgente a una o più destinazioni tramite rete. I dati vengono riprodotti man mano che arrivano a destinazione. Le tipologie di streaming sono due: lo streaming *on-demand* e lo streaming live. Nel primo i contenuti audio/video sono inizialmente compressi e memorizzati su un server come file. L'utente può richiedere al server in questione l'accesso ai file audio/video, che non necessariamente devono essere scaricati sul proprio computer, ma che possono essere riprodotti mediante un processo di decompressione al termine del quale i contenuti vengono riprodotti istantaneamente poco dopo l'inizio della ricezione. Il ritardo consente di creare un'area di memorizzazione per risolvere il problema dei ritardi o delle interruzioni nella trasmissione in rete. Appartengono a questa categoria i flussi streaming di Real Video e Real Audio, Windows Media Player, QuickTime, Adobe Flash Video. Lo streaming live è molto simile alla classica trasmissione radio o video in broadcast. Come per il precedente, i dati sono trasmessi utilizzando opportune compressioni per alleggerire il più possibile la trasmissione in rete. La compressione dei contenuti introduce nel flusso un ritardo di circa dieci secondi.

locali. Pertanto è in costante aumento (anche in Italia) il numero delle istituzioni pubbliche che utilizzano come strumento la WebTv, anche perché questa tecnologia, rispetto ad altri media, ha costi di impianto e di gestione molto più contenuti.

Per esempio, in Italia la Camera dei deputati e il Senato della Repubblica hanno attivato un servizio basato su WebTv (online) che trasmette tutti i lavori parlamentari. Questo sistema ha consentito di rendere pubblici gli accessi ai lavori parlamentari, che precedentemente erano aperti esclusivamente ai giornalisti accreditati come Stampa Parlamentare. Anche le reti televisive italiane hanno attivato la tv via web. Dalla Rai (http://www.rai.tv/dl/RaiTV/homeTv.html) a Sky (http://tg24.sky.it/tg24), molti canali televisivi hanno sviluppato piattaforme in grado non solo di erogare contenuti riconducibili alle "news", ma anche di offrire al pubblico un servizio di particolare importanza, non erogabile mediante il normale canale televisivo. Mi riferisco agli approfondimenti sulle notizie e sulle questioni di maggiore attualità, che forse rappresentano l'attrattiva superiore per gli utenti. E i gestori delle reti televisive lo hanno ben compreso.

Quindi, tutto lascia prevedere che la WebTv contribuirà al definitivo pensionamento del mezzo televisivo come noi attualmente lo intendiamo. La televisione del futuro è il computer, in grado di erogare i contenuti in maniera personalizzata, consentendo al telespettatore di scegliere, selezionare, raffinare, aggregare i contenuti in funzione delle proprie esigenze o dei propri gusti personali. Il vantaggio dell'utilizzo del personal computer come strumento di fruizione dei contenuti televisivi è l'interattività che si realizza tra fruitore e fornitore dei contenuti. Lo spettatore diviene utente-protagonista e quindi decisore e creatore di un proprio palinsesto personalizzato, eliminando i tempi morti di attesa dei programmi e intercettando le informazioni desiderate a livello mondiale, pescando e filtrando contenuti provenienti da diverse emittenti televisive.

Quindi, il vantaggio maggiore è costituito dalla possibilità di usufruire, su base planetaria, di uno strumento informativo senza i confini del numero dei canali visibili, delle concessioni governative e di tutte le limitazioni tecniche, contrattuali e, soprattutto, di qualità dei contenuti attualmente fruibili sui più diffusi canali televisivi.

È importante sottolineare che una evoluzione della WebTv è la P2P TV, che si basa sulla condivisione di video in streaming tramite la tecnologia *peer-to-peer*. L'utilizzo di tale tecnologia permette di trasmettere a un numero elevato di persone senza l'utilizzo di server potenti e di banda elevata, riducendo così i costi di gestione del sistema.

Che cosa ci riserva il futuro?

Ecco una domanda a cui non è semplice rispondere: quale sarà il futuro del web? Personalmente ritengo che la risposta debba scaturire non solo dall'analisi dell'evoluzione delle tecnologie informatiche, o dallo studio delle metodologie di impiego delle infrastrutture IT, ma anche, e soprattutto, dall'osservazione del web come nuova entità sociale. Proprio dal punto di vista dell'impatto sociale, dobbiamo comprendere che il web è un nuovo elemento di un sistema di interazione umana che ha capacità indefinibili, a livello sia sociale sia geografico. In buona sostanza, è importante comprendere che questo sistema di comunicazione tra persone diverse potrà influire nel prossimo futuro (come fa già ora) in maniera determinante su ideologie, costumi, politica e contesti sociali. È un sistema complesso, costruito con la metodologia del mosaico: una serie di tasselli, a volte molto differenti o addirittura completamente incompatibili tra loro, ma che danno come risultato un *"gigantesco sistema comunicativo condizionante"* in grado di raccogliere enormi masse di popolazioni per condividere idee, azioni, pensieri e forse il medesimo scopo della vita stessa, ma soprattutto capace di determinare forti condizionamenti sulle masse. Capire la natura dinamica del web è fondamentale per acquisire la capacità di comprendere la reale portata di questo potentissimo strumento di comunicazione dell'uomo.

Fondamentale, quindi, è la comprensione delle metodologie di sviluppo del web. Infatti le *web applications* vengono realizzate seguendo un struttura sintattica sociale, sostanzialmente diversa dalle metodologie utilizzate nei tradizionali processi di ingegnerizzazione del *software*. Quindi la costruzione della maggior parte delle applicazioni risente della impostazione di tipo *micro* realizzate, cioè da un numero ristretto di persone per risolvere esigenze personali e specifiche. Tuttavia queste microapplicazioni sono utilizzate e integrate dal *macrosistema* della rete, che le utilizza e le incorpora in altre per ampliare i servizi offerti e per crearne di nuovi. Pertanto assistiamo all'uso del *macrosistema* da parte di un bacino sterminato di utenti, che interagiscono fra di loro in modo spesso imprevedibile, e ciò va analizzato in modi diversi proprio per le proprietà emergenti che può manifestare. Un esempio per tutti: da un'indagine condotta negli Stati Uniti dall'FBI (Federal Bureau of Investigation) risulta che un'alta percentuale di baby-killer (ragazzi di età compresa tra 12 e 17 anni) che si sono macchiati di crimini orrendi, fino a vere e proprie stragi di massa, è risultata fortemente condizionata da alcuni contenuti della rete. Non solo sembra addirittura che alcuni di loro abbiano agito nel tentativo di "emulare" i personaggi di alcuni videogame (incentrati sulla violenza e sull'utilizzo delle armi). Sappiamo tutti che la mente è condizionata da quello che apprende sistematicamente, e che seleziona, fra tutti i segnali esterni, quelli che meglio si adattano alla sua visione del mondo. Per questo, proprio in questi ultimi mesi, alcuni politici americani hanno proposto una norma che preveda limitazioni alla diffusione di videogame violenti e che ponga divieti all'accesso a siti con contenuti di questo tipo.

Per comprendere il web è oggi necessaria una rivisitazione della natura di questo strumento di informazione multimediale. La comprensione non deve limitarsi all'analisi delle problematiche connesse alle tecnologie utilizzate, ma deve incentrarsi soprattutto sulle dinamiche sociali dei fruitori, il cui numero è impressionante e in continua crescita. Da ciò deriva che il web assume la connotazione di una vera e propria *scienza*, e in quanto tale è multidisciplinare, dato che coinvolge materie e settori come informatica, matematica, intelligenza artificiale, sociologia, psicologia ed economia.

Quindi i molteplici settori e aree che si fondono in questo sistema di comunicazione multimediale hanno determinato la nascita di proprietà *emergenti* che devono costituire i riferimenti primari per lo studio dello sviluppo dell'evoluzione della rete stessa. Le proprietà in questione sono le seguenti:

- *Funzionalità sociale*
  È indubbio che il successo o il drastico fallimento delle implementazioni sul web dipendano essenzialmente da funzionalità sociali. Risulta pertanto determinante progettare applicazioni che siano realmente utili e spendibili dal cittadino. Per ottenere questo risultato, la migliore comprensione degli aspetti sociali risulta un elemento imprescindibile. In futuro i sistemi non dovranno più essere "isolati", cioè realizzati da player che mirano alla realizzazione di un determinato servizio senza tenere in debito conto la possibilità che tali sistemi si possano interfacciare con altri. C'è bisogno di una tecnologia che consenta a diverse comunità di utenti di realizzare, condividere e adattare questi sistemi tra loro per permettere un'evoluzione del web integrata con tutti i sistemi esistenti. Nel futuro il successo dei sistemi web sarà fortemente condizionato dalla capacità di "dialogare" tra loro e scambiarsi continuamente informazioni, per consentire all'utente di poter estrapolare rapidamente ed efficacemente tutte le informazioni e i servizi di cui necessita.

- *Controllo e monitoraggio dei contenuti*
  È certo che le differenze culturali e sociali influenzano notevolmente lo sviluppo e l'uso di meccanismi sociali sul web. I fabbisogni di un nucleo culturale possono essere visti come negativi o indesiderati da un altro gruppo sociale. Il web è una creatura in continua evoluzione, e la velocità del suo cambiamento è pari o superiore all'abilità di osservazione dei più esperti studiosi della rete. Da queste considerazioni si evince come il futuro della società umana sia intrinsecamente legato al futuro del web. L'uomo ha quindi la responsabilità di garantire che gli sviluppi del web, nel prossimo futuro, contribuiscano a migliorare la società stessa, per agevolare e arricchire i rapporti tra gli uomini. In tal senso coloro che hanno la responsabilità dei contenuti dei siti devono badare che i prodotti e i servizi sviluppati siano utili ed efficaci per la comunità della rete e che non producano effetti collaterali indesiderati tali da danneggiare le diverse comunità e, di conseguenza, la stessa società mondiale. Anche i responsabili dei governi e i legislatori hanno il dovere di comprendere e di organizzarsi per intuire e anticipare le conseguenze delle eventuali leggi e politiche che realizzano per regolamentare il corretto utilizzo dei siti web. In maniera analoga agli studiosi dei fenomeni climatici che da anni sviluppano metodologie di analisi per dimostrare o smentire teorie contraddittorie sugli effetti del comportamento dell'uomo sul clima della Terra, anche gli scienziati del web devono sviluppare metodi e sistemi per comprendere come il comportamento umano influenzerà lo sviluppo di un sistema di comunicazione stratificata, che sta evolvendo a una velocità incredibile.

- *Studio della sicurezza del web*
  Utilizzo scorretto dei sistemi informativi da parte degli impiegati, negligenza nell'utilizzo della gestione della posta elettronica, fuga di notizie riservate: sono solo alcune delle problematiche emerse da una recente ricerca condotta da Weber

Shandwick, in collaborazione con l'Economist Intelligence Unit, intervistando un campione di dirigenti e top manager di tutto il mondo sul monitoraggio e la gestione della reputazione online. La ricerca, *Risky Business: Reputations Online*™ (www.online-reputations.com), afferma che lo screditamento da parte degli impiegati e le e-mail inviate per errore sono tra i motivi di maggiore preoccupazione, alimentando l'idea diffusa tra il 67% dei dirigenti di fascia più alta che la reputazione della propria azienda sia vulnerabile. Oltre a queste nuove preoccupazioni, esiste da sempre il problema della sicurezza delle informazioni e dei dati che transitano sulla rete mondiale. Il commercio elettronico, sebbene abbia fatto passi da gigante soprattutto negli ultimi anni, stenta ancora a decollare definitivamente a causa dei continui pericoli e insicurezze che minacciano l'uso del web come nuovo sistema di commercio mondiale. In futuro, lo sforzo maggiore dei *vendor* IT dovrà essere concentrato, in maniera sostanziale, proprio sullo studio della sicurezza della trasmissione dei dati in rete. Solo attraverso un sistema di comunicazione *sicuro* sarà possibile sfruttare appieno le potenzialità del web e della rete stessa. Tuttavia, oltre che dallo sviluppo di sistemi tecnologici di protezione, non si dovrà prescindere dalla realizzazione di un piano di formazione e acculturamento dei cittadini, che consenta di innalzare le conoscenze informatiche personali per fronteggiare i pericoli che provengono dalla rete Internet. Tali insidie possono essere realmente ridotte al minimo se, oltre a utilizzare sistemi di protezione *hardware/software*, si osservano metodologie comportamentali e criteri di gestione della privacy che possono mettere in sicurezza i tanti dispositivi tecnologici che quotidianamente utilizziamo.

In conclusione, il web deve essere studiato e gestito come un'entità a sé stante per garantire che possa continuare a svilupparsi positivamente per soddisfare i reali bisogni informativi del cittadino, scongiurando il pericolo che possa trasformarsi in uno strumento che capace di produrre effetti sociali imprevisti e dannosi.

10. Il futuro dell'Information Technology: timori o speranze?

Uno sviluppo imprevedibile

Alcuni mesi fa è stato pubblicato il *Pew Internet and American Life Project*, studio condotto dalla nota associazione non-partisan e no-profit statunitense che si occupa di indagini e analisi sull'impatto di Internet sulle famiglie, le comunità, il lavoro, l'educazione, la sanità e la vita sociale e politica del Paese. Curiosamente, al rapporto è stato assegnato un nome di particolare impatto: *Il futuro della rete nel 2020*. Dopo aver intervistato ben 742 esperti di politica, informatica e business, i ricercatori dell'associazione hanno elaborato questo nuovo rapporto sul futuro di Internet, che, a quanto si evince dal documento, sarà roseo e particolarmente florido di progetti e benefici. Quasi tutti gli intervistati concordano sul fatto che da qui al 2020 la rete accrescerà il suo fascino sino ad assumere il ruolo di strumento di riferimento per la comunicazione e l'intrattenimento, grazie anche all'integrazione di tutti i dispositivi tecnologici esistenti in commercio. Tuttavia, un buon 46% degli esperti che hanno collaborato all'indagine ammette di avere moltissime riserve sull'argomento.

Particolarmente interessante è l'autorevole parere di Janna Quitney Anderson, principale autrice del report *The Future of the Internet II*, secondo la quale i maggiori esperti del futuro di Internet sono sostanzialmente d'accordo sulla portata colossale dei cambiamenti tecnologici che si verificheranno nell'utilizzo della rete, ma sono molto in disaccordo sugli effetti sociali e politici che essa produrrà. Il problema principale è quello del controllo di Internet. Chi se ne occuperà? L'esigenza di una struttura, se non di controllo, quantomeno di monitoraggio del suo utilizzo e dei contenuti è da attribuirsi non solo al crescente utilizzo della stessa, ma soprattutto all'inarrestabile aumento dei dispositivi "mobili" che a essa si collegano.

Quindi particolare rilevanza assume il problema dell'interoperabilità tra i diversi sistemi *hardware/software* mobili esistenti (palmari, cellulari, smartphone, portatili, sistemi GPS ecc.), così come gli ostacoli derivanti dai diversi player IT che operano nel settore delle telecomunicazioni e di quelli che hanno interessi di mercato e commerciali che influiscono, come possiamo immaginare, sullo sviluppo dei servizi offerti in rete. Da ciò si evince l'importanza del passaggio da una filosofia orientata alla *competizione* a una orientata alla *collaborazione*.

Un altro aspetto interessante su cui si sono pronunciati gli intervistati è quello della lingua che sarà prescelta come "ufficiale" in Internet. Sembrano tutti d'accordo sul fatto che l'inglese diventerà entro il 2020 la lingua dominante nel web. Sussiste però anche la certezza che verranno utilizzati sistemi di traduzione simultanea (come peraltro già avviene nell'utilizzo di alcuni browser di navigazione e in diversi motori di ricerca) che consentiranno la traduzione immediata, nella lingua prescelta, della pagina web visualizzata o del messaggio di posta elettronica ricevuto.

Ma il problema che attanaglia la maggior parte degli esperti è quello della sicurezza in rete. Molte perplessità sono state sollevate riguardo alla possibilità che la rete, in un futuro prossimo, sia controllata direttamente dalle macchine. La supervisione dell'uomo sembra essere garantita, almeno fino a quando i sistemi informatici non saranno dotati di processori assimilabili a sistemi di intelligenza artificiale. Ci vorrà ancora molto tempo? Chi può dirlo. Di sicuro vale l'affermazione del grande Albert Einstein, che asseriva: "Non penso mai al futuro. Arriva sempre troppo presto".

Limitazione e controllo della rete: un rischio reale?

Un dato sembra tuttavia inconfutabile: entro i prossimi 20 anni un numero rilevante di persone vivrà e lavorerà nel cyberspazio. Le aziende, sempre più assillate dalla ricerca di soluzioni che possano ridurre i costi di gestione, percepiranno questa metodologia di lavoro come una vera propria manna dal cielo. Molti dipendenti di aziende attualmente trascorrono il 60% del proprio tempo di lavoro al computer. La rete Internet ha risolto definitivamente i problemi di interazione a livello geografico abbattendo il più grande ostacolo, che era rappresentato dalle distanze e dalle metodologie di comunicazione antiquate (basate sostanzialmente solo sulla telefonia analogica). Oggi lavoriamo prevalentemente con il computer, il file-sharing (condivisione di file) ci consente di scambiarci dati e informazioni on-line, le riunioni vengono gestite sempre di più attraverso sessioni di videoconferenza (grazie soprattutto all'utilizzo di computer accessoriati per questi utilizzi), e anche nel tempo libero il computer è lo strumento maggiormente utilizzato. L'azienda, pertanto, non ha più alcun motivo di "allocare" il personale all'interno dei propri uffici. Strumenti di monitoraggio avanzatissimi possono verificare il lavoro quotidiano svolto da ogni singolo collaboratore e, come se non bastasse, sperimentazioni condotte negli ultimi anni hanno dimostrato che l'efficienza e la produttività dei dipendenti che utilizzano la metodologia del *telelavoro* aumentano in maniera esponenziale. A ciò si aggiunge il beneficio, in termini di riduzione dei costi, che l'azienda conseguirebbe se consentisse ai propri dipendenti di lavorare da casa. Uno scenario troppo avveniristico? Francamente non credo.

Ritengo invece problematico un altro aspetto: quello della privacy. Se tra qualche decennio un numero rilevante di persone utilizzerà la rete come strumento di lavoro e di svago, il problema della tutela della privacy degli utenti si porrà in tutta la sua rilevanza. Sarà possibile tutelare la vita privata di ciascuno di noi garantendo nel contempo la trasparenza e l'assenza di controllo della rete?

Già nel 2001 Lawrence Lessig, direttore dell'Istituto di Cyberlaw dell'Università di Stanford, nel suo libro *The future of ideas* ipotizzava la tendenza di alcuni operatori a mettere in atto una sorta di chiusura della rete Internet, con la conseguente discriminazione del traffico della rete, azzerando la maggiore delle sue peculiarità: l'assoluta libertà di comunicazione.

Nel suo testo egli evidenzia, con altrettanta chiarezza, la possibilità che si realizzi uno scenario preoccupante: la tendenza degli operatori, per ragioni economiche e politiche, a rendere le reti "private" o parzialmente interconnesse per controllare i servizi utilizzati e la tipologia di traffico generato. Il tutto per consentire alle aziende operanti nel settore di agevolare o penalizzare i servizi in funzione del "gradimento" degli stessi. Come potrebbe realizzarsi un simile scenario? È molto più semplice di quanto si possa immaginare. La rete Internet è sostanzialmente un agglomerato di reti distinte, gestite da operatori diversi, che gestiscono il traffico secondo una serie di regole ben definite e comuni.

È noto che il funzionamento della rete si basa su "indirizzi numerici" (*Internet Protocol number*, IP number) che consentono l'identificazione univoca di un computer sulla rete. Una organizzazione internazionale (IANA, *Internet Assigned Number Authority*) che si occupa proprio dell'attribuzione degli indirizzi IP ha la responsabilità della gestione dei "numeri" che identificano in Internet tutti i computer a esso collegati. Questi indirizzi numerici, come abbiamo visto, consentono di identificare univocamente tutti i computer presenti in rete, ed è proprio grazie a questa particolare architettura (simile a quella di un gigantesco elenco telefonico mondiale) che la rete Internet consente di erogare una molteplicità di servizi. Il sistema garantisce che l'attribuzione degli indirizzi IP venga effettuata da un unico gestore, e l'ipotesi che uno stesso indirizzo possa essere rilasciato a due utenti diversi della rete appare infondata. Tuttavia nulla vieta che un gestore di servizi in rete (*Internet Service Provider*) implementi un sistema di "sostituzione" di IP number. In pratica, un operatore di telecomunicazioni potrebbe, per una serie di motivazioni legate a scelte tecnologiche e/o di mercato, realizzare una rete "interna" utilizzando indirizzi IP "personali", predisponendo intorno al perimetro della propria rete dei dispositivi in grado di convertire i suoi "indirizzi IP personali" in "indirizzi IP utilizzati in Internet" e identificabili in Internet.

In realtà, questa rete interna (Intranet) non è integrata in Internet ma è collegata a essa. Pertanto tutte le funzionalità assicurate agli utenti potrebbero essere limitate o controllate dal gestore della rete privata. Quindi l'utente non avrebbe un accesso a Internet di tipo *full services* ma potrebbe accedere solo a una serie limitata di servizi o essere assoggettato a una serie di controlli per quanto concerne i contenuti dei dati trasmessi e ricevuti in rete. Questa situazione si verifica già in molte aziende che gestiscono reti Intranet, ma l'architettura potrebbe essere estesa a livelli geografici più ampi. Si potrebbe controllare il traffico dati di una regione o di un intero Stato, se la gestione fosse affidata a un Service Provider malintenzionato o poco propenso a rispettare le regole della tutela delle informazioni e quindi della privacy.

Inoltre, in questa architettura di "filtraggio" degli indirizzi IP potrebbe comportare il blocco della "identificazione" degli indirizzi IP, salvo, per esempio, corresponsione di un canone da versare al gestore della rete Intranet.

Di fatto, in un sistema di rete del genere gli utenti si troverebbero in una sorta di "campo recintato", al cui interno le comunicazioni potrebbero avvenire liberamente ma i cui confini sarebbero sorvegliati da "controllori" che, oltre a limitarne i servizi, potrebbero richiedere il pagamento di una tariffa in cambio della loro erogazione.

Come abbiamo visto, gli indirizzi di rete potrebbero essere utilizzati (e forse in alcuni casi ciò già accade) per "manipolare" la trasmissione dei dati degli utenti. Inoltre, non solo gli IP number possono essere oggetto di alterazioni e sofisticazioni. Altri numeri vengono utilizzati in Internet. Per esempio, alcuni servizi (posta elettronica, web services ecc.) sono gestiti mediante *porte logiche di accesso* (meglio note come *porte note* TCP[1] e UDC[2]) utilizzate da dispositivi attivi (piattaforme *hardware* e *software*) per gestire il traffico sulla rete. A ciascuno di questi numeri, che vanno da 0 a 1023, è assegnato uno specifico servizio (figura 1). Altri numeri (che vanno da 49152 a 65535) appartengono a ulteriori porte private o dinamiche e non sono utilizzati per particolari applicazioni.

Grazie a queste porte logiche, è resa possibile la fruizione di una molteplicità di servizi presenti in Internet. Dietro ogni "porta analogica" c'è uno specifico programma in grado di erogare un determinato servizio. Per esempio, il protocollo HTTP utilizzato per la navigazione sul web, si serve della porta 80, mentre la posta elettronica per spedire e ricevere i messaggi impiega, rispettivamente, per il protocollo SMTP la porta 25 e per il protocollo POP3 la porta 110. Supponiamo a questo punto che alcuni operatori decidano di sospendere l'utilizzo di queste porte, o addirittura di chiuderle. Che cosa accadrebbe? I servizi sarebbero bloccati o sospesi (come a volte accade per problemi riconducibili a malfunzionamenti o aggiornamenti di sistema), ma l'aspetto peggiore potrebbe essere l'imposizione all'utente di un ulteriore "costo" per accedere a servizi "privilegiati". In sostanza, si potrebbero creare dei "falsi" problemi per aumentare i costi dei servizi già resi. Anche per la telefonia che utilizza la tecnologia VoIP (*Voice over* IP) si potrebbero elaborare tecniche e strategie in grado di modificare le metodologie di utilizzo delle tecnologie di trasmissione. Per esempio, un operatore del settore potrebbe "bloccare" il traffico del servizio VoIP obbligando l'utenza a convogliare tutte le telefonate sulle linee telefoniche tradizionali, notoriamente più costose.

Questi sono solo alcuni semplici esempi di come si potrebbe "condizionare" la trasmissione dei dati in rete per finalità poco nobili o quantomeno discutibili da un punto di vista etico. Anche l'innovazione può essere manipolata per proteggere o aumentare i ricavi di un operatore o per motivazioni di propaganda commerciale negativa. Un altro aspetto inquietante riguarda la giurisprudenza internazionale, che risulta spesso impreparata ad affrontare eventi e situazioni di questo tipo, su cui non si è legiferato abbastanza. Di sicuro il mezzo di trasmissione deve rimanere indipendente e neutrale rispetto al contenuto dei dati trasmessi. E i dati non devono in

---

1. Il TCP (*Transmission Control Protocol*) è un protocollo di livello di trasporto della pila di protocolli Internet. Su di esso si basa gran parte delle applicazioni Internet.

2. L'UDC (*User Datagram Protocol*) è anch'esso uno dei principali protocolli impiegati in Internet. Solitamente utilizzato in combinazione con il protocollo IP, a differenza del TCP non gestisce il riordinamento dei pacchetti né la ritrasmissione di quelli persi. L'UDP ha come caratteristica principale quella di essere un protocollo di rete non molto affidabile in termini di bontà di trasmissione dati, tuttavia è molto rapido ed efficiente per le applicazioni "leggere" o *time-sensitive*. Viene utilizzato spesso per la trasmissione di file audio o video.

Porta	Descrizione
1/tcp	TCP Multiplexor
2/tcp	compressnet Management Utility
3/tcp	compressnet Compression Process
7/tcp	Echo Protocol
7/udp	Echo Protocol
9/tcp	Discard Protocol
9/udp	Discard Protocol
13/tcp	Daytime Protocol
17/tcp	Quote of the Day
19/tcp	Chargen Protocol
19/udp	Chargen Protocol
20/tcp	FTP - Il file transfer protocol - data
21/tcp	FTP - Il file transfer protocol - control
22/tcp	SSH - Secure login, file transfer (scp, sftp) e port forwarding
23/tcp	Telnet insecure text communications
25/tcp	SMTP - Simple Mail Transfer Protocol (E-mail)
53/tcp	DNS - Domain Name Server
53/udp	DNS - Domain Name Server
67/udp	BOOTP Bootstrap Protocol (Server) e DHCP Dynamic Host Configuration Protocol (Server)
68/udp	BOOTP Bootstrap Protocol (Client) e DHCP Dynamic Host Configuration Protocol (Client)
69/udp	TFTP Trivial File Transfer Protocol
70/tcp	Gopher
79/tcp	finger Finger
80/tcp	HTTP HyperText Transfer Protocol (WWW)
88/tcp	Kerberos Authenticating agent
104/tcp	Dicom - Digital Imaging and Communications in Medicine
110/tcp	POP3 Post Office Protocol (E-mail)
113/tcp	ident vecchio sistema di identificazione dei server
119/tcp	NNTP usato dai newsgroups usenet
123/udp	NTP usato per la sincronizzazione degli orologi client-server
139/tcp	NetBIOS
143/tcp	IMAP4 Internet Message Access Protocol (E-mail)
161/udp	SNMP Simple Network Management Protocol (Agent)
162/udp	SNMP Simple Network Management Protocol (Manager)
389/tcp	LDAP
411/tcp	Direct Connect Usato per gli hub della suddetta rete
443/tcp	HTTPS usato per il trasferimento sicuro di pagine web
445/tcp	Microsoft-DS (Active Directory, share di Windows, Sasser-worm)
445/udp	Microsoft-DS SMB file sharing
465/tcp	SMTP - Simple Mail Transfer Protocol (E-mail) su SSL
514/udp	SysLog usato per il system logging
563/tcp	NNTP Network News Transfer Protocol (newsgroup Usenet) su SSL
591/tcp	FileMaker 6.0 Web Sharing (HTTP Alternate, si veda la porta 80)
631/udp	IPP / CUPS Common Unix printing system (Il server di stampa sui sistemi operativi UNIX/Linux)
636/tcp	LDAP su SSL
666/tcp	Doom giocato in rete via TCP
993/tcp	IMAP4 Internet Message Access Protocol (E-mail) su SSL
995/tcp	POP3 Post Office Protocol (E-mail) su SSL

Fig. 1. Porte da 0 a 1023 (fonte *Wikipedia*)

alcun modo e per nessun motivo al mondo (a meno che si tratti di contenuti oggetto di indagini da parte della Magistratura) essere analizzati o visionati. Come le reti telefoniche, che vengono utilizzate per mettere in comunicazione chiunque possegga un apparecchio (fisso o mobile) e un numero telefonico, anche la rete Internet deve consentire a chiunque di fruire di un qualsiasi contenuto senza discriminazioni qualitative e quantitative, indipendentemente dal fornitore di accesso e dalla struttura che offre servizi e/o contenuti. Tuttavia in futuro le cosa potrebbero cambiare. La tanto celebrata e nel contempo vituperata indipendenza della rete potrebbe subire un processo di cambiamento, soprattutto per quanto concerne il controllo e la gestione dei suoi contenuti. Il futuro potrebbe riservarci sorprese sgradevoli: reti delimitate e controllate, sistemi di accesso a pagamento, navigazione sul web costantemente monitorata, posta elettronica priva di sistemi di cifratura dei dati, servizi penalizzati, interconnessioni parzialmente fruibili ecc.

Difficile prevedere il futuro, soprattutto per temi così delicati, ma il principio di democrazia e la libertà stessa dell'uomo devono essere tutelati in ogni modo, e ciò è realizzabile solo attraverso il monitoraggio continuo degli eventi che caratterizzano l'evoluzione stessa delle tecnologie di comunicazione e trasmissione dei dati. Le regole di tutela delle informazioni trasmesse in rete, il controllo dell'operato dei gestori che operano nel settore ICT, i diritti individuali, le evoluzioni e i pericoli derivanti dall'utilizzo delle moderne tecnologie sono solo alcune delle "aree di monitoraggio" che non devono essere trascurate dall'uomo. Solo mediante lo studio continuo della crescita e dello sviluppo dell'Information Technology l'uomo potrà comprendere i rischi e i pericoli derivanti dalla fruizione degli strumenti utilizzati nella cosiddetta "società della conoscenza".

La sicurezza delle informazioni in rete: chi controlla chi?

Nel luglio del 2006 l'FBI, la polizia federale statunitense, promuove un progetto di legge che non ha precedenti nella storia della rete. Il documento propone una sistematica ristrutturazione della rete Internet finalizzata alla ridefinizione dei rapporti tra provider, utenti e forze dell'ordine, per quanto concerne i poteri di intercettazione delle informazioni che viaggiano in rete. La proposta di legge è presentata al Congresso come emendamento al CALEA Act (*Communications Assistance for Law Enforcement Act*), una legge approvata nel 1994, durante la presidenza Clinton, che trattava anche dei poteri di intervento nelle comunicazioni private. L'obiettivo del CALEA, come peraltro recita una frase della normativa, è la seguente:

> *To amend title 18, United States Code, to make clear a telecommunications carrier's duty to cooperate in the interception of communications for Law Enforcement purposes, and for other purposes.*

Quindi "...cooperare nelle intercettazioni..." a qualsiasi livello, nella trasmissione dati e fonia, senza escludere la sorveglianza elettronica, obbligando i gestori a comunicare anche tutti i cambiamenti in termini sia di dispositivi sia di tecnologie. È importante ricordare i punti salienti su cui la legge si basava:

- l'introduzione di ulteriori obblighi per gli Internet Provider per quanto concerne la fornitura di mezzi di intercettazione delle comunicazioni per l'*instant messaging*, una misura estesa anche alle chat (spesso utilizzate dai giocatori di multiplayer online);
- l'obbligo per tutti i produttori di tecnologie di *routing* (sistemi di instradamento dei pacchetti dati in rete) di effettuare modifiche che implementino nei router e nei sistemi di indirizzamento strumenti in grado di effettuare intercettazioni (misura già attiva per i produttori di *switch*);
- l'obbligo per tutti gli Internet Provider di suddividere il proprio traffico in modo da separare il traffico VoIP da tutto il resto. Con questa modifica le forze di polizia potrebbero distinguere più agevolmente le trasmissioni voce da quelle di dati;
- l'abrogazione completa della legge che impone al Dipartimento di Giustizia (da cui dipende l'FBI) di rendere pubblico il numero di intercettazioni effettuato nel corso dell'anno.

L'FBI definisce queste implementazioni indispensabili in quanto

la complessità e varietà delle tecnologie di comunicazione sono aumentate esponenzialmente in questi anni e le capacità di intercettazione legale da parte dei corpi di polizia federali, statali e locali sono state poste sotto stress continuo, e in molti casi sono diminuite o divenute impossibili.

Dal 1995 in poi il CALEA Act si è diffuso rapidamente, penetrando anche le più recenti tecnologie coma la banda larga e il VoIP. Dopo gli attentati terroristici dell'11 settembre 2001, il problema della sicurezza nazionale assume la connotazione di un problema vitale per il governo statunitense, ma anche per buona parte dei paesi occidentali e della Comunità Europea. L'impulso dato al controllo delle informazioni è a dir poco ciclopico. Dal 2004 al 2007, grazie solo al CALEA Act, si registra un incremento del numero delle intercettazioni telefoniche pari al 62%, oltre a una sostanziale crescita delle intercettazioni in Internet (la posta elettronica in misura maggiore). Nel 2007 l'FBI, grazie a un investimento di 39 milioni di dollari, presenta il sistema DCSNet (*Digital Collection System Network*). Il sistema incorpora tecnologie in grado di registrare, memorizzare, smistare e tracciare trasmissioni di informazioni di qualsiasi genere come chiamate vocali, numeri di cellulare e messaggi sms e mms. Ideato per agevolare le indagini del *Federal Bureau of Investigation*, DCSNet è un sofisticatissimo sistema di ascolto discreto e invisibile in grado di intercettare qualsiasi tipo di informazione che viaggi nell'etere. È solo grazie all'azione della EFF (*Electronic Frontier Foundation*) che l'esistenza di questo sistema è venuta alla luce, costringendo il Dipartimento di Giustizia e la stessa FBI ad ammetterne l'esistenza. Con DCSNet, il Bureau raggiunge una capacità di controllo e memorizzazione delle informazioni trasmesse negli States che potrebbe essere definita totale. Il sistema è composto da una serie di *software* in grado di effettuare azioni di connessione, intercettazione e registrazione dei dati esaminati, condividendo, grazie a una rete privata, le informazioni raccolte con tutti i centri di ascolto del Bureau. Secondo informazioni raccolte in rete, ogni sistema informativo di questa rete di controllo comprende tre diversi componenti di monitoraggio e raccolta di informazioni: il DCS-3000 (dal costo di 10 milioni di dollari e anche noto come Red Hook), che si occupa della fase di intercettazione dei segnali (per esempio i numeri telefonici in entrata e in uscita), il DCS-6000 (*Digital Storm*) che si occupa dell'intercettazione delle comunicazioni vocali o testuali e, per concludere, il DCS-5000, utilizzato per azioni di antiterrorismo e di controspionaggio. Con una infrastruttura del genere, il FBI è in grado di controllare tutte le comunicazioni, a qualsiasi livello e di qualsiasi genere, effettuate negli Stati Uniti.

Secondo una stima ufficiosa, i "punti di ascolto" sarebbero passati dai 20 iniziali a più di 57 nel 2005.

Il CALEA Act, inoltre, imponeva già ai costruttori di dispositivi di rete di realizzare gli *switch* (commutatori di rete in grado di inoltrare in maniera selettiva i pacchetti dati verso porte di uscita diverse) secondo precisi standard di comunicazione, per rendere agevoli le intercettazioni telefoniche. Ciò ha consentito, dal 1996 al 2006, un incremento delle identificazioni telefoniche pari al 60% (escludendo quelle antiterrorismo). Inoltre, il sistema è perfettamente adeguato alle recenti evoluzioni della tecnologia, essendo già in grado di intercettare le trasmissioni telefoniche che si affidano a Skype. Pur essendo particolarmente innovativo ed efficace, il sistema messo in piedi dalla potente polizia federale statunitense presenta qualche pecca... Il costo, innanzitutto. Sembra che per una intercettazione di circa trenta giorni, condotta grazie agli switch modificati, la spesa complessiva che le società di telecomunicazione addossano al Governo statunitense ammonti a circa 2200 dollari. Un altro aspetto di particolare interesse è l'utilizzo del sistema operativo Windows, che potrebbe creare problemi in termini di sicurezza dei sistemi. Infiltrarsi in un sistema di particolare importanza come il DCSNet, rappresenterebbe per dei cyber criminali un'occasione unica per accedere a un enorme deposito di informazioni riservatissime dal valore incommensurabile.

Anche nella moderna e sempre più occidentalizzata Russia, l'interesse verso il controllo della rete è crescente. Già nel 2004, durante il World Scientific Forum di Kyoto, il ministro per l'Educazione e la Scienza di Mosca, Andrey Fursenko, asseriva che la rete Internet russa doveva essere posta sotto il controllo governativo, e che, essendo le modalità di accesso alla rete troppo facili e quindi pericolose per i cittadini, era indispensabile per il governo procedere a una riduzione delle stesse, e a un loro costante monitoraggio.

Il facile accesso a Internet crea problemi legati ai rapporti tra individuo e società – asseriva Fursenko. – Il Governo porta la responsabilità del controllo sull'uso delle tecnologie scientifiche, e dunque anche di Internet.

In Russia, soprattutto negli ultimi anni, i siti di discussione e i blog attivi, come per esempio Livejournal, sono cresciuti a vista d'occhio. La critica e le denunce sulle censure delle informazioni diffuse sulla rete sono cresciute in maniera esponenziale, e lo scrittore satirico Viktor Chenderovitch ha osservato "Non siamo la Corea del Nord: Internet è un luogo di libertà innegabile per l'opposizione".

Nel febbraio del 2008 è stato approvato un decreto che obbliga i fornitori di accesso alla rete Internet a consentire al servizio di intelligence governativo erede del KGB (l'attuale FSB – *Federal'naja Služba Bezopasnosti Rossijskoj Federacii*) di controllare, oltre ai portali ospitati e non, anche tutti i messaggi di posta elettronica che transitano sulla rete. Come se non bastasse, sembra che i fornitori siano stati costretti ad accollarsi tutti i costi relativi alla dotazione delle tecnologie necessarie per consentire tali controlli. Sembra inoltre che, per tutelare il mercato interno delle telecomunicazioni, sia stato proposto un nuovo testo di legge che vieterebbe l'acquisto, da parte di società estere, di fornitori d'accesso a Internet in Russia.

Quindi anche la Russia è consapevole della crescita delle potenza della rete quale strumento di comunicazione di massa a livello mondiale. E lo è a tal punto da prendere come esempio la Cina, dove i maggiori motori di ricerca come Google e Yahoo hanno accettato, su esplicita richiesta del governo, di vietare l'accesso ad alcune delle loro banche dati in base a certe parole chiave. Il controllo della rete è diventato uno dei maggiori problemi di chi gestisce il potere. Anche se Internet è uno strumento di assoluta libertà di espressione democratica, è indubbio che la stessa democratizzazione della rete può diventare uno strumento di mobilitazione politica della società. Gli esempi non mancano: Ucraina, Nepal, Cina e Thailandia sono solo alcuni dei paesi in cui la rete ha determinato la nascita e lo sviluppo di movimenti politici e sociali. Secondo le informazioni comunicate a marzo 2008 dal Ministro delle Tecnologie dell'Informazione, Leonid Reiman, la Russia conterebbe 35 milioni di utenti di Internet. Altre cifre parlano di 25 milioni di internauti oltre i 18 anni.

È una massa particolarmente critica e determinante per le sorti di un qualsiasi paese, e il suo condizionamento potrebbe innescare conseguenze difficilmente prevedibili. Limitare o definire i confini di utilizzo della rete Internet può comportare effetti imprevedibili, non solo dal punto di vista del condizionamento della libertà degli individui, ma anche per quel che concerne la nascita e lo sviluppo di correnti politiche e di pensiero che potrebbero sfociare in forme di fanatismo anche violente.

Internet e la criminalità organizzata: nuovi scenari e possibilità

Senza alcun dubbio, soprattutto in funzione dello sviluppo delle competenze informatiche individuali, la rete ha subito una profonda trasformazione, in termini di utilizzo, nel corso degli anni. Attualmente, sia per la criminalità organizzata sia per il terrorismo internazionale, essa rappresenta il nuovo e più efficiente strumento di comunicazione e coordinamento delle loro attività. La criminalità organizzata ha scoperto che Internet può rappresentare un formidabile strumento di organizzazione e gestione degli affari illeciti. Esse comprendono la frode, il furto, la pornografia, la pedofilia, il traffico di droga e di armi, di organi umani e tutte le altre azioni che possono interessare e coinvolgere direttamente le organizzazioni criminali mondiali. Anche nel mondo virtuale, come in quello reale, la maggior parte delle attività criminose è compiuta da singoli individui o da piccoli gruppi che, soprattutto nel corso degli ultimi anni, hanno perfezionato le tecniche e le metodologie di gestione del crimine in Internet. Numerose prove confermano che la criminalità organizzata sta già sfruttando a pieno regime le nuove opportunità offerte dalla rete.

Un esempio ci giunge dall'aumento dell'utilizzo di Internet quale strumento preferito per la gestione delle transazioni commerciali riconducibili al traffico di armi e di droga.

Il mondo della criminalità, nel corso degli anni, ha subito una profonda ristrutturazione organizzativa. Il suo organico può contare sulla presenza di esperti finanziari sempre più specializzati nella conduzione di transazioni economiche a livello internazionale. Inoltre, non ha bisogno di sviluppare competenze informatiche interne per condurre le proprie attività in rete: a tale scopo può impiegare i migliori esperti informatici mondiali utilizzando metodologie di convincimento diverse a seconda dei casi (ricompense ben remunerate o addirittura minacce fisiche). Internet, per la sua maggiore peculiarità, quella di essere un luogo pressoché privo di controllo, è l'ambiente ideale in cui sviluppare attività illecite e difficilmente rintracciabili. Essendo quindi una "zona franca", può fornire un'enorme garanzia in termini di sicurezza dello svolgimento delle attività in completo anonimato, tutelando, nel contempo, i criminali anche per quanto concerne le differenti normative internazionali che tutelano la privacy di coloro che operano su Internet.

Quindi, attualmente, il crimine non è più delimitato da confini geografici che solo fino a qualche decennio fa impedivano l'allargamento delle attività criminose in paesi semisconosciuti. La stessa mafia italiana, per esempio, ha interessi economici nel sistema delle imprese di vari paesi dell'Europa (compresi quelli dell'ex blocco comunista), così come in industrie dei paesi dell'America Latina e dei paesi emergenti del continente asiatico. Soprattutto lo sviluppo dell'*e-commerce* rappresenta un nuovo formidabile strumento per lo sviluppo delle attività criminose. In particolare gli investimenti finanziari in rete consentono di gestire agevolmente tutte le transazioni di denaro tra diverse società internazionali ubicate in paradisi fiscali. Anche le aste online consentono di spostare ingenti somme di denaro attraverso operazioni di compravendita in apparenza legittime mediante, per esempio, il pagamento di somme di gran lunga superiori al reale valore delle merci in vendita. Anche grazie a questi semplici meccanismi di commercio elettronico è possibile spostare denaro "sporco" verso *holding*, banche e paradisi fiscali. A ciò si aggiunge la crescita delle operazioni bancarie elettroniche, che consentono di celare, tra mille operazioni di passaggio da banca a banca, le movimentazioni di denaro di dubbia provenienza.

Da tutto ciò si evince che la sinergia tra crimine organizzato e Internet si è sviluppata naturalmente e con grande velocità ed è destinata a incrementarsi ancora nel futuro. Internet ha allargato i campi di intervento delle operazioni illegali e consente guadagni enormi garantendo un livello bassissimo di rischio. Per quanto concerne lo stato della normativa a livello internazionale per combattere i *cybercrimes*, molte sono le problematiche che sorgono in relazione sia alle metodologie di indagine sia agli aspetti giurisdizionali.

Un piccolo esempio: qualche anno fa la diffusione di un virus interessò diversi paesi occidentali e anche gli Stati Uniti, producendo danni che ammontarono a diversi milioni di dollari. L'FBI riuscì a identificare il responsabile (uno studente) che risiedeva nelle Filippine. Lo stupore derivò dal fatto che in quel Paese non esistevano leggi che consentissero l'incriminazione per questo reato. Anche se successivamente nel Paese in questione furono adottate leggi *ad hoc* per questi tipi di crimini, il problema delle lacune della legislazione in molti paesi, così come le problematiche sulla giurisdizione e la competenza delle diverse nazioni, complicano enormemente le attività delle forze di polizia che tentano di reprimere i crimini informatici. Inoltre non bisogna dimenticare che sono molti i paesi che cercano di dare un'immagine di "permissivismo" su queste attività per attrarre i commerci illeciti e per garantire velatamente una sorta di impunità ai cyber criminali.

Per combattere efficacemente queste nuove forme di criminalità informatica è indispensabile che si realizzi un processo di armonizzazione, a livello internazionale, delle tecniche e delle metodologie di investigazione delle forze dell'ordine. Come fare? Dotarsi di strumenti informatici idonei e costantemente aggiornati rispetto alle moderne tecnologie, collaborare fattivamente nelle indagini a livello transnazionale, attivare percorsi formativi continui per il personale investigativo sull'evoluzione degli strumenti informatici, coordinare a livello internazionale la strutturazione di normative che consentano di perseguire i reati informatici senza i vincoli derivanti da giurisdizioni e legislazioni diverse, sviluppare un coordinamento a livello di strutture di intelligence dei diversi paesi coinvolti per combattere sul nascere i crimini informatici e i collegamenti in rete che vengono utilizzati dai cyber criminali per mantenere attivi i contatti e le collaborazioni. Queste sono solo alcune delle attività che dovrebbero essere incentivate per combattere efficacemente la criminalità in rete.

Non bisogna dimenticare che per rendere efficace la lotta alla criminalità informatica è indispensabile anche il coinvolgimento delle aziende. Solo mediante una collaborazione tra le organizzazioni che operano nel settore ICT e le istituzioni, l'azione di contrasto al banditismo informatico potrà ottenere risultati positivi. La collaborazione sarà proficua se le forze di polizia assicureranno un'attenzione e una discrezionalità assoluta per tutelare le aziende che collaborano nella lotta alla cyber-criminalità. Le aziende, per contro, dovranno segnalare tutte le attività criminose rilevate e condotte sui propri sistemi informativi e di comunicazione. La lotta alla criminalità informatica non cesserà mai di esistere, e l'evoluzione delle tecnologie è inarrestabile e non consente pause di riflessione.

Il terrorismo internazionale in rete: un rischio annunciato

È noto, da molto tempo ormai, che le organizzazioni estremiste politiche e religiose, oltre a differenti gruppi terroristici, utilizzano Internet per raccogliere fondi con cui finanziare le proprie attività, nonché le informazioni necessarie per coordinare le operazioni nei diversi paesi in cui risiedono i differenti gruppi di azione. È anche noto che i terroristi collegati ad Al-Qaeda sopravvivono a livello economico soprattutto grazie alle elargizioni provenienti da finanziatori diversi che utilizzano la rete

Internet (grazie alla collaborazione di banche compiacenti, società beneficiarie e associazioni non governative e no profit).

Si sa che gli attacchi dell'11 settembre furono progettati e realizzati soprattutto grazie all'utilizzo della rete, che consentì di mantenere attivi i canali di comunicazione con le cellule di terroristi impegnati nelle azioni di dirottamento aereo.

Sembra che il computer di Abu Zubayda (noto terrorista coinvolto nelle stragi) contenesse il piano degli attentati alle Twin Towers e al Pentagono, e che gli agenti dell'FBI abbiano identificato un numero consistente di messaggi codificati da uno speciale algoritmo di cifratura e prelevati da un sito web protetto da un codice segreto.

Quei tragici eventi hanno chiarito, una volta per tutte, che i terroristi islamici non sono personaggi dotati di istruzione minima e votati alla morte certa senza che vi sia alcun percorso formativo e di preparazione a essa. I terroristi che operano a livello internazionale hanno un livello di scolarizzazione particolarmente elevato. Diversi componenti delle cellule terroristiche avevano studiato nelle università statunitensi (alcuni con grande profitto) e avevano frequentato scuole di perfezionamento di lingue, corsi avanzati di *internetworking*, e scuole di pilotaggio per jet.

Nel 2003 a Mumbai, in India, dopo i diversi attentati condotti da gruppi terroristi islamici che causarono la morte di 52 persone, furono effettuati numerosi arresti di persone che collaboravano con gli attentatori o che avevano effettuato gli attentati stessi. Lo stupore fu determinato dal livello culturale degli stessi: dottori, ingegneri, chimici, commercialisti, esperti di computer, ingegneri meccanici, manager di multinazionali, tutte persone di un livello sociale molto alto e con nessun passato criminale.

Inoltre il terrorismo religioso non ha confini, ed è per questo che la rete rappresenta un eccezionale strumento di comunicazione. Sempre a Mumbai (ma anche in altre città indiane) sono presenti organizzazioni come lo *Students Islamic Movement of India* (SIMI), un gruppo simile ai talebani, sospettato di essere all'origine di molti degli attacchi, e il Lashkar-e-Taiba, un'organizzazione similare operante nel Kashmir, con base in Pakistan e in India e che sembra collegata con Al-Quaeda. Subito dopo l'11 settembre il SIMI è stato messo fuorilegge, in quanto anch'esso accusato di avere legami con Al-Qaeda. I contatti venivano gestiti tutti attraverso Internet.

Oltre che dal terrorismo internazionale, anche nei conflitti bellici viene utilizzato questo straordinario strumento di comunicazione globale.

Tra Israele e Palestina già da tempo si combatte anche una "guerra informatica". Già nell'ottobre del 2000 si scatenò una "battaglia in rete" che produsse danni a circa 40 siti web israeliani e 15 palestinesi. Gli hacker palestinesi colpirono ogni tipo di sito israeliano attaccabile, distruggendone alcuni con messaggi del tipo "free Palestine" o "free Kashmir".

Nel settembre 2008 le milizie occidentali impegnate in Afghanistan hanno confermato l'utilizzo da parte dei soldati talebani di tecnologie come il VoIP, in particolare Skype, per evitare le intercettazioni delle comunicazioni da parte dei propri nemici. Inoltre, secondo alcune fonti delle forze di sicurezza, la battaglia contro l'esercito britannico è stata condotta anche grazie a Skype e alle telefonate cifrate che il famoso *software* consente di eseguire. Secondo la rivista *Computer Weekly*, sarebbero stati effettuati notevoli investimenti in seno alle forze militari britanniche e statunitensi per riuscire a decifrare quelle chiamate.

Sempre negli ultimi mesi del 2008, è stato rivelato che in Iran hacker sunniti avrebbero condotto attacchi informatici a siti sciiti. La cosa è stata riferita dall'agenzia iraniana Fars, secondo la quale quando qualcuno cercava di entrare nei siti presi di mira, compariva la sigla "gruppo-xp" in rosso, con un messaggio in arabo che attaccava la fede e i dignitari sciiti. Infine, a dicembre 2008 nella striscia di Gaza, i tecnici informatici delle Forze speciali israeliane hanno attaccato i sistemi di trasmissione dati digitali dei gruppi terroristici palestinesi, isolando i router e, successivamente, distruggendo l'intero sistema di trasmissione dati in fibra ottica, mediante un attacco aereo che ha isolato completamente il sistema di comunicazione delle cellule terroristiche.

In conclusione, all'immagine della guerriglia urbana condotta con le sole armi da fuoco tradizionali, si sta affiancando quella di un conflitto multidimensionale, ovvero condotto su "dimensioni" diverse: tecnologico, informatico, informativo e, non ultimo, armato. Grazie ai costi ridottissimi delle moderne tecnologie e alla facilità dell'attività di acculturamento necessaria per consentire il funzionamento dei dispositivi tecnologici, anche paesi più poveri e socialmente poco evoluti possono condurre una guerra informatica con *software* e strumenti altamente high-tech che, di fatto, li rendono identici per potenzialità offensive ai paesi occidentali.

La disuguaglianza tra oriente e occidente riguarda molteplici aspetti, primo fra tutti quello religioso, ma anche, e certo non meno determinante, quello culturale ed economico. L'occidente è più evoluto sia socialmente, sia economicamente, sia militarmente, dato che la superiorità delle forze armate occidentali può contare, oltre che su organici e dotazioni migliori, anche su alleanze difficilmente ottenibili nei paesi del Medio Oriente. Ma per quanto riguarda il mondo virtuale, le cose cambiano. Con una valutazione superficiale si potrebbe essere indotti a pensare che essere detentori, produttori e utilizzatori delle più avanzate tecnologie possa consentire di possedere una superiorità tecnica sul mondo orientale. In realtà questa apparente "superiorità" può costituire il nostro maggiore punto debole.

Abbiamo compreso che popolazioni considerate arretrate o meno evolute come quelle di Palestina, Pakistan e Afghanistan possono ottenere vittorie considerevoli su paesi universalmente considerati le maggiori potenze informatiche del globo. Ciò ci conduce a una ulteriore considerazione: le società occidentali, ormai da diversi anni, hanno organizzato la maggior parte dei servizi pubblici essenziali (telecomunicazioni, energia elettrica, transazioni economiche e bancarie, traffico aereo) sotto la tutela delle tecnologie IT; pertanto, un attacco informatico sferrato contro almeno uno di questi servizi comporterebbe, oltre al blocco globale di interi settori di attività del Paese, anche una condizione di panico collettivo dalle conseguenze difficilmente prevedibili.

Un'ultima riflessione: l'utilizzo delle moderne tecnologie di comunicazione e trasmissione dati espone chi le utilizza a rischi di intercettazione e manipolazione da parte dell'avversario. Quindi le comunicazioni sono vulnerabili perché identificabili. E se il terrorismo internazionale smettesse di utilizzare queste metodologie high-tech? Sarebbe di sicuro meno intercettabile! Immaginiamo uno scenario in cui il nemico decidesse di non avvalersi di telefoni cellulari, e-mail, Internet e tutto quanto di meglio l'Information Technology ci offre, e tornasse a utilizzare sistemi di comunicazione arcaici o antiquati. Cosa accadrebbe? Semplicemente, sparirebbe nell'anonimato… D'altronde, i famosi "pizzini" utilizzati dal boss Bernardo Provenzano non hanno forse contribuito a garantirne la latitanza per decenni?

Mi ritorna in mente ciò che mi disse un personaggio molto noto che aveva lavorato per anni nel settore della sicurezza: "Quanta più tecnologia utilizzeremo, tanto maggiore sarà il rischio per la nostra privacy!". Parole sante!

Le guerre del futuro: *information warfare* e *cyberwarfare*

Il terrorismo internazionale non è il solo ad aver completato un processo di rinnovamento tecnologico e culturale. Anche le forze armate di diversi paesi, più o meno evoluti, vedono nell'Information Technology l'arma del futuro. Gli eserciti dei maggiori paesi industrializzati da tempo stanno finanziando progetti sull'evoluzione del soldato che opererà nel terzo millennio, spesso denominato "soldato del futuro". Il soldato del futuro condividerà ben poco con quello attuale. I sistemi d'arma (armi automatiche multifunzionali di prossima generazione) saranno collegati in modalità bluetooth e wireless con un computer portatile di ridotte dimensioni che sarà "indossato" dal soldato e potrà fornire tutte le informazioni sullo stato di salute di ogni singolo militare, sulla situazione del campo di battaglia, sulle condizioni degli altri soldati del gruppo, fornendo allo stesso tempo immagini riprese da una telecamera incorporata nell'elmetto e trasmesse in tempo reale alla centrale di comando delle operazioni militari. Non è fantascienza: sono dispositivi che già esistono e che sono stati già sperimentati in azioni *live*, da reparti scelti, durante le azioni condotte in alcuni conflitti attualmente in corso (Iraq, Afghanistan). Il Future Soldier dovrà pur sempre possedere qualità psichiche e fisiche particolari, ma sarà sempre più un esperto di tecnologie informatiche in grado di utilizzare tutte le informazioni in suo possesso come vera a propria "arma da combattimento". Sono le informazioni, quindi, la vera "arma del futuro". Tutti i paesi più industrializzati stanno sperimentando (e in alcuni casi anche utilizzando) nuove armi come droni, robot, veicoli ibridi, sensori e veicoli da combattimento teleguidati. Intuitivi come videogiochi e comandati attraverso una rete mobile, possono consentire il "disimpegno" dell'uomo dalle operazioni più rischiose.

Negli Stati Uniti il progetto si chiama *Future Combat System* (FCS) e ha un costo stimato di oltre 200 miliardi di dollari. Esso prevede un ammodernamento rivoluzionario dell'intero esercito statunitense, tutto all'insegna dell'high-tech e dell'utilizzo di una rete (simile a Internet) che consentirà a tutti i mezzi militari e alle forze in campo di comunicare tra loro con un'assoluta libertà di spostamento e collegamento da remoto, paragonabile a quella dei telefoni cellulari.

Anche se nata sul finire della seconda metà degli anni '90, l'idea (condivisa da tutti gli stati maggiori degli attuali eserciti nel mondo) di trasformare l'attuale infrastruttura militare ha subito un'enorme accelerazione soprattutto negli ultimi anni, grazie alle esperienze accumulate nei recenti conflitti del Golfo e dell'Iraq. Proprio nell'estate del 2008, a Fort Bliss (Texas) è stata effettuata la prima esercitazione (che ha coinvolto più di 1000 soldati) per valutare la resa sul campo dei dispositivi che compongono il sistema FCS. Tra le tante innovazioni tecnologiche, sono state testati i nuovi *Unmanned Aerial Vehicle* (UAV), aerei telecomandati corazzati, già utilizzati in Iraq per operazioni di ricognizione avanzata sul campo di battaglia e ottimizzati per compiere, oltre alle normali operazioni di supporto tattico, anche quelle di attacco al suolo. Migliorati anche gli *Small Unmanned Ground Vehicle* (SUGV), piccolissimi robot mobili, radiocomandati, dotati di cingoli o ruote e muniti di braccia flessibili utili per le operazioni di ricognizione in centri abitati. Ovviamente anch'essi sono dotati di armamento multiplo che consente una difesa efficacissima in caso di attacco. Tutti questi dispositivi sono pilotati e manovrati in remoto, attraverso console interattive e facili da gestire, molto simili alle playstation utilizzate dai ragazzi per i videogiochi.

L'evoluzione e la diffusione dei dispositivi tecnologici richiedono una capacità di comunicazione e trasmissione dati sempre maggiore. L'efficienza stessa di questi dispositivi dipende dalla loro capacità di comunicare indipendentemente dai contesti operativi e dallo stesso controllo dell'uomo. Un aereo teleguidato deve essere in grado di scambiare informazioni con la centrale di comando, con i mezzi terrestri che operano sul campo di battaglia, con il pilota che ne controlla il volo, con i satelliti che ne verificano la geolocalizzazione, il tutto con l'assoluta garanzia che le informazioni possano viaggiare nell'etere protette sia dalle interferenze elettromagnetiche sia dai sistemi di intercettazione del nemico. Da questo punto di vista l'impiego di algoritmi di cifratura dei dati risulta indispensabile.

Quindi la parola d'ordine è "protezione dei dati e delle informazioni", una parola d'ordine che ci porta a introdurre il concetto di *information warfare* (guerra dell'informazione), nato all'inizio degli anni '60 in piena guerra fredda, quando già era chiaro che il possesso del maggior numero di informazioni sul nemico costituiva la condizione preventiva per conseguimento della superiorità e quindi della vittoria.

La guerra basata sull'informazione può essere difensiva o offensiva. Le informazioni ad ampio spettro, in quanto tali, possono agevolare la difesa di una nazione o ottimizzare le operazioni offensive in caso di conflitto armato.

Nonostante l'impostazione spiccatamente militare, l'*information warfare* può essere utilizzata anche in campi diversi da quello della sicurezza nazionale: dalla politica all'industria, passando per l'economia e il commercio. Il concetto non cambia e può essere applicato per finalità diverse: predisporre iniziative atte a raccogliere informazioni sull'avversario e a impedire al medesimo di acquisire o sfruttare informazioni interne in grado di mettere a rischio l'integrità, l'affidabilità e l'interoperabilità del proprio assetto informativo e organizzativo.

Un tipico esempio è stato (e lo è tuttora) ECHELON, un sistema di sorveglianza globale creato durante la guerra fredda da Stati Uniti, Regno Unito, Australia, Canada e Nuova Zelanda. Il sistema si basa su di una gigantesca infrastruttura satellitare in grado di intercettare messaggi di qualsiasi genere (inviati su Internet, per e-mail, telefono, fax ecc.) e di elaborarli mediante centinaia di computer in grado di analizzare tutte le tipologie di trasmissioni (dati e fonia) che contengono parole "sospette", cioè degne di attenzione da parte delle forze di sicurezza dei paesi coinvolti.

Responsabile di questo progetto è stata la *National Security Agency* (NSA), la potente agenzia di intelligence elettronica statunitense che agiva in collaborazione con la CIA (*Central Intelligence Agency*) e il segretissimo *National Reconnaissance Office* (NRO). Qualcuno asserisce che dopo la caduta del muro di Berlino il sistema sia stato sfruttato per scopi poco riconducibili alla sicurezza mondiale e più orientati allo spionaggio industriale a favore delle nazioni che lo controllano. Comunque sia, si è sviluppata, soprattutto nel corso degli ultimi anni, una nuova dottrina di ricerca e analisi delle informazioni, per la quale è stato coniato un nuovo termine: *cyberwarfare*. Tradotto "guerra cibernetica", tale concetto rappresenta la nuova frontiera della guerra dell'informazione. Oltre alle normali attività di acquisizione delle informazioni sul nemico e di protezione delle proprie (attribuendo al termine *nemico* un valore assolutamente indicativo), la *cyberware* focalizza la sua attenzione sull'*intossicazione*, *l'alterazione* e, possibilmente, *la distruzione* dei canali di informazione e dei sistemi di comunicazione del nemico, mascherando il più possibile all'avversario le metodologie di conduzione di queste attività. Naturalmente la guerra cibernetica prevede un uso massiccio di tecnologie elettroniche e informatiche e dei sistemi di telecomunicazione.

Privacy e Internet: due mondi inconciliabili?

Aprile 2009. Viviane Reading, commissario europeo per i Media e la Società dell'Informazione, attiva una procedura di indagine sulla Gran Bretagna e il *behavioural advertisement*, e allerta gli utenti della Comunità Europea sulle violazioni della privacy connesse all'uso dei social network.

Il commissario europeo spiega come la privacy dei cittadini europei sia messa inconsapevolmente a rischio, e focalizza il suo intervento su tre temi centrali.

Il primo è la tutela dei minori e dei loro dati. Proprio in relazione a questo aspetto, l'Unione Europea aveva già chiesto a Facebook, MySpace e agli altri social network di nascondere di default i profili dei minorenni e di renderli inaccessibili ai motori di ricerca, ma il commissario europeo è convinto che si stiano valutando regole "personalizzate" che tenderebbero a ridurre la riservatezza di tali informazioni.

Il secondo tema è il *behavioural advertisement* ("annuncio pubblicitario comportamentale"), costituito dai sistemi informatici in grado di rilevare e monitorare le abitudini e i gusti dei navigatori della rete, e di orientare la navigazione stessa dell'utente e l'invio di messaggi pubblicitari.

A tal proposito l'Unione Europea si è già espressa più volte, ricordando che le informazioni personali possono essere utilizzate solo previo consenso.

Proprio a causa di una violazione di questo tipo, l'UE ha deciso di attivare una procedura di infrazione contro la Gran Bretagna per l'inadeguatezza della sua legislazione, per quanto concerne la garanzia della tutela sia della privacy del singolo individuo, sia della segretezza dei dati dei navigatori della rete. Sotto accusa l'azienda che ha prodotto e che sfrutta la tecnologia *Phorm* (dal nome dell'azienda) di analisi delle abitudini dei navigatori per ricavarne informazioni utili per le società di marketing. Molti fornitori di servizi (provider) inglesi come British Telecom, Virgin Media e Carphone Warehouse si sono affidati proprio a Phorm per rendere "fruttuose" le informazioni dei propri clienti. A seguito dell'iniziativa del commissario europeo, la Gran Bretagna dovrà modificare la propria legislazione per conformarsi alle regole comunitarie.

L'ultimo tema è la tecnologia *smart chip*, meglio nota con l'acronimo RFID (*Radio Frequency Identification*), in grado di rilevare segnali radio e utilizzata per rilevazioni di presenza con tessere magnetiche, acquisti nei supermercati, accessi a strutture pubbliche ecc.

Sotto accusa è proprio il sistema di monitoraggio e rilevazione, che comporterebbe, grazie all'utilizzo diffuso della tecnologia, l'acquisizione di informazioni sul cittadino a sua insaputa. È noto che nessun cittadino europeo può essere "controllato" tramite chip se non opportunamente avvertito.

In conclusione, la signora Reading ha comunicato che l'Unione Europea agirà contro tutti gli Stati membri che non osserveranno le regole della CE in merito alla tutela della privacy, secondo le quali l'utente deve poter dare il proprio consenso prima del trattamento dei propri dati personali.

Anche in questo caso la domanda sorge spontanea: com'è possibile tutelare la privacy del cittadino se le tecnologie vengono abilmente manipolate per interessi quasi sempre legati ad aspetti economici?

Non dimentichiamo che la maggiore delle peculiarità della rete, la sua indipendenza assoluta, rappresenta anche la sua maggiore fonte di problemi. Possiamo tutelare le informazioni contenute nel nostro personal computer con sistemi di controllo degli accessi, *software* antivirus e anti-spam e ogni genere di sistemi di protezione, ma non saremo mai abbastanza sicuri di poter navigare con tranquillità e indifferenza tra i milioni di portali che scorrono davanti ai nostri occhi. La soluzione? Non esiste un sistema o un metodo che ci ponga al riparo dalle insidie di Internet. Possiamo solo dedicare la massima attenzione all'evoluzione delle tecnologie e quindi dei rischi correlati, e questo si traduce in formazione continua e accrescimento della propria cultura informatica. *Continuous formation*, quindi, senza soste o pause di riflessione. La conoscenza approfondita dello strumento tecnologico che si utilizza consente di ridurre i rischi derivanti dal suo impiego. Anche se la certezza assoluta della sicurezza della propria privacy, soprattutto in rete, è una chimera, l'ignoranza sull'utilizzo di questo potente strumento di comunicazione è una minaccia micidiale per l'integrità e la conservazione dei propri dati personali.

Internet e società: dalla società della conoscenza alla *cyber-society*

A quasi quarant'anni dalla sua comparsa, Internet sta subendo un'enorme e quasi inconsapevole trasformazione. In realtà la mutazione in atto è ancora percepita da pochi, e questo di sicuro non giova al futuro dell'umanità. Uno dei paradigmi del processo di cambiamento risiede in una parola: *convergenza*.

Il tema della *network convergence*, inteso come processo di evoluzione e cambiamento del sistema comunicativo e informativo di una struttura sociale, rappresenta la più attuale delle problematiche esistenti nel nostro tessuto sociale.

Innanzitutto dobbiamo chiare il significato del concetto di convergenza in rete. Con queste parole dobbiamo intendere la tendenza (ma è già una realtà concreta) a far convergere dispositivi, tecnologie e servizi (e quindi informazioni) nella rete. Facciamo un esempio. Attualmente, possiamo accedere a Internet da una postazione televisiva, e nel contempo possiamo vedere la televisione via Internet. Di fatto, l'idea di utilizzare due oggetti distinti per accedere a servizi diversi non è più attuale. Il computer sta soppiantando la televisione (non è forse più comodo, soprattutto per le nuove generazioni, vedere un film sul proprio pc portatile munito di schermo da 17" ad alta definizione, indipendentemente dal luogo in cui ci si trova?), e la possibilità di interagire con una serie di servizi personalizzati (scelta della tipologia delle trasmissioni, personalizzazione dei programmi televisivi, interazione on-line con i servizi offerti ecc.) ci sta conducendo all'abbandono della televisione intesa come classico (e poco flessibile) strumento di intrattenimento. Ma anche se appare evidente la mutazione dello strumento televisivo in un dispositivo informatico dalle potenzialità sterminate, meno evidente risulta il ruolo interpretato da questo potente strumento tecnologico interattivo, multimediale e soprattutto virtuale. Proprio quest'ultima caratteristica è quella che giocherà un ruolo di primaria importanza nel futuro.

Second Life ci ha insegnato, meglio di qualsiasi altra applicazione, che cosa significhi il mondo virtuale e come si possa creare, in un ambiente tridimensionale on-line, una seconda vita, anche se di fantasia, in cui soddisfare le esigenze e le aspirazioni più represse di persone che vivono compresse in una società sempre più complessa e difficile da gestire. La possibilità, per l'uomo d'oggi, di crearsi, mediante *avatar* personalizzabili in maniera illimitata, un mondo tutto suo in cui vivere al riparo dalle problematiche e dai rischi che travolgono la sua quotidianità, rappresenta una valvola di sfogo, e molto spesso anche di fuga, da un mondo che tende sempre più all'isolamento e all'individualismo. Il successo di *Second Life* è legato anche all'insoddisfazione latente dell'uomo, riconducibile all'incapacità di perseguire i suoi obiettivi e i suoi sogni.

La realtà virtuale, in questo caso, può offrire una vita parallela in cui assaporare le gioie e le soddisfazioni negate nel vissuto reale e quotidiano dell'uomo.

Anche per queste motivazioni, i maggiori player del settore IT stanno incrementando gli sforzi per sviluppare piattaforme *hardware/software* in grado di rendere maggiormente "reale" il mondo virtuale. Nel giro di pochi anni avremo a disposizione strumenti e tecnologie in grado di riprodurre immagini in cui abitare e poter vivere, capaci di fondere realtà miste in cui si mescoleranno contenuti reali e virtuali. Il tutto, lo si potrà condividere in rete con altri mondi virtuali in cui sarà possibile condividere esperienze reali e di fantasia, ma sempre potenzialmente in grado di concedere sensazioni concrete, come se realmente vissute. L'astrazione della mente dal corpo potrebbe portare a modificazioni sostanziali del nostro modo di vivere, fino a innescare un vero e proprio processo di trasformazione della società in cui viviamo. Potremmo perfino ritrovarci a vivere in ambienti diversi, con il confine tra reale e virtuale ridotto al minimo.

Non drammatizziamo, però. Non bisogna infatti dimenticare che la rete Internet consente di aumentare la solidarietà intellettuale a livello globale. Sappiamo quanto la rete abbia contribuito ad accrescere e migliorare il lavoro svolto dalle comunità scientifiche attraverso forum, mailing list e newsgroup utilizzati costantemente per condivi-

dere le ricerche e gli studi indipendentemente dalla collocazione geografica dei partecipanti.

Internet ci porta a contattare persone simili a noi, con cui condividere interessi, studi, pensieri, opinioni politiche e molto altro ancora. Da ciò si comprende quanto sia facile dare vita a comunità che possono facilmente trasformarsi in tribù o club intellettuali di parte, col rischio di assumere una posizione ghettizzante non solo nella rete, ma anche a livello sociale. Non dimentichiamo che i poveri non possono recitare un ruolo in questo mondo tecnologico e quindi restano esclusi da una parte della società moderna. Anche a livello di aree geografiche sussiste la stessa problematica. Mi riferisco ai paesi in via di sviluppo. Per esempio, in Africa solo un africano su cinquemila ha accesso a Internet, e questo determina la sostanziale assenza dei paesi africani dal mondo della rete. Quindi Internet presenta due aspetti sostanziali: uno positivo, costituito dalla possibilità di condividere gli aspetti culturali e intellettuali di comunità diverse, l'altro negativo, consistente nell'esclusione di intere popolazioni e culture dalla scena mondiale. Inoltre, come abbiamo già compreso, l'utilizzo della rete favorisce l'attitudine all'isolamento, dato che l'interazione uomo-macchina funge da isolante sociale anche se stabilisce nuovi e impensabili canali comunicativi.

Senza voler definire scenari che potrebbe apparire inquietanti o sconvolgenti, ritengo che nel prossimo futuro l'Information Technology assumerà un ruolo preponderante nella vita dell'uomo. È quindi necessario che l'uomo cominci a porsi dei quesiti che stimolino una riflessione sociologica sull'utilizzo della rete e sulle conseguenze dello sviluppo della *network convergence*. Anche se, la convergenza tecnologica ci introduce di fatto in una nuova era in cui si ravvisa un utilizzo straordinario dell'Information Technology, non deve mai venire meno nell'uomo la consapevolezza del rischio che la sua mente (e di conseguenza anche il suo corpo) può correre assumendo una condizione di dipendenza o condizionamento dettato dall'evoluzione del mercato tecnologico.

Ricerca, fruizione e utilizzo delle informazioni in rete: un rischio reale

Personalmente ritengo che una delle riflessioni più importanti da fare, quando si pensa al futuro dell'Information Technology, riguardi i rischi che minacciano la nostra vita privata. La possibilità reale di essere assoggettati a sistemi di controllo e di osservazione del nostro comportamento per finalità diverse (anche se solo commerciali) da parte di strutture commerciali e non, costituisce un rischio effettivo. Una parola, particolarmente pubblicizzata negli ultimi anni, è quella del *data mining* (ricerca dati). Nata come tecnica di ricerca dati per scovare velocemente informazioni contenute negli innumerevoli Data Center, il data mining ha assunto nel corso degli anni il ruolo di strumento di ricerca, in rete, di informazioni personali. Legalmente autorizzato negli Stati Uniti, grazie a norme di controllo riconducibili ai problemi di sicurezza del Paese, è uno strumento di raccolta di informazioni sui cittadini che non ha eguali. Anche in Europa, sebbene vi siano forti limitazioni alla ricerca e all'uso delle informazioni raccolte, molte aziende che operano nel settore IT perseverano nella catalogazione di dati, che indubbiamente ricoprono un valore ad ampio spettro. Tutto ciò rappresenta una minaccia reale per il nostro futuro. Grazie alla raccolta di informazioni che avviene in rete, anche solo su utenti che richiedono informazioni su un prodotto venduto on-line, è possibile tracciare un profilo estremamente preciso sulle abitudini, i comportamenti, gli interessi e le idee di ciascuno di noi. Prendiamo in considerazione la navigazione sul web. Quando accediamo ai diversi portali, si attivano solitamente dei *cookie*[3] che registrano e memorizzano tutte le pagine e siti che visitiamo, fornendo un'analisi precisa sui nostri percorsi mentali mediante le tipologie di informazioni che desideriamo acquisire.

Il rischio evidente è che si possano costituire delle gigantesche banche dati contenenti informazioni variegate e molto analitiche su ognuno di noi.

Il rischio della nascita del cosiddetto "Big Brother" non è frutto di un'evocazione fantascientifica: è un pericolo concreto e reale che si crei un sistema in grado non solo di memorizzare informazioni complete su ogni singola persona (e quindi di influenzare qualsiasi persona o struttura che ne venisse in possesso), ma anche di costituire una memoria storica indelebile, in quanto l'immagazzinamento delle informazioni personali rimarrebbe tale per il resto dei secoli. Riflessione: e se alcuni paesi decidessero di condividere le informazioni contenute in questi database per scopi politici o per finalità diverse? Fantapolitica? Non ne sarei così sicuro…

Anche se tutto sembra indicare che in Internet la tutela della privacy sia una chimera, alcune istituzioni internazionali si sono mosse per cercare di migliorare la situazione. Il W3C[4], per cercare di garantire la gestione trasparente dei dati personali acquisiti tramite il web, ha elaborato uno standard tecnico per la definizione formale delle politiche di gestione dei dati personali. Basato su XML, questo standard è chiamato *Platform for Privacy Preferences Project* o, più brevemente, P3P. L'idea è quella di definire un linguaggio formale che consenta di descrivere politiche di gestione dei dati personali per confrontarle con le preferenze dell'utente. Il suo funzionamento è piuttosto semplice. Se un utente utilizza un browser di navigazione abilitato al P3P e opportunamente configurato per avvisare l'utente se il portale web richiede i dati anagrafici del visitatore, nella fase di connessione con il server, il P3P si comporta in due modi: se il portale dichiara che i dati richiesti (per esempio in un form) vengono utilizzati unicamente per gestire la transazione (per esempio un acquisto on-line), il browser non allerterà l'utente sui rischi del rilascio dei dati. Se, al contrario, il portale dichiara che i dati inseriti saranno utilizzati per inviare materiale commerciale, il browser attiva una finestra che allerta l'utente sulla metodologia di gestione dei dati personali adottata dal portale, che è palesemente in opposizione con le proprie impostazioni.

Tuttavia, anche questo meccanismo non da alcuna garanzia in termini di effettiva fruizione dei dati raccolti in base alle dichiarazioni fornite. Lo standard P3P si limita ad agevolare le operazioni di lettura delle dichiarazioni fornite dal portale vi-

---

3. Sono parti di testo che sono inviati da un server web ad un browser (client) e poi rimandati indietro dal client al server. I cookie sono utilizzati per eseguire autenticazioni e tracciamento di sessioni e soprattutto per memorizzare informazioni specifiche riguardanti gli utenti che accedono al server.

4. Il W3C (*World Wide Web Consortium*) è un consorzio nato nel 1994 sotto la direzione di Tim Berners Lee, padre del Web, che comprende il MIT (*Massachusetts Institute of Technology*), e il CERN di Ginevra. Ha lo scopo di migliorare gli esistenti protocolli e linguaggi per il WWW e di aiutare il web a sviluppare tutte le sue potenzialità mediante l'adozione di standard.

sitato. Pertanto lo standard, anche se garantisce, in parte, la tutela dell'utente durante la navigazione in rete, non rappresenta di certo la soluzione ideale per tutte le transazioni finanziarie e commerciali per le quali un utente è costretto a fornire una serie di dati personali (carta di identità, codice fiscale, data e luogo di nascita, indirizzo ecc.) per i quali non vi è certezza di protezione.

Il problema, quindi, non è tecnico ma squisitamente politico/filosofico. Dobbiamo sostenere la deregulation totale per salvaguardare la democrazia in rete, o dobbiamo lavorare su di un progetto di legislazione internazionale che tenda a salvaguardare la privacy dei diversi paesi? Forse la riflessione più approfondita va fatta sul significato dell'esistenza stessa dell'uomo. È ancora l'elemento pregnante di un pianeta che ha prodotto una storia ricca di ingegno, scienze, cultura, opere d'arte, bellezze artistiche e filosofie di ineguagliabile grandezza, o è un soggetto imprigionato in meccanismi commerciali e in tecnologie inestricabili volte all'analisi e allo studio dei suoi comportamenti, tendenze, interessi e passioni? Forse è proprio questo il dilemma maggiore che l'uomo dovrà affrontare nel prossimo futuro per quanto concerne lo sviluppo e le applicazioni dell'Information and Communication Technology.

11. Bibliografia e sitografia

Bibliografia

ANDERSON J.P. (October 1972) Computer Security Technology Planning Study, *Tech. Rep.* ESD-TR-73- 51, USAF Electronic Systems Division, Hanscom Air Force Base, Bedford, Massachusetts, USA.

ANDRESEN R.J. (August 2004) Virtual machine monitors, *CERN OpenLab for Data grid application.*

AXELSSON S. (1999) The base-rate fallacy and its implications for the difficulty of intrusion detection. In: *CCS '99: Proceedings of the 6th ACM conference on Computer and communications security* (1999) ACM Press, New York, USA, pp. 1-7

BAIARDI F., TELMON C. (May 2003) Detecting intruders by checking OS calls. In *Tiwis2003 Workshop.*

BISHOP M. (2003) *Computer Security: Art and Science,* Addison-Wesley.

BREWER D.F.C.,NASH M.J. (1989) The chinese wall security policy. In: *IEEE Symposium on Security and Privacy*, pp. 206-214.

BRIN S., PAGE L. (1998) *The anatomy of a large-scale hypertextual web search engine,* http://google.stanford.edu/long321.htm

COURTOIS M.P., BERRY M.W. (1999) Results ranking in web search engines, *Online*

DE ROBBIO A. (dicembre 2001) Metadati per la comunicazione scientifica, *Biblioteche Oggi.*

DEMPSEY L., HEERY R. (1998) Metadata: a current view of practice and issues, *Journal of documentation*, LIV, 2, pp. 145-172.

DENNING D.E. (1987) An intrusion-detection model, *IEEE Trans. Softw. Eng.* 13, 2, pp. 222-232.

DORAN K. (1999) Metadata for a corporate Intranet, *Online*, XXIII, 1, pp. 42-50.

E.H., ZAMBONI D. (1998) An architecture for intrusion detection using autonomous agents. In: *ACSAC*, pp. 13-24.

EFTHIMIADIS E.N., CARLYLE A. (1997) Organizing Internet resources: metadata and the Web, *Bulletin of the American society for information science*, special section, guest editors Efthimis N. Efthimiadis and Allyson Carlyle, XXIV, 1, pp. 4-29.

FINKELSTEIN S., YALCINALP Ü., *Mashups for Composite Enterprise Applications SAP Research*, Palo Alto shel.finkelstein@sap.com umit.yalcinalp@sap.com

FOSTER I., KESSELMANN C., TUECKE S. (2001) The Anatomy of the Grid, Enabling Scalable Virtual Organizations, *International J. Supercomputer Applications.*

GATTI G. (1997) Macchine celibi? Accumulo o distribuzione dell'informazione fra tecnologie e professionalità, *Biblioteche oggi*, XV, 6, pp. 6-21, e in: ESB Forum: http://www.burioni.it/forum/bo97-gatti.htm

HEERY R. (1998) What is... RDF ?, *Ariadne*, 14, http://www.ariadne.ac.uk/issue14/what-is

HEERY R., POWELL A., DAY M. (1997) Metadata, *Library & information briefings*, 75, pp. 1-19.

HOCK R. (1999) Web search engines: features and command, *Online*, XXIII, 3, pp. 24-28.

JOSHI A., KING S.T., DUNLAP G.W., CHEN P.M. (2005) Detecting past and present intrusions through vulnerability-specific predicates. In: *SOSP '05: Proceedings of the twentieth ACM symposium on Operating systems principles*, ACM Press, New York, USA, pp. 91–104.

J.R., N.L.P., FRASER T., MOLINA J., ARBAUGH W.A. (2004) Copilot – a coprocessor based kernel runtime integrity monitor. In: *USENIX Security Symposium*, pp. 179-194

KENT K., MELL P. (2006) *Guide to Intrusion Detection and Prevention (IDP) systems (DRAFT)*, National Institute of Standards and Technology.

KING S.T., CHEN P.M., WANG Y.-M., VERBOSKI C., WANG H.J., LORCH J.R. (2006) *SubVirt: Implementing malware with virtual machines*, sp 0, pp. 314-327.

LAGOZE C. (1996) The Warwick framework: a container architecture for diverse sets of metadata, *D-lib magazine*, II, 7, July/August, http://www.dlib.org/dlib/july96/lagoze/07lagoze.html

LARGE A., TEDD L. A., HARTLEY R.J. (1999) *Information seeking in the online age: principles and practice*, Bowker-Saur, Londra.

LEUNG F., NEIGER G., RODGERS D., SANTONI A., UHLIG R. (August 2006) Intel Virtualization Technology: Hardware support for efficient processor virtualization, *Intel Technology Journal.*

LINTHICUM D.S. (2003) *Next Generation Application Integration*, Addison-Wesley.

LUNATI G. (1997) Bollicine di champagne... Strumenti per la ricerca ed il recupero dell'informazione su Internet, *Biblioteche oggi*, XV, 5, pp. 18-29, e in: ESB Forum: http://www.burioni.it/forum/motori/motori.htm

METITIERI F., RIDI R. (1998) *Ricerche bibliografiche in Internet. Strumenti e strategie di ricerca, OPAC e biblioteche virtuali*, Apogeo, Milano. Indice, introduzione e alcuni estratti disponibili in rete: http://www.apogeonline.com/catalogo/431.html

MILSTEAD J., FELDMAN S. (1999) Metadata: cataloguing by another name... (include *Metadata projects and standards*), *Online*, XXIII, 1, pp. 24-41, e in: http://www.onlineinc.com/onlinemag/OL1999/milstead1.html

PESENTI M. (1999) *Guide all'uso degli strumenti di ricerca in Internet*, creato novembre 1998, ultimo aggiornamento maggio 1999, in: AIB-WEB: http://www.aib.it/aib/lis/motori.htm

SINGH A. *An introduction to virtualization*, http://www.kernelthread.com/publications/virtualization/

SMITH J., NAIR R., Virtual Machines: Versatile Platforms for Systems and Processes, *The Morgan Kaufmann Series in Computer Architecture and Design.*

SNAPP S.R., BRENTANO J., DIAS G.V., GOAN T.L., HEBERLEIN L.T., LIN HO C., LEVITT K.N., MURKHERJEE B., SMAHA S.E., GRANCE T., TEAL D.M., MANSUR D. (1991) DIDS (Distributed Intrusion Detection System) – motivation, architecture, and an early prototype. In: *Proceedings of the 14th National Computer Security Conference,* Washington, Usa, pp. 167-176.

TETI A. ET AL. (2005) *Business and Information System Analyst – Il manuale per il Manager IT,* Hoepli Editore, Milano.

TETI A. (2005) *Network Manager – Il manuale per l'Amministratore di Reti e Sistemi,* Hoepli Editore, Milano.

TETI A. (2007) *Management dei servizi IT – Il manuale per la gestione della qualità: dal modello ITIL all'ISO/IEC20000,* Il Sole24Ore Editore.

TURNER T. P., BRACKBILL L. (1998) Rising to the top. Evaluating the use of the HTML.

VALENTE M. (1998) Metatag e motori di ricerca, *Internet news,* IV, 8, pp. 118-120.

VELLUCCI S.L. (1998) Metadata, *Annual review of information science and technology,* XXXIII, pp. 187-222.

WEIBEL S. (1999) The state of the Dublin Core metadata initiative: April 1999, *D-lib magazine,* V, 4, http://www.dlib.org/dlib/april99/04weibel.html

Sitografia

AA.VV., *Enter the Grid website,* http://enterthegrid.com/vmp/articles/contentsEnterTheGridResearch%20RepositoryResearch%20Projects.html

AA.VV., *D-Grid,* Iniziativa del governo tedesco per il Grid Computing, http://www.d-grid.de/

AA.VV., *DataGRID Project Website,* http://eudatagrid.web.cern.ch/eu-datagrid/

AA.VV., *The Globus Data Grid Initiative,* http://www.globus.org/datagrid/

AA.VV., *Has the military realized the power of grid computing?,* http://www.gridtoday.com/02/1021/100580.html

AA.VV., Documentazione Ufficiale disponibile presso il sito del Ministero della Difesa americano, https://www.dmso.mil/public/transition/hla/

AA.VV., *Entropia website,* www.entropia.com

AA.VV., *Progetto OGSA,* http://www.globus. org/ogsa/

AA.VV., *Hackers hit supercomputing giants,* http://www.cnn.com/2004/TECH/internet/04/15/hackers.supercomputers.ap

AA.VV., *Progetto TeraGrid,* http://www.teragrid.org/

AMD's Virtualization Solutions, http://enterprise.amd.com/us-en/Solutions/Consolidation/virtualization.aspx

Comparison of Virtual Machines, http://en.wikipedia.org/wiki/Comparison_of_virtual_machines

NSA/NCSC Rainbow Series, NCSC-TG-004 [Aqua Book]. Glossary of computer security terms. http://www.fas.org/irp/nsa/rainbow/tg004.htm

UDDI: Documentazione, http://www.uddi.org

W3C : Web Services Architecture Requirements: http://-www.w3.org/TR/wsa-reqs/

Web Services e *Service-Oriented Architecture*, documentazione, http://www.service-architecture.com

Web Services Orchestration: a review of emerging technologies, tools and standards: http://devresource.hp.com/drc/technical-white papers/WSOrch/WSOrchestration.pdf

What is virtualization?, http://www.vmware.com/virtualization/

WSDL: Documentazione: http://www.w3.org/TR/wsdl

WSchools : XML Schema Tutorial, http://www-.w3schools.com/schema/

XML: Documentazione: http://www.xml.com